Tempos de Casa-Grande

Coleção Estudos
Dirigida por J. Guinsburg

Equipe de realização – Edição de Texto: Marcio Honorio de Godoy; Revisão: Denilson Lopes; Sobrecapa: Sergio Kon; Produção: Ricardo W. Neves, Sergio Kon e Raquel Fernandes Abranches.

Silvia Cortez Silva

TEMPOS DE CASA-GRANDE
(1930-1940)

Dados Internacionais de Catalogação na Publicação (CIP)
(Câmara Brasileira do Livro, SP, Brasil)

Silva, Silvia Cortez
    Tempos de Casa-Grande: (1930-1940)/Silvia Cortez
Silva. – São Paulo: Perspectiva: Fapesp, 2010. – (Estudos; 276/
dirigida por J. Guinsburg).

    Bibliografia.
    ISBN 978-85-273-0883-0

    1. Antissemitismo 2. Brasil – História 3. Cultura – Brasil
4. Freyre, Gilberto, 1900-1987. Casa-Grande & Senzala – Crítica
e interpretação 5. Racismo 6. Sociedade – Brasil – História
I. Guinsburg, J. II. Título. III. Série.

10-00614   CDD-981

Índices para catálogo sistemático:

1. Brasil: História social   981

Direitos reservados em língua portuguesa à
EDITORA PERSPECTIVA S.A.

Av. Brigadeiro Luís Antônio, 3 025
01401-000 São Paulo SP Brasil
Telefax: (011) 3885-8388
www.editoraperspectiva.com.br

2010

Sumário

Gilberto Freyre, o Judeu de Apipucos – *Arnaldo Bloch* XI

INTRODUÇÃO

    O Olhar de Linceus XV

    Significados de Cronos XVI

    Presságios. XVII

    A Forja de Hefaístos. XVIII

    As Máscaras de Proteus. XX

    Os Caminhos de Linceus XXIII

    A Trilogia de Linceus. XXIV

    Abordagem Teórica: Os Engenhos de Daídalos. . . . XXV

1. A CAIXA DE PANDORA

    Prometeu x Narciso: O Autor e o Homem 1

    O Ardil de Sísifo: O Mito da Democracia Racial. 34

O Legado de Sísifo: A Persistência do Mito
na Atualidade 53

Uma Visita ao Hades: O Antissemitismo em
Casa-Grande & Senzala. 63

Proteus: Freyre *Factótum* de Si Mesmo. 96

2. A FÚRIA DE ÉOLO

O Vendaval de Éolo: A Congregação Mariana. 109

A Hegemonia dos Filhos de Éolo: o *Staff* de
Agamenon Magalhães 131

A Torre dos Ventos: A Biblioteca da Congregação
Mariana da Mocidade Acadêmica 134

3. A TEMPESTADE DE ÉOLO

Os Filhos de Éolo: A Revista *Fronteiras* 145

Revisitando o Hades: O Antissemitismo
em *Fronteiras* 174

O Leito de Procusto: As Catilinárias contra
Gilberto Freyre 196

OS FIOS DE ARIADNE. 225

Bibliografia 229

*Dedicamos este trabalho a uma abençoada
multiplicação. Ontem foram eles:
Luciano, Humberto e Vinícius. Hoje, são outros eles,
que esperamos militem na luta contra o preconceito.
Pela ordem cronológica:*

*Juliana,
Sabrina,
Ana Cláudia,
Pedro Augusto,
Heitor e
Samantha*

*À minha mãe Glacira Cortez Silva,
querida companheira de jornada, com amor por ter
feito sempre tanto, por tão longos ecos...*

A Dé (Nadege Galvão de Lucena),
também companheira de jornada pelo tudo...

Gilberto Freyre, o Judeu de Apipucos[*]

Já faz um tempo (para usar o *leitmotiv* que a autora deste livro escolheu para situar a obra de Freyre), deu nos jornais: graças ao versátil cromossomo Y que traça o mapa genético dos indivíduos e dos povos, um exame no DNA de familiares de Gilberto Freyre, conduzido pelo cientista mineiro Sergio Danilo Pena, revelou que o nosso sumo sociólogo descendia de judeus sefarditas portugueses que migraram para o Brasil no afã dos rigores medievais.

Fato que, sob uma ótica humanista (e guardado o legítimo ceticismo que pode despertar), nada acrescenta, tampouco subtrai. A questão é que o mestre de Apipucos – sempre hesitante entre o biológico e socio-histórico – constituiu uma das obras mais cruéis de que se tem notícia, quando se trata de analisar o legado do antigo povo monoteísta.

Desse aspecto nos lembra, por sinal, o lúcido não judeu Darcy Ribeiro, em texto ressuscitado pela edição de *Casa-Grande & Senzala*, de 2001[1], adicionado ao rol de prefácios. A maioria dos estudiosos, tomada por veneração acrítica, passa ao largo ou minimiza tão incômodo aspecto.

---

[*] Texto publicado anteriormente no jornal *O Globo*, de 18/01/2002 (N. do E.).
1 Rio de Janeiro: Record.

Como Darcy, Silvia Cortez, também não judia, tomada pelo impulso de privilegiar mais a controvérsia que as unanimidades exaltatórias em torno da obra de Freyre, destaca e abaliza cuidadosamente o antissemitismo gilbertiano neste minucioso e bem escrito estudo. E o faz com o distanciamento devido, tendo o tempo em que a obra foi escrita como contexto motivador, ao menos em parte, das inquietantes ideias que permearam o brilho da época.

Voltando ao cromossomo Y, é de se lamentar que Gilberto, falecido em 1987, não esteja mais entre nós para receber, pessoalmente, a notícia. Que reação teria ao saber que corria sangue judeu em suas veias? Talvez quisesse esclarecer alguns pontos que, infelizmente, o exame não permite desvendar: seriam os seus antepassados "técnicos da usura, por um excesso de especialização quase biológica que lhes aguça o perfil no de ave de rapina, a mímica em constantes gestos de aquisição e de posse"? Teriam eles "as mãos incapazes de semear e criar, só de amealhar"?

A descrição acima, de vívidas tintas goebbelianas, é de autoria do próprio Gilberto, e está eternizada em *Casa-Grande & Senzala* – texto que Silvia disseca em diversos aspectos – sem jamais ter sofrido qualquer revisão, apesar de ter transcorrido mais de meio século (e que século!) entre a primeira edição e a morte do sociólogo. Freyre, como se vê, acusava, em seus involuntários ancestrais, uma grande falta de apego pela terra e pela agricultura e o pendor para a agiotagem. Frutos, ele diz, de misteriosos "interesses israelitas, tradicionalmente marítimos e antiagrários", células do "parasitismo judeu".

Que palavras!

Para reconciliar-se com as raízes, Gilberto, se vivo fosse, poderia dar uma espiada no calendário dos hebreus e constatar que, desde suas origens, é marcado por ciclos agrícolas e pastoris. Ou informar-se sobre os *kibutzim*, fazendas socialistas que instauraram, no deserto, agricultura de irrigação.

Conformar-se-ia Gilberto ao rever as ostensivas limitações impostas a seu povo ao longo da História? Sobretudo na Europa – e inclusive em Portugal – quanto à posse e ao cultivo de terras; ou às proibições de exercer profissões qualificadas; às expulsões; aos confiscos; aos falsos processos; aos *pogroms*...

Se não fosse suficiente, poderia pesquisar o papel do judeu, a despeito destas limitações, nas ciências, na psicologia, na literatura, na música, no cinema, nas artes e no pensamento político-econômico.

Gilberto teria de olhar-se no espelho ao listar os inúmeros atributos negativos com que rotulou a "raça" judaica. O germe escravocrata seria um desses traços atávicos. Pois, segundo ele, os judeus "souberam impor-se sobre os povos peninsulares como negociantes de escravos e credores de dinheiro".

Para consolá-lo, alguém teria de recitar-lhe as estrofes do Pessach (Páscoa judaica), que celebra a libertação dos escravos judeus do cativeiro egípcio. Para não nos limitarmos a hebraísmos, poder-se-ia censurar Gilberto por desconsiderar o legado escravocrata greco-romano, ou por não traçar paralelo com o sul dos Estados Unidos pós-colonial, para ver se o teste do judeu escravista se confirmava.

Talvez o equívoco ficasse esclarecido quando ele se confrontasse com a sua própria apologia das senzalas – paradoxo também contemplado por Silvia. Afinal, segundo Gilberto –e de acordo com certos paradigmas de seu tempo – a prática de dispor de negros em cativeiro, no Brasil colonial, era processo inevitável e necessário. E é claro que, em glorioso ato falho, esquece-se Gilberto da marota teoria da herança escravocrata judaica para associá-la, então, às melhores tendências do povo luso: o colonizador racista e antissemita.

Voltemos, pois, aos ensinamentos gilbertianos:

O meio e as circunstâncias exigiam o escravo. A princípio o índio. Quando este, por incapaz e molengo, mostrou não corresponder às necessidades da agricultura colonial – o negro. Sentiu o português, com seu grande senso colonizador, que para completar-lhe o esforço de fundar agricultura nos trópicos – só o negro. O operário africano. Mas [...] disciplinado na sua energia intermitente pelos rigores da escravidão.

Gilberto era tão rigoroso com seus antepassados, que desvirtuava até aquilo que poderia somar qualidade. Ele nos conta que, em 1589, a Mesa de Consciência e Ordem, por consulta del-rei, examina o problema de os cristãos-novos estarem fazendo monopólio dos ofícios de médico e boticário, assim como o fato de todo reino "estar se enchendo de bacharéis". Um e outro excesso seria resultado do fato de "cristãos-novos virem procurando ascender na escala social servindo-se de suas tradições sefaradínicas de intelectualismo".

Traduzindo: quando se afasta do mercantilismo e pende para o estudo, a prática do direito, a medicina, o cristão-novo – que tem o gene judeu – está buscando honrarias, valendo-se "de sua superioridade, em traquejo intelectual, sobre os rudes filhos da terra" (sic).

Numa das boas piadas de *Casa-Grande & Senzala*, aliás, Gilberto vê na matriz judaica "nosso pendor ao bacharelismo, associado ao nosso fraco por títulos doutorais e docentes, assim como por tudo que simbolize sabedoria letrada, como os anéis de grau e os óculos", conforme salienta Darcy Ribeiro.

Mas como abrir os olhos de Gilberto se, em sua febre, chegou ao ponto de lançar-se ao elogio da Inquisição? Em notável invenção histórica, transforma o Tribunal do Santo Ofício em protetorado dos judeus contra sua própria ignomínia! A esse respeito, deixemos que a verve do mestre de Apipucos fale por si, revivendo uma das passagens mais impressionantes de sua maior obra:

> Para conter os ódios que se levantaram quentes, fervendo, contra a minoria israelita, é que se organizou o Tribunal do Santo Ofício, reunindo à função de examinar as consciências o poder de examinar a frio e metodicamente os bens acumulados por mãos de herege. Os judeus haviam se tornado antipáticos menos por sua abominação religiosa do que pela falta completa de delicadeza de sentimentos, tratando-se de questões de dinheiro com os cristãos.

Ufa! Sorte que os familiares sefaraditas de Freyre escaparam às fogueiras dos autos de fé.

Eventos, a julgar pelo enunciado acima, perpetrados por equilibrado e bondoso colegiado jurídico-eclesiástico.

Afinal, tivessem eles ardido no fogo ilibado do tribunal, não nos sobraria Gilberto Freyre para contar a história ricamente analisada por este livro capaz de desvendar alguns dos mistérios desta esfinge cujas contradições se converteram em tabus.

*Arnaldo Bloch**

---

* Jornalista e escritor.

Introdução

O OLHAR DE LINCEUS

Casa-Grande & Senzala, por excelência, faz parte da História do Livro e da Cultura Brasileira. Ao mesmo tempo, se constitui em um marco da historiografia dos anos de 1930, ou seja, um *divisor de águas* cujo conteúdo trouxe propostas consideradas revolucionárias. Por esse ângulo, em vez de passar como meteoro, adquiriu *status* de clássico, tornando-se referencial para todo estudioso que procura compreender o passado colonial brasileiro. Entretanto, *Casa-Grande & Senzala* vai muito além desse aspecto. Deve ser vista como obra-símbolo, expressão de uma época, elemento de identificação de uma mentalidade. E, como toda obra, ela teve o seu tempo e sua proposta. Muito se falou e, ainda, se fala de *Casa-Grande & Senzala*.

Até os dias de hoje podem ser identificados ecos desta grande obra sacralizada por acadêmicos e homens das letras, da sociologia, da antropologia, da história e de tantas outras áreas do conhecimento.

Este estudo, *Tempos de Casa-Grande (1930-1940)*, numa primeira instância, se propõe a investigar o impacto produzido por esse livro de Gilberto Freyre (1933) junto à sociedade brasileira de então.

Surpresas, aplausos, inquietações e rejeições pontuaram a recepção da obra. Até hoje se analisou *Casa-Grande & Senzala* muito mais sob o ângulo dos aplausos do que das inquietações e rejeições.

SIGNIFICADOS DE CRONOS

A opção pela expressão *tempos* foi inspirada no uso que dela faz Gilberto Freyre em parte da sua produção literária: *Tempo Morto e Outros Tempos* e *Tempo de Aprendiz*.

Tempo Morto e Outros Tempos (1915-1930) reúne trechos de um diário de adolescência referente à primeira mocidade, entre os 15 e 20 anos do autor. Obra-memória que esclarece traços da personalidade e do pensamento de Gilberto Freyre. Referindo-se ao próprio diário, o autor lembra que: "vários são aqueles diários que, não sendo obras-primas, têm contribuído para um sempre maior conhecimento do Homem pelos homens"[1].

Tempo de Aprendiz (1918-1926), publicado em 2 volumes, remete para outros desvendamentos. Trata-se de uma coletânea de artigos publicados no *Diário de Pernambuco*, escritos por Freyre nos Estados Unidos. Ao contrário de *Tempo Morto e Outros Tempos*, publicado por iniciativa de um amigo, recebeu o patrocínio do Conselho Estadual de Cultura de Pernambuco, com o objetivo de divulgar, para as novas gerações, as ideias do então jovem estudante. Segundo José Antonio Gonçalves de Mello, organizador da coletânea, é possível captar o que o precoce colaborador seria *a posteriori*: "autor da mais importante interpretação da sociedade e da cultura brasileira"[2].

A escolha da expressão *tempos* não foi casual nem serviu apenas de inspiração para o título deste estudo; também ofereceu sendas esclarecedoras sobre o pensamento do autor de *Casa-Grande & Senzala*.

---

1 *Tempo Morto e Outros Tempos*, p. VIII.
2 Nota do Organizador, *Tempo de Aprendiz*, v. 1, p. 11.

Tempos de Casa-Grande encerra uma proposta de analisar, nos anos 30, sob as diretrizes adotadas pela História das Mentalidades, *Casa-Grande & Senzala* – enquanto documento histórico que deve ser inserido no contexto da sociedade em que foi produzido, para uma efetiva compreensão do seu conteúdo. É importante retomar uma afirmação de Elide Rugai Bastos em sua tese: "Nunca antes da década de 30, os setores dominantes agrários tiveram tão grande ideólogo! E nunca uma interpretação sobre os mesmos, tão grande sucesso!"[3]

O tempo de *Casa-Grande* é tempo múltiplo e ambíguo: tempo do integralismo, tempo da Igreja Católica, tempo de antissemitismo, tempo de ideias racistas, tempo de autoritarismo, tempo de medo das ideias comunistas, tempo de Graciliano Ramos e Jorge Amado, tempo de Caio Prado Júnior e Sérgio Buarque de Holanda, tempo do rádio, de Carmem Miranda, Lamartine Babo, Noel Rosa...

Tempos que se cruzam ou que correm paralelos, suscitando interpretações variadas numa trama de ideias e interesses.

PRESSÁGIOS...

A consciência da escolha de um tema polêmico envolveu também a certeza das dificuldades a enfrentar para a concretização do estudo. É complexo se analisar um autor e um livro em sua terra natal e, principalmente, em se tratando de alguém que tem oficializado um culto perene de seus admiradores, dedicados a preservar sua memória. Há, ainda, de um lado, a Fundação Joaquim Nabuco, fruto do empenho e trabalho gilbertiano, e, de outro, a Fundação Gilberto Freyre, que, nas entrelinhas, encerra uma proposta de eternizar o pensamento de seu mestre na memória nacional.

Toda pesquisa que envolve mitos enfrenta as barreiras erguidas por seus guardiães, principalmente ao enfocar aspectos que possam ser julgados desabonadores. Na realidade, o objeto de estudo é, antes de ser um mito, um homem com defeitos e virtudes como qualquer outro mortal: Gilberto Freyre.

3 *Gilberto Freyre e a Formação da Sociedade Brasileira*, p. 71.

Como fazer a leitura da crítica de uma obra-patrimônio da cultura brasileira sem um conhecimento específico das mutações, permanências e paixões? Não é fácil trabalhar com mitos...

A FORJA DE HEFAÍSTOS

O uso de significados mitológicos para o batismo de capítulos e subdivisões está preso à razão. Por mais incongruente que possa parecer, o mito vem sempre atrelado à razão.

Por se tratar de um dos mitos da intelectualidade brasileira – Gilberto Freyre –, sentiu-se uma atração para assim nominá-lo, ressaltando o fato de que Freyre foi, também, um forjador de mitos.

Segundo Raphael Patai:

o funcionamento do mito no mundo não é necessariamente um instrumento religioso, pode ser inteiramente secular. Nem tampouco precisa ser tradicional, salvo no sentido de que, ao firmar-se, torna-se rapidamente tradicional, servindo de exemplo para ser emulado, de precedente para ser repetido e por conseguinte reafirmado[4].

Lévi-Strauss afirma que "o mito se extenua sem por isso desaparecer"[5]. Aplicando a asserção ao mito freyriano, percebi, ao longo deste trabalho, que os mínimos sinais de exaustão são logo reavivados pelo "coro" inspirado em Elias Canetti.

Ao engendrar novos mitos, a sociedade cria novos padrões socioculturais, e, inversamente, novas situações sociais criam também novos mitos[6].

Nessa perspectiva mitológica, se incluiu nesta introdução mais um aspecto do mito Gilberto Freyre: sua morada, localizada no bairro de Apipucos, em Recife.

Existem lugares que, por motivos especiais, distinguem-se do grande espaço contínuo. Algum evento particular nele

4 *O Mito e o Homem Moderno*, p. 14.
5 *Antropologia Estrutural*, p. 274.
6 Idem, p. 15.

INTRODUÇÃO   XIX

aconteceu, alguma realidade peculiar nele se situa. A distinção entre as duas situações, inteligível ao conhecimento emocional, é de natureza mítica[7]. Quanto a lugares especiais, Adolpho Crippa declarou que: "São lugares especiais, significativos, estruturados em si mesmos identificados com os acontecimentos neles verificados e consistentes em razão da sua significação"[8].

E é nesse contexto que se afirma: Apipucos não é um lugar qualquer; é um lugar especial. Não precisa nem o olhar do *flâneur*, tão caro a Walter Benjamin, para se perceber que Santo Antônio de Apipucos é mítico. A casa, as árvores seculares, os livros, os objetos, todo o ambiente que circunda a Fundação Gilberto Freyre conduz a divagações mitológicas. O espectador está diante do local onde viveu o mito: tudo concorre para a sua preservação, sobretudo a rememoração necessária para a sacralização!

Apipucos ainda preserva seu ar senhorial de antigo engenho; ao mesmo tempo bucólico, com arruado de casas conjugadas ou parede meia, primando pela presença de uma igrejinha em homenagem a Nossa Senhora das Dores. Se por um lado perpetuou lembranças – como a casa principesca onde morou Delmiro Gouveia e sua família (atualmente, uma das sedes da Fundação Joaquim Nabuco) –, abrigaria posteriormente o autor de *Casa-Grande & Senzala*.

Numa das casas-grandes de Apipucos – conhecida como Santo Antônio de Apipucos – se instalou Gilberto Freyre, com residência efetiva a partir de 1941. Assim ele a descreveu:

Vem do fim do século XVIII. É uma casa reformada em 1881. Mas nas suas bases é colonial do século XVIII. Castiçamente colonial: com pátio mourisco no interior, outrora para as sinhás da família. Com paredes quase de fortaleza. Seus moradores atuais revestiram algumas das suas salas de azulejos, também antigos trazidos de velha igreja portuguesa – oito bem conservados painéis também do século XVIII[9].

---

7 *Mito e Cultura*, p. 130.
8 Idem. p. 130-131.
9 *Apipucos: Que Há num Nome?*, p. 49.

XX   TEMPOS DE CASA-GRANDE

Como se observa, Apipucos não é um lugar qualquer: está inserido na categoria de lugar especial. Além de moldura necessária ao mito, local propício a rememorações infindáveis, foi engenho, no século XVIII, título nobiliárquico, povoação e, finalmente, subúrbio.

AS MÁSCARAS DE PROTEUS

Desde o início da pesquisa bibliográfica despertou atenção uma expressão do brasilianista Thomas E. Skidmore: "Gilberto Freyre provocou também destemperada oposição no Brasil. Em 1939, a imprensa católica de direita chamou-o o pornógrafo do Recife"[10].

Posteriormente, em um artigo escrito por Manuel Correia de Andrade, soube-se que Gilberto Freyre havia recebido inúmeras críticas através da revista *Fronteiras*[11], editada em Recife desde maio de 1932 a junho de 1940 (com ligeiras interrupções). Publicando artigos de autores da extrema-direita católica, sua temática evoluiu de notícias de conversões ao catolicismo para um antissemitismo exacerbado. Por meio de críticas quase que sistemáticas a Gilberto Freyre, esse periódico revelou aspectos insuspeitos de manifestações de antissemitismo em Pernambuco.

Inicialmente, cotejar as críticas a Gilberto Freyre e a *Casa--Grande & Senzala* foi o principal objetivo deste estudo. Entretanto, o desvendamento de *Fronteiras* levou a outros caminhos, sem fronteiras, visto que essa revista foi, por excelência, um periódico expressivo dos *tempos de casa-grande*: racista e conservador.

---

10 *Preto no Branco*, p. 314, n. 60. Skidmore fornece informações sobre a imprensa católica que criticou Gilberto Freyre.

11 Gilberto Freyre e a Geração de 45, *Ciência & Trópico*, v. 15, n. 2, p. 151, jul./dez. 1987. *Fronteiras* é raridade como fonte histórica: não compõe o acervo da Fundação Joaquim Nabuco, nem da Fundação Gilberto Freyre, ambos em Recife, nem mesmo da Biblioteca Nacional no Rio de Janeiro, além de não constar do *Catálogo Nacional de Publicações Periódicas*. Foi localizada apenas na biblioteca da Arquidiocese de Olinda e Recife. Talvez exista em alguma biblioteca particular.

INTRODUÇÃO   XXI

Diante da riqueza de informações contidas nas páginas da revista e das possibilidades de análise oferecidas pelo seu conteúdo, resolveu-se ampliar os limites do estudo gilbertiano.

Descobriu-se um outro "Mestre de Apipucos", ou melhor, uma outra faceta do autor de *Casa-Grande & Senzala* que, também, por sua vez, merece uma releitura. A ambiguidade pontua, como característica, a obra e o autor. Ambos inovadores, ambos polêmicos. Daí a força do mito.

Cabe lembrar que o sucesso de *Casa-Grande & Senzala* se deve ao discurso gilbertiano que, naquele momento de indefinições dos anos 30, ofereceu ao brasileiro uma nova (e possível) identidade. E, entre tantas indefinições, a questão racial era um *calcanhar de Aquiles*; e, por ser real, um calcanhar mais vulnerável que o mitológico. Representava uma realidade questionada desde a Abolição, daí ser oportuna a solução freyriana: quem sabe seria possível abandonar o sonho do branqueamento por outro – o da morenidade? O Brasil seria então o oásis da igualdade racial no vasto deserto sem fronteiras onde imperava o racismo.

Para a elite intelectual brasileira era importante, nos idos de 30, esquecer ou mascarar a atitude racista endossando o novo paradigma freyriano; mesmo que, no plano mental, essa metamorfose fosse difícil de ser rapidamente superada. Sabe-se que, neste caso, braudelianamente, a práxis não corresponderia ao discurso, salvo ser possível existir exceção numa atitude tão radical como o racismo. As críticas feitas ao livro na década de 30 são reveladoras dessa ambiguidade que postulou a *intelligentsia* nativa.

Distantes da década de 30, alguns críticos de Freyre e de *Casa-Grande & Senzala* perceberam um aspecto sombrio do pensamento do autor: seu antissemitismo, como Darcy Ribeiro[12], e José Julio Chiavenatto[13], entre outros. Na década de 40, o alerta à crítica partiu do exterior assinalada pelo próprio Freyre no prefácio à sexta edição de *Casa-Grande & Senzala* (1950): de uma editora alemã e do dr. Jules Henry, psiquiatra e

---

12 Gilberto Freyre: Uma Introdução à *Casa-Grande & Senzala, Ensaios Insólitos,* p. 63-106. Prólogo à edição da Biblioteca Ayacucho de Caracas, p. 84.
13 *O Inimigo Eleito*, p. 268-272.

estudioso da Antropologia[14]. Entretanto, quando esta pesquisa estava por ser concluída, tomou-se conhecimento do ensaio de Luiz Costa Lima que, com ênfase, chama atenção para este aspecto do pensamento do autor consagrado de *Casa-Grande & Senzala*, até então pouco ressaltado[15].

Concentra-se este estudo em torno do antissemitismo freyriano em *Casa-Grande & Senzala*. Considerou-se, todavia, que a configuração do discurso antissemita poderia estar em escritos anteriores, sendo importante recuperar a trajetória desse pensamento. Ao se pesquisar textos produzidos por Gilberto Freyre em 1921, 1923 e 1925, verificou-se que o prólogo encontra-se em 1921[16] e o epílogo em 1933 e 1936[17].

Evidências descobertas na pesquisa alongaram o trabalho que inclui as estratégias desenvolvidas por Freyre para ser reconhecido como intelectual de renome internacional e, posteriormente, factótum de si mesmo.

A inclusão de numerosas e longas transcrições no estudo de textos freyrianos deve-se ao cuidado em apresentar com fidelidade o pensamento do "Mestre de Apipucos". Destaca-se que se agiu com cautela, usando trechos de obras que fossem sem dúvida nenhuma da autoria de Freyre. Ressalta-se, porém, que se utilizam também assertivas em que o autor apoia-se em escritos antissemitas em virtude de o mesmo, em apenas uma citação, discordar do conteúdo[18]. Ficou evidenciado que a ausência de crítica revela concordância com as fontes citadas.

Pesquisando o impacto da obra, se verifica que a principal *voz reprovadora* (*Fronteiras*) em Recife era arauto de mensagens antissemitas. Ressalte-se que a *voz reprovadora* não percebia que, em pelo menos um aspecto, comungava com "o

---

14 *Casa-Grande & Senzala*, 6. ed., v. 1, p. 52. Freyre não identifica a editora alemã.

15 Versão Solar do Patriarcalismo: *Casa-Grande & Senzala*, *A Aguarrás do Tempo*, p. 208.

16 *Tempo de Aprendiz*, v. 1, p. 93-94. Este mesmo texto foi publicado originalmente no *Diário de Pernambuco* em 27 de fevereiro de 1921.

17 *Casa-Grande & Senzala*, 21. ed.; *Sobrados e Mucambos*.

18 J. L. D'Azevedo, *Épocas de Portugal Econômico* apud G. Freyre, *Sobrados e Mucambos*. p. 11. Freyre discorda de J. Lúcio D'Azevedo quando o historiador português não aceita a tese de Sombart de ter sido obra exclusiva ou principal dos judeus a agricultura da cana-de-açúcar, ou indústria açucareira no Brasil.

pornógrafo do Recife". Descoberta surpreendente que propiciou e justificou o estudo dessa fonte inédita.

Pernambuco, assim como outros tantos Estados brasileiros, não ficou imune à onda de antissemitismo que envolveu o Brasil nos anos 30. Muito pelo contrário, estava integrado ao eixo São Paulo-Rio de Janeiro, usando uma tribuna persuasiva e eficaz: revista, jornal e livro.

É relevante, portanto, que Gilberto Freyre – de formação acadêmica cosmopolita – seja arrolado em companhia da elite intelectual brasileira que, nos anos 30 e 40, contribuiu para reforçar a imagem estereotipada do judeu no momento em que o antissemitismo ganhava espaço por toda a Europa.

E esse resgate é muito oportuno dada a força que tem entre nós o mito da democracia racial. Trazer à luz a citada revista e o aspecto concordante do pensamento freyriano com ela, significa, do ponto de vista da história do racismo no Brasil, desvendar fontes e aspectos desconhecidos, até então, pelos mais eminentes pesquisadores.

Pretende-se demonstrar que *Casa-Grande & Senzala*, apesar de ter sido um documento polêmico, alvo de cáusticas críticas da extrema-direita católica, espelha valores de sua época, ao paradoxalmente endossar o ideário dos anos 30.

OS CAMINHOS DE LINCEUS

O ponto de partida para a localização, identificação e acesso das fontes a consultar foi a Fundação Joaquim Nabuco, através de seus catálogos. Pesquisou-se a coleção microfilmada do *Diário de Pernambuco* (1920-1940) e fascículos da revista *Ciência e Trópico*, editada pela própria Fundação, que contém matérias sobre o tema da pesquisa.

Ocorreu a seguir uma atividade quase sherlockiana para localizar a revista *Fronteiras*. Bateu-se em portas que a lógica apontava como certas: Fundação Gilberto Freyre e Fundação Joaquim Nabuco. Ledo engano. Foi na Biblioteca da Arquidiocese de Olinda e Recife, na fase da busca de *uma agulha no palheiro*, que se localizou a revista. Uma agradável surpresa. Ela também possuía a coleção completa da revista *A Ordem*, periódico católico que expressava as inquietações da direita conservadora nacional.

Através da pesquisa em *Fronteiras* detecta-se que alguns membros da Congregação Mariana eram articulistas ou editores da revista. E que a Congregação também era opositora de *Casa-Grande & Senzala* e seu autor.

A Congregação prestou um inestimável serviço à História das Mentalidades ao editar, na forma de livro (em três volumes), sua trajetória, atuação e, o que é mais importante, o acervo de sua biblioteca[19], disperso desde quando cessaram suas atividades.

O acervo da biblioteca da Congregação Mariana da Mocidade Acadêmica é também objeto de estudo por se constituir em um elo entre *Fronteiras* e a instituição. Por meio do inventário de suas obras, é possível perceber não só os objetivos daquela organização como também recuperar valores imprescindíveis para a reconstituição do mundo intelectual que gerou *formadores de opinião* para atuar em escolas e universidades, contrapondo-se à onda de ideias consideradas perniciosas ao ideário católico da extrema-direita.

A TRILOGIA DE LINCEUS

São objetos de estudo do primeiro capítulo, "A Caixa de Pandora": as matrizes do pensamento gilbertiano; a trajetória do intelectual ou a configuração do mito (amadurecimento, persistência e mudança); *Casa-Grande & Senzala* como referencial dos valores de sua época: racismo, antissemitismo, conservadorismo, eugenia; a desconstrução do discurso antissemita de Gilberto Freyre; *Casa-Grande & Senzala* e o mito da democracia racial; implicações da permanência do mito; a persistência do mito na atualidade; e Freyre como factótum de si mesmo.

"A Fúria de Éolo" é o segundo capítulo. Nele se analisam: o perfil da Congregação Mariana e o pensamento conservador da Igreja Católica; a Congregação Mariana, Gilberto Freyre e

---

19 *Arquivo da Congregação Mariana da Mocidade Acadêmica*, v. 3, cap. 12, p. 20-78.

Casa-Grande & Senzala: antagonismos em questão; o papel da Igreja e sua vinculação com o poder no sentido de garantir seu ideário; a presença de congregados marianos e colaboradores de *Fronteiras* no *staff* do interventor Agamenon Magalhães; a performance da biblioteca da Congregação Mariana na formação intelectual dos congregados.

No terceiro capítulo, "A Tempestade de Éolo", se esquadrinha a revista *Fronteiras*. Observam-se o papel doutrinário e o ideário político da direita católica radical; identificam-se seus principais colaboradores, em sua maioria congregados marianos; analisam-se seus principais temas. Sectarismo, nacionalismo, integrismo, salazarismo e antissemitismo permeiam seu discurso. Uma campanha contra o escritor Gilberto Freyre ofereceu desnudamento de várias "visões de mundo".

ABORDAGEM TEÓRICA:
OS ENGENHOS DE DAÍDALOS

Já no sumário deste trabalho, é possível observar a presença mitológica na nomeação de capítulos e subcapítulos e no seu conteúdo: Gilberto Freyre, democracia racial.

A linha mestra que perpassa toda a tese está ligada à persistência e à ruptura de ideias; à força e à sobrevivência do mito; à construção da memória. Optou-se assim pelas diretrizes adotadas pela História das Mentalidades, seja pela abrangência das fontes, seja pelos seus múltiplos objetos.

Várias "visões de mundo" permeiam os *Tempos de Casa-Grande* que, na concepção de Robert Mandrou, é a essência da mentalidade; é também Mandrou que assinala que as mentalidades diferem de outros registros da História como: "um tempo mais longo, alusão à 'longa duração' braudeliana e às prisões de longa duração"[20].

Consequentemente, as mentalidades nos levam de forma excepcional à lembrança, à memória, às formas de resistências[21].

---

20 Apud M. Vovelle, *Ideologias e Mentalidades*, p. 19.
21 Idem, ibidem.

XXVI TEMPOS DE CASA-GRANDE

A longa duração braudeliana e as "prisões de longa duração" revestem-se de amplos significados: seja na identificação das estruturas mentais que afloram nos anos 30 transvestidas de outras acepções; seja no interior de *Casa-Grande & Senzala* e do pensamento do autor; seja na análise de *Fronteiras*, da Congregação Mariana e do acervo da biblioteca da citada Congregação.

Trabalhou-se a noção de tempo na perspectiva sugerida por Jacques Le Goff, levando em consideração não a data da produção do fenômeno histórico, mas a sua duração e eficácia na história[22]. Essa noção de tempo é pertinente aos tempos de Casa-Grande.

Casa-Grande & Senzala, uma dentre as múltiplas fontes utilizadas neste estudo, coaduna-se com a noção expressa por Michel Foucault de documento/monumento[23]. Por outro aspecto, *Casa-Grande & Senzala* como documento/monumento vincula-se ao pensamento de seu autor, cuja identificação é uma das metas mais importantes desta pesquisa. Outra é elucidar, segundo a perspectiva braudeliana, como a estrutura mental reage às mudanças.

Por outro enfoque, *Casa-Grande & Senzala*, ao se prestar a tantas releituras – por mais de sete décadas em evidência –, demonstra sua força e um quê de permanência inusitada em relação a outros tantos livros de autores brasileiros inerentes a sua temática. Apresentada como uma ruptura do pensamento conservador e racista, *Casa-Grande & Senzala*, através da rememoração, plasmou como verdadeiros os signos apresentados.

No sentido de esclarecer as mensagens dos mitos inseridos no contexto deste estudo, utiliza-se a abordagem de Raoul Girardet[24], em duas perspectivas – a antropológica e a soreliana – em se tratando da democracia racial. Outros mitólogos, como Jean-Pierre Vernant, em *Mito e Pensamento entre os Gregos*, ofereceram subsídios para o questionamento dos mitos: Prometeu e Narciso.

Considerando-se a biblioteca como lugar topográfico onde a memória é utilizada de várias formas, analisou-se a biblio-

22 *A História Nova*, p. 54.
23 *Arqueologia do Saber*. p. 8.
24 *Mitos e Mitologias Políticas*, p. 13.

INTRODUÇÃO   XXVII

teca da Congregação Mariana da Mocidade Acadêmica. Esta,
que pertenceu a uma instituição com objetivos bem definidos –
preparar *formadores de opinião* –, publicou seu catálogo de livros, inclusive acompanhado da descrição dos critérios de como
agrupava os assuntos, e, sendo assim, passível de um exame
esclarecedor. Ressalta-se um dado interessante: repetição de
títulos de um mesmo autor em várias epígrafes, como é o caso
de Gustavo Barroso.

A investigação do acervo dessa biblioteca foi importante
por oferecer um painel dos interesses da Congregação dentro
da concepção católica de extrema-direita, que era difundir e
persuadir com ideias pertinentes ao seu ideário[25]. Para a interpretação da coleção se faz uso das reflexões de Robert Darnton que ressalta a importância do conhecimento de acervos
no sentido de traçar um perfil do usuário:

a maioria de nós concorda que um catálogo de uma biblioteca particular pode servir como um perfil do leitor, ainda que não tenhamos
lido todos os livros que nos pertencem e tenhamos lido muitos livros
que nunca adquirimos [...]. E o estudo das bibliotecas particulares
tem a vantagem de unir "o que" com "quem" da leitura[26].

Como os congregados marianos prestaram colaboração
intelectual à revista *Fronteiras*, escrevendo *artigos especiais* –
artigos de teor antissemita –, tornou-se relevante a caracterização dos seus usuários e a utilidade do acervo na explicação
da formação do ideário, "visão de mundo" dos seus membros.
Além de se encontrar quase todos os títulos de Gustavo Barroso e de outros notórios antissemitas, integralistas, pseudo-
nacionalistas e temas pertinentes aos *Tempos de Casa-Grande*,
os assuntos internacionais não ficaram relegados a segundo
plano, por exemplo, a Rússia soviética e a Espanha franquista.
Assim, dentro do preconizado por Darnton, foi possível unir
"o 'que' com 'quem' da leitura".

As observações de Lisa Jardine em *Erasmus, Man of Letters* possibilitaram o entendimento de como um intelectual
forja seu carisma. *Brasil: Igreja contra Estado*, de Roberto

25 *Arquivo da Congregação Mariana ...*, v. 3, cap. 12, p. 20-78.
26 História da Leitura, em P. Burke (org.), *A Escrita da História*, p. 208.

Romano, além de inúmeras ponderações deste autor, foi decisivo para o burilamento deste trabalho. Elias Canetti, em *Massa e Poder*, ofereceu subsídios para análise dos congregados marianos, entre outros temas.

Este trabalho é uma versão ampliada da tese de doutoramento defendida na Universidade de São Paulo em 1995. Foi mantido o título original, apesar da inclusão de textos que extrapolaram o tempo inicialmente demarcado no trabalho. Agradeço aqui à Banca Examinadora constituída pela profa. Maria Luiza Tucci Carneiro (orientadora), pela profa. Elide Rugai Bastos, pela profa. Anita Novinski, pelo prof. Alcir Lenharo e pelo prof. Sérgio Micelli.

À profa. Tucci Carneiro, orientadora exemplar, portadora de crença inabalável de que a tese um dia deixaria sua condição de crisálida, minha terna, terníssima gratidão. Gratíssima sou ainda a Malú e Boris por terem permitido que eu desfrutasse do seu convívio nas inúmeras vezes que retornei a São Paulo.

Agradeço a minha família o apoio incondicional que recebi ao longo desse caminho. Estendo estes agradecimentos aos amigos, colegas da Universidade Federal de Pernambuco, alunos, que vão permanecer no anonimato pelo receio de alguma injusta omissão. Entretanto, eles sabem e se reconhecerão quando afirmo que todos fazem parte do incrível exército de Brancaleone. É necessário que se nomeiem duas: Mirian Cunha de Aquino, amiga-irmã, e um certo sr. Humberto, que digitou com os dedos do coração o trabalho de certa d. Sílvia.

1. A Caixa de Pandora

> *Não houve um monumento da cultura que não
> fosse também um monumento da barbárie.*
>
> WALTER BENJAMIN[1]

PROMETEU X NARCISO: O AUTOR E O HOMEM

Prometeu

Prometeu, filho de Japeto, é um herói transgressor. Se ultrapassou o *"metron"*, desafiando Zeus, recebendo por isso o castigo, é um herói benfeitor. Roubou o fogo, fonte de todas as artes, e o ofereceu ao homem, iluminando a humanidade.

O Prometeu pernambucano também é um herói transgressor. Desafiou os valores conservadores, ultrapassando o *"metron"* e oferecendo à sociedade brasileira o deslumbramento: *Casa-Grande & Senzala*. Se foi herói benfazejo, por presentear o Brasil com uma nova identidade racial, foi punido pela mentalidade obtusa que não suportava dádivas otimistas. Sua própria terra natal, ou parte dela, não percebeu inicialmente que o "ensaísta apaixonado" – na expressão do historiador e professor José Carlos Sebe – cantava seus engenhos decadentes numa tentativa de perpetuar e exaltar as glórias do Nordeste no regaço da casa-grande aristocrática.

---

1 Sobre o Conceito de História, *Obras Escolhidas I*, p. 225

TEMPOS DE CASA-GRANDE

Gilberto de Mello Freyre nasceu no Recife em 1900. Que seu primo, o historiador José Antônio Gonçalves de Mello, ofereça dados de Prometeu:

O próprio Gilberto Freyre é simultaneamente da chamada "nobreza da terra" e da burguesia recifense, da classe média urbana. [...] De um lado, o paterno, o patriciado rural dos Silva Freyre e Wanderley, proprietários de engenhos no Sul de Pernambuco [...] Patriciado rural que lentamente se foi urbanizando [...] O lado materno está constituído por representantes da pequena burguesia do Recife, gente modesta, de funcionários públicos [...] Gente entretanto *eugênica*, de que se dá medida uma irmã de seu avô que foi apontada como das senhoras mais belas do seu tempo[2].

Acrescentou Gonçalves de Mello que Freyre era pernambucano de um lado e recifense do outro por descender de um patriciado rural, que na Guerra dos Mascates "era designado como 'nobreza de Pernambuco', 'nobreza da terra', 'homens da nobreza', 'naturais de Pernambuco', 'filhos da terra' e 'Pernambucanos'", enquanto os que formavam a pequena e média burguesia eram chamados "de 'Mercadores do Recife', 'Homens do Recife', 'Homens de negócio do Recife' e 'Recifense'"[3].

Os valores nobres desta tão bem descrita árvore genealógica do Prometeu pernambucano reforça minha argumentação do pensar aristocrático freyriano tão presente em seus escritos, sem que seja relegado a plano inferior o legado burguês, porque este possuía uma qualidade indispensável no imaginário gilbertiano – *é eugênico*.

Seu pai, Alfredo Freyre – liberal, maçom, anticlerical –, dedicou-se ao magistério ensinando por vinte e sete anos no Colégio Americano Gilreath administrado por missionários batistas. Respeitado por seus conhecimentos, foi professor de português e latim, chegando a vice-diretor do colégio, apesar de não professar o protestantismo. Era um "estranho no ninho" devido à sua posição ideológica, mas aceito pela comunidade batista por seu reconhecido valor moral e intelectual. Formado em direito, foi promotor, delegado de polícia e juiz.

2 *Casa-Grande & Senzala*: Suas Fontes Históricas, em E. N. da Fonseca (org.), *Novas Perspectivas em* Casa-Grande & Senzala, p. 53.
3 Idem, ibidem.

A CAIXA DE PANDORA

Foi também catedrático de economia política da Faculdade de Direito do Recife. Viveu cercado de livros, o que pesou bastante na formação intelectual de Gilberto. Não que a existência de uma biblioteca implique que todos da casa sejam – contaminados pelo único vírus benéfico que conhecemos – amantes de livros, mas é um forte fator de influência. Gilberto foi, em toda a sua existência, um ávido leitor.

Odilon Ribeiro Coutinho, amigo pessoal de Freyre, ressaltou que qualquer biografia ou análise da obra gilbertiana teria que ser embasada no "texto biográfico de Diogo de Mello Meneses e no prefácio de Darcy Ribeiro à edição venezuelana de *Casa-Grande & Senzala*"[4]. O primeiro texto foi escrito tendo como mentor o próprio Gilberto que cedeu ao primo e amigo "notas e papéis íntimos". Além de ter sugerido a inclusão de suas "lembranças: 'isso assim, assim', segundo notas e cartas da época que examinei"[5]. Esta biografia a quatro mãos tornou-se fato público em 1993, agitando os guardiões do mito[6]. Quanto ao prefácio de Darcy Ribeiro – texto crítico do autor e da obra –, apesar do estilo mordaz e irônico, passou pelo crivo inquisitorial dos gilbertólogos.

Trilho, então, a vereda sugerida. E, regidos pela imparcialidade, deixo que Diogo de Mello Meneses, Gilberto Freyre e Darcy Ribeiro ofereçam dados de suas versões biográficas.

Modesto, Meneses informou que sua singela biografia atendia a um pedido da Universidade de Baylor ,na pessoa do dr. A. J. Armstrong, um dos primeiros mestres do biografado[7]. Preocupado em realçar os méritos intelectuais de Freyre – fato desnecessário, pois Gilberto foi um aluno estrela –, emoldurou-os

---

4 Prefácio da 2. Edição, em D. de M. Meneses, *Gilberto Freyre: Notas Biográficas com Ilustrações Inclusive Desenhos e Caricaturas*, p. XIII.

5 D. de M. Meneses, apud O. R. Coutinho, idem, p. XIV.

6 A dissertação *Gilberto Historiador*, de Mario Hélio Gomes de Lima, provocou, na imprensa pernambucana, viva polêmica. O autor defendeu que a biografia de Gilberto de autoria de Diogo de Mello Meneses foi escrita pelo biografado. O jornalista e ensaísta Mario Hélio teve acesso a documentos inéditos, entre os quais as correspondências de e para Freyre. Quando da publicação de *A Imaginação do Real: Uma Leitura da Ficção de Gilberto Freyre*, de Edilberto Coutinho, houve também *"frisson* nos meios intelectuais e mal-estar na família Freyre há onze anos atrás (sic)", segundo nota na coluna Repercussão do *Jornal do Commércio*, de 15/01/1994.

7 Op. cit., p. 9.

TEMPOS DE CASA-GRANDE

na árvore genealógica já descrita por Gonçalves de Mello, acrescentando mais detalhes:

> Descendente de Wanderleys, de Fonsecas Galvão e de Mellos entrelaçados com Albuquerques e Cavalcantis e com quase toda a melhor gente antiga da velha capitania de Pernambuco, tendo também *remoto* sangue indígena, parece, entretanto, que é dos seus antepassados espanhóis – os Alvarez e os Freyres – que Gilberto guarda características ou tradições mais vivas na sua personalidade[8].

Freyre sempre se mostrou orgulhoso desta sua ancestralidade hispânica, visto que nunca ocultou sua admiração por pensadores espanhóis como George Santayana, Ortega y Gasset, Unamuno. A Santayana, Gilberto atribui sua reconciliação com o catolicismo[9].

Os batistas desejavam um Gilberto protestante, um intelectual tão preparado como os que a Igreja Católica adestrava nos idos de 30. Neste caso, foi um projeto falido, pois os investimentos intelectuais, inclusive em universidades norte-americanas e europeias, em um rapaz promissor, brilhante, de talento invulgar, redundaram em um "ensaísta apaixonado" distante do protestantismo.

Darcy Ribeiro considerava Freyre um ambíguo, assinalando que dentro desta sua ambiguidade o autor de *Casa-Grande* vivia conflitos dramáticos:"Gilberto tentou anglicanizar-se de todo, fazendo-se protestante primeiro, para depois aspirando ser norte-americano e, finalmente, desejando fixar-se em Oxford como professor anglo-hispânico"[10].

É ainda na perspectiva deste traço da personalidade de Freyre que Ribeiro atribui a criação de *Casa-Grande & Senzala*:

> Por um lado, o senhorito fidalgo evocativo de um mundo familiar, de um mundo seu. Por outro lado, o moço formado no estrangeiro, que trazia de lá um olhar perquiridor, um olhar de estranho, de estrangeiro, de inglês. Olho para quem o familiar, o trivial, o cotidiano – e como tal desprovido de graça, de interesse, de novidade –

---

8 Idem, p. 7-8.

9 V. Chacon, *Gilberto Freyre: Uma Biografia Intelectual*, p. 106.

10 Gilberto Freyre: Uma Introdução à *Casa Grande & Senzala, Ensaios Insólitos*, p. 73.

A CAIXA DE PANDORA

ganhava cores de coisa rara e bizarra, observável, referível […] G. F. sempre viveu o drama […] de ser dois: o pernambucano e o inglês[11].

Foi nesta dualidade do olhar freyriano percebido por Darcy Ribeiro que o Prometeu pincelou sua obra mestra do exótico, do pitoresco e do bizarro. Nesse momento, era um inglês escrevendo para estrangeiros. E foi, na minha opinião, a ênfase dada ao exótico, ao pitoresco e ao bizarro uma das razões do sucesso de *Casa-Grande & Senzala* no exterior.

Freyre despiu seu olhar de qualquer traço de influências batistas e da moral protestante para discorrer sobre o tema sexual tão celebrado em sua obra maior. O olhar, neste caso, foi o de pernambucano, de moço fidalgo, conhecedor da moral dos engenhos. Este desvendamento íntimo vai lhe render dividendos, principalmente do público estrangeiro, quando mais uma vez enfatizou o exótico. Já ao criticar a veneração católica por santos e imagens como o culto ao Coração de Jesus, o fez como protestante. Realmente a ambiguidade, como ressaltou Ribeiro, pontuou o pensamento freyriano.

Na múltipla formação intelectual de Freyre, uma influência não pode ser ignorada, a do norte-americano H. L. Menckem (1880-1965), jornalista, crítico, polemista – entre outras atividades –, considerado por Ruy Castro "o maior iconoclasta do seu tempo"[12].

Gilberto nunca escondeu sua admiração por Menckem, tornando-o conhecido dos leitores brasileiros em artigo publicado no *Diário de Pernambuco*, em 23 de outubro de 1921. Estas frases de Freyre extraídas deste seu artigo são representativas dessa admiração: "O Sr. Menckem é o mais lúcido dos críticos americanos e homem sem papas na língua. É um 'enfant terrible' dos diabos"[13]. Para o futuro escritor, a incontinência verbal e a iconoclastia do crítico lhe foram proveitosas – observáveis em *Casa-Grande & Senzala* e em artigos – na arte de lapidar a sua escritura.

A admiração transformou-se em amizade prolongada através dos anos. E foi Menckem que aconselhou o jovem autor a

---

11 Idem, ibidem.
12 A Mente Iconoclasta, em H. L. Mencken, *O Livro dos Insultos*, p. 9.
13 *Tempos de Aprendiz*, v. 1, p. 147.

não expandir sua tese de mestrado, em doutoramento. Que o ampliasse em livro, "livro escrito inacademicamente"[14].

O parecer de Menckem deve ter pesado na decisão freyriana. Em 1933, ofereceu ao público de língua portuguesa *Casa--Grande & Senzala*.

Outra contribuição intelectual valiosa na formação do jovem Freyre – adquirida fora dos bancos universitários – foi a do historiador português João Lúcio d'Azevedo.

Em vários momentos Gilberto tributou ao historiador sua gratidão pelos conhecimentos adquiridos sobre História colonial portuguesa e brasileira. Diogo de Mello Meneses, um dos biógrafos autorizados de Freyre, transmitiu o que ele pensava de um dos seus mestres:

o historiador João Lúcio de Azevedo, que ficaria considerando [como] um dos seus mestres mais insignes de história colonial do Brasil e de história econômica de Portugal. Os livros de João Lúcio fizeram no jovem brasileiro forte impressão e no convívio com o egrégio velhinho português familiarizou-se com vários aspectos da vida e da história intelectual portuguesa[15].

Freyre utilizou, para a composição de *Casa-Grande & Senzala* e *Sobrados e Mucambos*, duas obras do historiador português: *História dos Cristãos-Novos Portugueses* e *Épocas de Portugal Econômico*. Foi com a base oferecida nesta primeira obra citada que Freyre enfatizou seu antissemitismo, concordando *ipsis litteris* com as afirmações do "mestre", uma fonte erudita sem dúvida[16].

Dos mestres das universidades norte-americanas, dois sempre foram lembrados com carinho: A. J. Armstrong e Frans Boas; o primeiro de Baylor, o segundo de Columbia.

Em 1923, depois de cinco anos ausente, o Prometeu retornou ao Recife. Acumulou conhecimentos consideráveis, impondo respeito intelectual aos seus conterrâneos.

A reintegração não foi fácil. Freyre havia se tornado um "estrangeirado"; um misto de inglês com pernambucano, como

---

14 *Vida Social no Brasil nos Meados do Século* xix, p. 21.

15 Op. cit., p. 28.

16 O aspecto do antissemitismo freyriano será analisado, em "Uma Visita ao Hades: O Antissemitismo em *Casa-Grande & Senzala*", infra, p. 64.

A CAIXA DE PANDORA

assinalou Darcy Ribeiro[17]. Uma *avis rara*, motivo de curiosidade para muitos que desejavam rever o menino prodígio do velho Freyre.

Odilon Ribeiro Coutinho explica como Gilberto respondeu aos olhares hostis da sua cidade:

A princípio, defendeu-se da cidade que lhe deu a impressão de esboçar contra ele arreganhos agressivos – revestindo-se de uma couraça de esnobismo e pedanteria. O monóculo, que ele então usava, era sustentado no canto do olho, pelo riso eciano que apenas arregaçava a comissura dos lábios, num gesto superior de olímpico desdém pela "turba ignara"[18].

Esta couraça – a reação do jovem sociólogo nos primeiros anos recifenses – é simbólica, pois já se encontrava semeado o germe que posteriormente se desenvolveria e comporia com brilho a moldura onde Narciso se alojará.

Como os acontecimentos que balizaram a trajetória intelectual e política de Freyre até 1933 são do domínio público – divulgados em biografias, cronologias e nas edições de *Casa-Grande & Senzala* –, optei, então, por analisar os eventos que transformaram Freyre no Prometeu brasileiro. O ano de 1933 vai ser o ano prometeico. Recorremos a Monteiro Lobato que, em imagem simbólica, comparou o lançamento de *Casa-Grande & Senzala* ao cometa Halley, irrompendo o firmamento da literatura brasileira[19].

Precursor da História das Mentalidades, Freyre fez uso inovador de fontes primárias e secundárias. O historiador inglês Peter Burke afirmou haver Gilberto Freyre desenvolvido "um novo tipo de história sociocultural décadas antes que esse tipo de história fosse levado a sério na Europa e nos Estados Unidos"[20]. Familiarizado com métodos de pesquisa difundidos

---

17 Op. cit., p. 73.

18 A Época em que Apareceu *Casa-Grande & Senzala*, em E. N. da Fonseca (org.), *Novas Perspectivas em* Casa-Grande & Senzala, p. 28.

19 Prefácio da 1. Edição, em D. de M. Meneses, op. cit., p. VII.

20 Uma História da Intimidade, entrevista concedida à *Folha de S. Paulo* em 11 de setembro de 1994 publicada no caderno Mais!, p. 4. Nela afirma que Freyre foi um precursor da História das Mentalidades.

TEMPOS DE CASA-GRANDE

pelas universidades norte-americanas, arrolou uma documentação até então desprezada ou pouco utilizada[21].

Ouvindo e anotando depoimentos de senhores de engenho e ex-escravos, tornou-se também um pioneiro na História Oral.

Posso afirmar que Freyre formou, ao lado de Caio Prado Jr., autor de *Evolução Política do Brasil*, e de Sergio Buarque de Holanda, autor de *Raízes do Brasil*, uma famosa trilogia de pintores de "retratos do Brasil".

Endossamos a opinião de Antonio Candido, que qualificou o nosso Prometeu como "mestre de radicalidade" e que, no período demarcado pelos anos 30, foi "um dos maiores exemplos de resistência e de consciência radical"[22].

Candido, ao emitir este juízo, tinha em mente o papel desempenhado por Freyre na luta contra a interventoria Agamenon Magalhães (1937-1945). Tempos mais do que sombrios, quando o interventor moveu insidiosa campanha difamatória contra o escritor na esperança de tornar seu ar em Recife irrespirável. Não satisfeito, chegou a prender, em 1942, Freyre e seu pai, o professor Alfredo, em represália a um artigo publicado no Rio de Janeiro, no qual Gilberto denunciava atividades nazistas e racistas no Brasil[23].

E foi por este prisma da radicalidade que Candido analisou, de maneira primorosa, o estilo literário freyriano:

---

21 Inventários e testamentos; Teses e estudos médicos; Jornais, em especial dos anúncios de escravos sobre venda e sobre fugitivos; Livros e cadernos manuscritos de receitas culinárias do Brasil e Porugal; Livros e cadernos manuscritos de modinhas; Correspondências da corte e ordens régias; Cartas de sesmarias; Pastorais e relatórios de bispos; Confissões e denúncias ao Santo Ofício da Inquisição; Estudos genealógicos; Crônicas coloniais como as de Pero de Magalhães, Gabriel Soares de Souza, Fernão Cardim, Gandavo, Frei Vicente do Salvador, Antoni; Romances e obras teatrais brasileiros; Retratos a óleo, daguerreótipos, fotografias; Pinturas e desenhos; Livros de viajantes estrangeiros, que Freyre separa em dois grupos — autores superficiais ou viciados em preconceitos e os bons e honestos — fazendo parte do primeiro: Thevet, Expilly, Debadie e do segundo: Lery, Hans Staden, Koster, Saint-Hilaire, Spix, Martius, Burton, Tollenare, Gardner, Mauve, Maria, Graham, Kidder, Fletcher. Cf. em José Antonio Gonçalves de Mello, Casa-Grande & Senzala: Suas Fontes Históricas, em E. N. da Fonseca (org.), op. cit., p. 52-65.

22 Aquele Gilberto, *Recortes*, p. 82.

23 E. N. da Fonseca, Cronologia da Vida e da Obra com Índice Onomástico, Temático e Biblionímico, *Ciência & Trópico*, v. 15, n. 2, p. 243.

A CAIXA DE PANDORA

É tudo por meio de uma escrita surpreendentemente nova, de uma beleza como não se tinha visto antes nem se viu depois nos estudos sociais, tornando pálidos os estilos à sua volta. Escrita marcada pelos ritmos proustianos, abundante e necessária, sugerindo a complexidade do real no caprichoso arabesco da sua marcha. Escrita de *Casa-Grande & Senzala, Nordeste, Sobrados e Mucambos*[24].

Wilson Martins, chamou à atenção para os longos prefácios que acompanhavam cada nova edição de *Casa-Grande & Senzala*. Para Martins, estes prefácios tiveram múltiplas funções: "esclarecer ou complementar seu pensamento; insistir sobre a originalidade dos seus métodos e pontos de vista"[25]. Acrescento: agradecer ou defender-se de críticas. Como exemplo de defesa encontramos trechos inseridos em "Quase um Prefácio" à terceira edição (1938). Neles Freyre citou o Pe. Serafim Leite, S. J., que o teria chamado de "inimigo embuçado em *Casa-Grande & Senzala*":

> Entretanto, já a palavra do Padre Serafim ecoara no Brasil, entre os da ala jesuítica do Catolicismo, um dos quais reclamaria para *C. G. & S.* a punição extrema de um auto de fé: que fôsse queimado livro e o Autor. Nem ao menos queimado em efígie ou em retrato a óleo: queimado com absoluto realismo[26].

Acredito que Freyre, ao incluir tal acusação, fazia propaganda da sua obra, como também chamava atenção para a atitude reacionária dos jesuítas. O exagero pontuou, inclusive, o pedido de auto de fé. Sugerir que o livro fosse queimado merece credibilidade, pois, em Pernambuco, nos idos de 1937, copiou-se o modelo nazista de "incinerar ideias". Mas o Autor em pessoa?

Tzvetan Todorov exemplificou o impacto causado por uma grande obra. Em que pese minhas críticas ao criador e não à criatura, e por considerar *Casa-Grande & Senzala* um típico documento/monumento – dentro da noção focaultiana –, documento de ruptura literária, incluí o aludido exemplo todoroviano:

24 Op. cit., p. 82.
25 *História da Inteligência Brasileira*, v. 7, p. 17.
26 *Casa-Grande & Senzala*, 3. ed., p. 39.

TEMPOS DE CASA-GRANDE

A grande obra cria, de certo modo, um novo gênero, e ao mesmo tempo transgride as regras até então aceitas [...]. Poder-se-ia dizer que todo grande livro estabelece a existência de dois gêneros, a realidade de duas normas: a do gênero que ela transgride, que dominava a literatura precedente; a do gênero que ele cria[27].

Assim também inseri as reflexões de Moema Selma D'Andrea que, ao analisar o regionalismo-tradicionalista nordestino, tendo Freyre como ícone, percebeu um traço característico da narrativa gilbertiana que pontuará seus escritos:

O uso ambíguo desse discurso científico recheado dos "talvez", dos "quase" e dos "mais ou menos" e entremeados de emolientes metáforas tropicais, inscreve-se em um código linguístico de visíveis características ideológicas: reforça a convivência harmônica das diversidades e dilui os aspectos atinentes aos antagonistas[28].

Reforçando o simbolismo do "cometa Halley" usado por Lobato, saudando o nascimento de *Casa-Grande & Senzala*, afirmo que o impacto foi maior, muito maior. Zeus encolerizado comandou o castigo do transgressor. Relâmpagos, frutos dos seus raios punitivos, provocaram uma feérica iluminação.

E, como disse Antonio Candido: "naquela hora, o sentimento foi de choque revelador"[29].

A obra gilbertiana transformou-se em: "desagravo de Pernambuco e glória do Brasil"[30].

O Prometeu recifense, sem dúvida, ultrapassou o *"metron"*.

E Pernambuco então falou para o Brasil e para o mundo.

Para melhor compreender a trajetória de Freyre em se tornar Prometeu, achei válido voltar ao século XVI para um encontro com um ilustre antecessor. Alguns fatos e pessoas ligadas ao escritor reaparecem, mas com o sentido de esclarecer passo a passo como Freyre pôde construir seu capital intelectual.

27 *As Estruturas Narrativas*, p. 94-95.
28 *A Tradição Re(des)coberta*, p. 118.
29 Op. cit., p. 83.
30 Usei parcialmente o título de um artigo de Luiz Felipe de Alencastro "Desagravo de Pernambuco e Glória do Brasil: a Obra de Evaldo Cabral de Mello", publicado em *Novos Estudos*, n. 26, março de 1990.

Lisa Jardine, autora de *Erasmus, man of Letters*, nome sinônimo da Renascença intelectual europeia, demonstra como o criador do *Elogio da Loucura* construiu sua reputação de homem de letras.

Utilizando recursos disponíveis no século XVI, recursos sofisticados para a época – a imprensa em tipos móveis e a xilogravura –, elaborou com refinamento seu autorretrato para a posteridade

Quando menciono autorretrato, incorporo não só a figura gravada por Holbein e Dürer, mas também seus escritos utilizando o invento revolucionário que foi a palavra impressa.

Convém destacar o papel da gravura, que no século XVI correspondia ao espaço hoje ocupado pela fotografia. E conseguir ser retratado por um Albert Dürer ou por Hans Holbein era antes de tudo uma dignificação e, ao mesmo tempo, a certeza de que sua figura reproduzida circularia pela Europa. Conheciam-se, assim, o escritor e sua obra.

O tempo histórico de Erasmo de Roterdã é o período em que a invenção gutenberguiana está em franca difusão, é a fase de disputa entre casas impressoras, é o momento em que os Países Baixos almejam serem notados no mapa europeu não só como centro de estudos humanísticos, como também pela produção tipográfica.

Como já foi mencionado, Erasmo soube tirar proveito das "modernidades" e explorá-las muito bem. Publica sem cessar "cartas familiares", "réplicas", "tréplicas", "críticas dos chamados", "castigadores", com a clara intenção de estar em evidência, fazendo pose para a posteridade.

A expressão "castigadores" aparece no texto de Jardine para designar um grupo de amigos de Erasmo que, combinados com ele, criticavam seus trabalhos para serem publicados, ensejando respostas do autor, também publicadas com o objetivo de tornar conhecido do público o nome Erasmo. Os "castigadores" constituía-se de grupo eclético do qual participou Thomas Morus.

Esse modelo erasmiano de autopromoção como intelectual de sucesso permite visualizar, nos séculos subsequentes, outros tantos intelectuais que usarão as mídias de suas épocas para se autopromoverem, construindo seus carismas. E Freyre não foge à regra erasmiana ao construir passo a passo o seu carisma como homem de letras.

Na mesma época em que redigiu seus artigos, publicados no *Diário de Pernambuco*, escreveu em seu diário, em 1922, em Nova York, a opinião de seu antigo mestre Joseph Armstrong sobre sua pessoa:

está convencido de que sou um gênio. E não faz mistério disso. Que pensar do assunto o sul-americanozinho assim glorificado? [...] Ao comparar-me com a maioria dos ianques, sulistas e latino-americanos, meus colegas na universidade de Baylor, senti-me de fato superior [...] Deve haver em mim alguma coisa de antibanal, anticomum, antimedíocre [...] É possível que no futuro eu me aproxime da genialidade sem atingi-la[31].

Armstrong não foi nenhuma Cassandra em relação ao jovem pupilo. E ele, 61 anos depois, em entrevista se autoproclamaria: "eu sou um gênio", abrindo honrosa exceção para dois companheiros de genialidade: "O Aleijadinho e Villa Lobos"[32].

Recusando convites e sugestões para permanecer no exterior, Freyre, voluntária ou involuntariamente, coloca no contexto europeu Recife-Pernambuco e Brasil. Esta ordem geográfica obedece a uma lógica, sempre priorizada por Freyre em seus escritos: a cidade, o Estado, o país. Sua relutância em permanecer no exterior e voltar à província natal certamente deixou surpresos seus primeiros admiradores como Oliveira Lima e Armstrong. Este, mais enfático, dizia: que abandonasse o Brasil para se tornar "um novo Conrrad" ou um novo "Santayana". Pois, acrescentava o professor, "escrever em português era escrever em língua desconhecida. Clandestina até". Entretanto, o desejo de voltar à província lhe foi frustrante. Em seu diário, em 1923, registra:

o que sinto é que sou repelido pelo Brasil [...]. É incrível o número de artigos e artiguetes aparecidos nestes poucos meses contra mim;

---

31 *Tempo Morto e Outros Tempos*, p. 77.
32 M. S. D'Andrea, op. cit., p. 214. Entrevista concedida a Moema Selma D'Andrea e Rosa Maria Godoy Silveira em 15/4/1983.

A CAIXA DE PANDORA

e a insistência de todos eles é neste ponto: a de ser eu um estranho, um exótico, um meteco, um estrangeirado[33].

Talvez tivesse razão Oliveira Lima quando disse a Freyre, em Washington, inspirado em Padre Vieira, que, se distribuísse os pecados, com certeza alocaria em Pernambuco a inveja. Que ele se preparasse para enfrentar a inveja. E Gilberto acrescenta:

Em Pernambuco, os pernambucanos de valor próprio, pessoal, legítimo, raramente conseguem prestígio merecido. As posições todas se ouriçam de cacos de vidro, numa defesa aguda da mediocridade contra os superiores[34].

Esta situação conflituosa entre o jovem escritor e o Recife ao que parece vai ser em parte sanada. Em 1923, Freyre recebe convite para colaborar com um dos mais renomados críticos americanos, H. L. Menckem, já mencionado. Comenta Gilberto:

Convite importante, este. E vindo de quem: do supercrítico H. L. M! Parece que, como diz o caboclo, tenho farinha no saco. É que convidado por Menckem para aparecer numa revista de primeira linha como vai ser a sua, estarei em situação de revelar-me a um público superior […]. A verdade é quem está mais alvoroçado com o convite […] é meu irmão. É Ulisses. Acha qualquer coisa de fantástico […]. A opinião de Armstrong a meu respeito talvez fosse para ele, Ulisses exagerada. Agora sabendo quem é Menckem, como ele sabe, começa a me julgar um gênio desgarrado no Recife[35].

Para Freyre a ideia de não ser considerado um gênio pelos conterrâneos o transtorna, já que se considera uma "edição convincente". Mas, como disse o grande Carlos Drummond de Andrade: "o problema não é inventar. É ser inventado, hora após hora, e nunca ficar pronta nossa edição convincente"[36].

Já em 1925 começa sua ofensiva para se tornar uma "edição convincente" no sentido erasmiano. Organiza e publica *O*

---

33 *Tempo Morto e Outros Tempos*, p. 128.
34 *Tempos de Aprendiz*, v. 2, p. 47.
35 *Tempo Morto e Outros Tempos*, p. 132.
36 *Corpo: Novos Poemas*, p. 5.

Livro do Nordeste, em que conta com colaboradores de importância como Oliveira Lima. Além de organizar de forma meticulosa, sugere os temas, como o poema de Manoel Bandeira, "Evocação do Recife". Nesta obra ele insere o artigo "Vida Social no Nordeste: Aspectos de um Século de Transição".

Mas não foi ainda seu grande momento. Segundo um dos seus "castigadores", José Lins do Rego:

> foi um inquérito admirável de todas as possibilidades e de toda a história de um século de vida. O Nordeste se descobria como uma pátria. Este livro que devemos a Gilberto Freyre honra a cultura e o gosto de qualquer país. Ninguém falou dele. Serviu apenas para substituir os livros de sorte de S. João com que o Diário agradava seus leitores[37].

O Congresso Regionalista de 1926 é que vai dar maiores condições na construção do carisma freyriano e o projeta no Brasil ou, melhor dizendo, em São Paulo. Gilberto o mencionava como Congresso Regionalista, Tradicionalista e, a seu modo, Modernista. O referido congresso foi uma resposta dos intelectuais pernambucanos aos modernistas paulistas de 22. Vale registrar a opinião de José Lins do Rego sobre a Semana de 22 e seu mentor recifense:

> Para nós do Recife, essa Semana de Arte Moderna não existiu, simplesmente porque, chegando da Europa, Gilberto Freyre nos advertia da fraqueza e postiço do movimento. O movimento literário que irradia no Nordeste muito pouco teria a ver com o Modernismo do Sul, nem mesmo com relação à língua[38].

Entretanto, se faz necessário demarcar os esforços de Freyre em busca de condição de demiurgo das ideias em Pernambuco, até se tornar, segundo seu primo João Cabral de Melo Neto, "ditador intelectual desta boa província". A primeira fase compreende a temporada no exterior em estudos acadêmicos e viagens até a publicação de *Casa-Grande & Senzala* em 1933.

---

37 O Próximo Livro de Gilberto Freyre, em G. Freyre, *Casa-Grande & Senzala*, 21. ed., p. xxx.

38 M. S. D'Andrea, op. cit., p. 38.

A segunda abrange desde *C. G. & S.* até o seu falecimento, em 1987.

Como é sabido, com a Revolução de 1930, Freyre se auto-exila em Portugal, acompanhando o governador deposto, Estácio Coimbra.

E é de Lisboa que inicialmente escreve várias cartas ao seu pai, Alfredo Freyre. Selecionei trechos de uma delas que ajudam na compreensão de decisões tomadas por ele anteriormente ao episódio de 30, como, por exemplo, de se fixar em Recife e de como administrar o vultoso capital intelectual de que se acha possuidor.

A carta referida é datada de 14 de fevereiro de 1931:

> Não me arrependo de ter procurado me enraizar no meu querido Recife. Se aí não há p'ra mim o tal "ambiente intelectual", se aí minha superioridade escandalosa de espírito e de cultura chegou até a sofrer humilhações, se me deixo confundir com pobres diabos, sem fazer garbo das vantagens sobre ele, nem reclame de títulos que por si sós me isolariam [...] é entretanto no nosso Recife que sinto terra debaixo dos pés. Sou um incompleto em qualquer parte, dolorosamente incompleto: prefiro ser incompleto na minha terra[39].

Na mesma carta insiste em reafirmar o seu desejo de permanecer em Pernambuco, não esquecendo de sublinhar os seus talentos e cultura tão subestimados na província:

> Hei de recompor minha vida em Pernambuco – embora, para viver aí, tenha, como parece, de vir de vez em quando ao estrangeiro, onde meu talento e cultura não tão invejado no Brasil (onde de mim, o que mais já se invejou no Recife foi o "buik" de secretário do governador...) como despercebidos, por absoluta falta de faro para essas coisas do alto[40].

Encontrei, na correspondência de Freyre dirigida a várias pessoas, dados esclarecedores que o aproxima das atividades desenvolvidas por Erasmo de Roterdã no distante século XVI. Como mencionei, Erasmo envolveu-se em múltiplas atividades na construção do seu carisma em papel e tinta.

---

39 *Cartas do Próprio Punho sobre Pessoas e Coisas do Brasil e do Estrangeiro*, p. 55.
40 Idem, ibidem.

16 TEMPOS DE CASA-GRANDE

Em carta a Rodrigo Melo Franco de Andrade, datada de 15 de novembro de 1932, dá conta do que escreve no momento:

Seu Rodrigo, estou com mais de setenta páginas datilografadas [...]. O fim do 1º capítulo, o 2º e o começo do 3º [...]. Peço-lhe recomendar cuidados em respeitarem a ortografia das transcrições [...]. Outra coisa, o título do livro já não fica aquele, mas este, menos popular e mais *scholarly*: *Vida Sexual e da Família no Brasil Escravocrata*. Talvez seja melhor não anunciar nada por ora, mas este é o título. Não acha melhor? Quanto às vinhetas, creio que vão bem mesmo com um livro sério[41].

Será que o título original seria este ou uma brincadeira de Freyre com um dos seus "castigadores"? Notem-se os cuidados com a impressão.

Em outra carta de 19 de dezembro de 1932, ao mesmo amigo:

Meu caro Rodrigo. Escrevo-lhe às pressas para aproveitar um amigo meu que segue hoje para o Rio [...]. Gostei deste 3º capítulo e estou agora noutro que é também elemento – no negro. Em janeiro, sem falta, está tudo acabado – e os editores com um livro de 500 e não de 250 a 300 páginas, com ilustrações interessantíssimas. Fará a planta e vinhetas o Cícero. Todas estas coisas de graça, sem despesa nenhuma para os editores[42].

Percebe-se que Freyre está finalizando *C. G. & S.* O Cícero referido é o pintor Cícero Dias, autor da famosa planta do Engenho Noruega, cujos detalhes realistas deram o que falar aos guardiões da moral.

Na carta seguinte, dirigida a Rodrigo de M. Franco, ele data, Ano Bom 1932 – 13.

Agora estou no negro completando o 4º capítulo. O 5º, e último, sairá rápido, e já tenho em notas quase pronto o prefácio [...]. A viagem ao Rio parece-me desnecessária, dado o interesse que o Baby Flag tomou pelas provas do livro[43].

41 Idem, p. 248.
42 Idem, ibidem.
43 Idem, p. 249.

A CAIXA DE PANDORA

Freyre inicia a grande saga dos seus prefácios. Baby Flag citado é o poeta Manoel Bandeira, que foi o revisor de *C. G. & S.* Em carta não datada dirigida ao "castigador" Rodrigo de M. Franco, acusa o recebimento de sua carta:

Recebi sua carta na qual V. tanto anima o provinciano a continuar o trabalho. Este vai indo bem: já outras 50 páginas estão prontas mas não sei como mande. A época não é das mais favoráveis a literatos com medo de perder no Correio ou às mãos da censura ou da polícia suas preciosas obras-primas. Dei graças a Deus ter chegado [...] o pedaço que o surrealista quis ter à bondade de levar [...]. Ainda sobre o livro: não acho que as vinhetas de Cícero afetem sua seriedade [...] acho que nos desenhos do surrealista há uma compreensão rara do espírito do livro. A planta do eng° que ele está fazendo comigo, acho que vai ficar formidável[44].

A referência e preocupação com a censura e que aparece em outras cartas tem razão de ser, uma vez que Freyre, nessa época, era "persona non grata" aos olhos do Estado. Em se tratando do trabalho que Cícero Dias – o surrealista – desenvolveu, todo cuidado era pouco. Percebe-se a preocupação de Franco com o teor das vinhetas que poderiam comprometer o livro.

Sylvio Rabelo, que selecionou, organizou e fez a introdução das cartas de Gilberto, comenta sobre uma carta não datada dirigida a Olívio Montenegro, um dos "castigadores". Presume-se que a carta foi escrita após a publicação de *C. G. & S.* Nela Freyre mostra-se inseguro quanto ao sucesso do livro. Comenta Sylvio:

é realmente muito estranho que se manifeste deste modo, sabido que a crítica receberia o livro de estreia de Gilberto "embandeirada em arco" [...] terminado o último capítulo e em conversa em mesa do bar Normann, no Recife, com Olívio Montenegro e outro amigo, mostra-se receoso do seu futuro como autor. E diz: "desta vez ou me esborracho ou sou reconhecido como gênio"[45].

Enquanto para Rabelo *Casa-Grande & Senzala* teria sucesso consagrador, já que as informações vindas do Rio de

44 Idem, p. 254.
45 Idem, p. 33.

18 TEMPOS DE CASA-GRANDE

Janeiro assim o demonstravam, o escritor comportava-se como um simples mortal. Diz o adágio "que ninguém é profeta em sua terra". Freyre talvez tenha pensado na concretude do dito popular. Ele, já se considerando antecipadamente um gênio, jogou todas as esperanças na glória e é natural que temesse o resultado. Não servia um sucesso qualquer, mas um sucesso genial, unanimidade da crítica, "Pernambuco falando para o mundo".

Em carta remetida a Olívio Montenegro do dia 17 de setembro de 1936, exerce Freyre papel que Erasmo muitas vezes o fez com seu círculo de "castigadores":

> Meu caro Olívio, apenas um bilhete para lhe agradecer o artigo que v. escreveu sobre Artigos de Jornal – artigo que – lá vai franqueza – começa mal, uns rebuscamentos de que não gosto, se arrasta mal até o meio, mas termina uma das suas boas coisas, uma das notas melhores e mais inteligentes que alguém já escreveu sobre qualquer dos meus trabalhos. Não sei porque V. não escreveu todo ele com aquela mesma pureza e lucidez de ideias e de palavra, dos últimos, dos três ou quatro parágrafos[46].

Em 6 de dezembro de 1941, escreve mais uma vez ao amigo Montenegro:

> Recebi sua carta poucos dias antes do casamento, já providenciara quanto a publicação de seus artigos. Um saiu na *Manhã*, outro na *Revista do Brasil*. Também providenciei junto a José Honório Rodrigues quanto ao pedido de Estevão, de gravuras necessárias para o seu trabalho de tradução de Thevet. O livro de Sílvio vai bem. Tem levado alguma pancada, mas isto é bom. Sinal de livro vivo"[47].

Assim, um jogo de duplo interesse se desenvolve, na medida em que Freyre amplia seus contatos literários. Espaços em jornais, revistas são concedidos a ele e a seu círculo de amizades.

Ainda para Olívio, escreve de Santos em 19/2/1942.

> Aqui estamos, de volta ao Rio de nossa viagem ao Prata e ao Paraguai [...]. Iniciei minha colaboração em *La Nacion*. Em

46 Idem, p. 232.
47 Idem, p. 236.

A CAIXA DE PANDORA

La Prensa vai sair vasto estudo a meu respeito, do Ricardo Saenz Hayes, redator literário do jornal e que por muito tempo morou em Paris[48].

Freyre está conseguindo o que mais deseja, se tornar conhecido além da província. E se o citado redator morou em Paris, tanto melhor.

Das muitas cartas que escreveu, quatro foram dirigidas a Manuel da Silveira Cardoso, português dos Açores e que tinha como maior credencial ter sido seu aluno na Universidade de Stanford. Pelo teor delas, julguei melhor nomeá-las de "sugestões ao tradutor".

Freyre intermedeia a publicação da dissertação de mestrado do ex-aluno na série "Documentos Brasileiros". Afirma: "e eu terei o prazer e honra em apresentar aos brasileiros o antigo estudante de Stanford". Comenta de um artigo a seu respeito publicado no *New York Times* e acrescenta que o amigo faria melhor. Comenta também que, em Berlim, um professor Quelle prepara longa análise de seu trabalho, como na França tem aparecido vários artigos sobre seus livros. E sugere:

minha sugestão é que V. fizesse não um artigo longo, mas um livro que fosse metade de um estudo sobre a pessoa e a obra, antecedentes de família e meus etc. e a outra metade um resumo de cada um dos meus livros, inclusive o de receitas de doces. Resumo bem feito, que quase substituísse a tradução dos livros inteiros que está sendo feita para inglês, francês e espanhol mas lentamente[49].

Em carta seguinte, insiste no assunto sobre o livro-síntese ou livro resumo e com introdução a respeito da personalidade e trabalhos outros do autor. Afirma ter ficado "muito contente em saber que a tradução de *Sobrados* vai adiantada". Recomenda ao amigo mais atenção e mais tempo para "acabá-la o mais breve possível". Sugere que faça contatos com editores de Nova York. O mais interessante é ele ditar na carta o que o amigo deve publicar nas notas de sua secção no *New York Times*. Quando não se autoedita no Brasil, o faz no exterior:

48 Idem, p. 237.
49 Idem. p. 159.

20   TEMPOS DE CASA-GRANDE

Será publicado este ano novo livro de Gilberto Freyre, *O Mundo que o Português Criou*, que trata do Brasil, Portugal e das colônias como "uma unidade de sentimento e de cultura", principalmente como "um todo cultural". O livro é uma ampliação das conferências do autor lidas em 1937 nas Universidades de Coimbra, Lisboa, Porto e King's College (Universidade de Londres), traz uma introdução do autor sobre a cultura luso-brasileira em face das culturas novas trazidas ao Sul e a outras regiões do Brasil por grupos de imigrantes vindos no século XIX e no princípio do atual. O mesmo escritor foi convidado para escrever o capítulo "Brasil-Social depois da Revolução de 1640" para a obra que a Agência Geral das Colônias de Portugal tem em preparo[50].

Em carta ao escritor José Conde, escrita a bordo de um Bandeirante em 15/7/1951, trata da edição especial *Assombrações do Recife Velho*. Retorna ao assunto em abril de 1953, sobre o mesmo tema, acordo financeiro etc. E pergunta: "E o meu retrato de Salazar"? Em outra carta do mesmo ano, tratando ainda de *Assombrações*, indaga: "E a minha foto com Salazar?"[51].

Esta fotografia deve ter para Freyre um significado muito especial. Por ventura não seria porque Salazar fazia parte do Jardim dos Príncipes?

Sempre preocupado com seu marketing, em carta de 1 de junho de 1950 dirigida a seu pai, cobra a divulgação de uma nota especial:

V. não diz se recebeu a nota que enviei a propósito de Bandeira ter votado em mim para o Nobel no inquérito da revista sueca, considerada oficiosa no assunto. É importante a divulgação. Também a do artigo no *New York Times* que recebi enviado pelo Simkins e de que enviei resumo também. [...] O *New York Times* é [,] além do maior jornal hoje na língua inglesa, muito fechado[52].

As respostas a estas indagações não são conhecidas. Ter sido cogitado para o Nobel de Literatura deve tê-lo envaidecido. Mas o que importa é registrar sua preocupação com as duas notícias. Como a ressaltar do jornal americano ser muito

50 Idem, p. 160-161.
51 Ibidem, p. 124.
52 Idem, p. 72.

A CAIXA DE PANDORA

fechado, isto é, restrito às pessoas de reconhecido valor. Só os escolhidos poderiam frequentar suas páginas.

José Olympio, um dos maiores editores do país, foi também de Freyre. Entre eles se estabeleceu uma amizade duradoura. Infelizmente pude pesquisar este fato apenas em poucas cartas. Todas datadas de 1962. Nelas, entretanto, revelam o cuidado de Gilberto com suas edições:

> Obrigado por virem ex. da 10ª ed. Brasileira de *C. G. & S.* Vi que escolheram o Luís Martins para escrever as orelhas. Boa escolha. Mas continuo a preferir as opiniões estrangeiras, mais desassombradas em destacar as possíveis qualidades dos meus livros do que os críticos e jornalistas nacionais, sempre cautos, limitando elogios etc. Enfim, é isso mesmo. Assim é o amado Brasi[53].

Mesmo 31 anos depois do lançamento de *C. G. & S.*, já na 10ª edição, Freyre guarda ressentimento com a consagração crítica do seu livro no Brasil. É uma ferida narcísica que nunca sara.

Acompanha a carta citada uma recomendação: "vão dois cartões para dois embaixadores amigos, a cada um peço enviar um ex. de *C. G. & S.*".

É um Gilberto incansável em tecer a teia das amizades e autopromoção.

Em outra carta reclama da editora o "descaso" com Ordem e Progresso:

> Não concordo em que *C. G* e *S. M.* continuem a ser apresentados como meus "dois (os dois) livros fundamentais", com exclusão de *O. P.* De modo algum. Os três livros são fundamentais. A propósito: peço que seja dada a devida atenção às críticas a respeito da gente brasileira idônea mais moça que, ao meu ver, tem sido a quem melhor tem compreendido o que há de original e importante em *O. P.* : um Gilberto de Melo Koveriski em São Paulo, um Bernardo Gerson (Rio, Brasília) [,] um Machado Neto (Bahia). A eles devemos recorrer para as orelhas. É pena também que Colley não tenha podido traduzir, como prometeu, o artigo de Roger Bastide a respeito de *O. P.*, no qual indica haver no mesmo uma "sociologia do

---

53 Idem, p. 135.

22 TEMPOS DE CASA-GRANDE

tempo". Pena. Mas o ponto essencial é este: os três livros são fundamentais. Tenho quase pronto o prefácio para a nova ed. de *O. P.*[54].

Realmente *Ordem e Progresso* não atingiu o patamar do sucesso de *C. G. & S.* e *Sobrados e Mocambos*. Freyre os considerava uma trilogia, daí a sua preocupação para que eles aparecessem associados e na escolha dos redatores das orelhas. Muitos sabem que uma orelha bem escrita promove as vendas.

Mas para Gilberto, o redator teria que ser idôneo, significando aquele que louva, enaltece, notabilize. Quanto ao artigo não traduzido de Roger Bastide, que não pôde ser incluído, com a descoberta de "uma sociologia do tempo", foi uma pena. Logo Bastide, que foi tradutor na França de *C. G. & S.* Na próxima edição ou em qualquer outra obra gilbertiana certamente aparecerá ladeando mais um prefácio.

Alfredo A. Knopf, editor norte-americano, foi quem lançou em língua inglesa *Sobrados e Mocambos*. Amigo de Freyre, esteve no Brasil quando manteve contato com José Olympio. Em carta a Olympio, Gilberto revela que Knopf já em Nova York lhe escreveu: "Estranhou a sabotage contra mim – a omissão dos elogios que me fez – na imprensa brasileira. O bom Knopf não sabe de meia-missa. Ignora até onde vai a mesquinharia desses…"[55].

Quem são os "desses" citados? Creio que o silêncio partia dos que não mais suportavam o aroma inebriante de incenso. Em 1962, ano da carta acima, Freyre já se consagrara nacional e internacionalmente. Há de se convir que unanimidade só é concedida aos imortais.

Em 19 de agosto de 1964, escreve mais uma vez a J. Olympio. O assunto principal, segundo ele, é a intermediação do editor para conseguir passaportes especiais com a chancela do Itamaraty. Pede urgência, mas aproveita para inserir sua eterna insatisfação:

Soube do prêmio. Mas aqui o que repercutiu mais foi a safadeza da maioria dos noticiários, dando o prêmio atribuído como de

54 Idem, p. 136.
55 Idem, ibidem.

A CAIXA DE PANDORA

2ª categoria, e o outro de Reale, como de 1ª. Atribuo a safadeza a subcomunas ainda tão influentes em jornais. Isso tem importância para a publicidade de D. Sinhá. A Casa precisa contar com essas formas indiretas de hostilidade e sabotagem[56].

O prêmio Moinho Santista de Ciências Sociais em Geral foi concedido a Freyre nesse ano de 1964. Para ele, despido de grande valor por não aparecer nos jornais pernambucanos com destaque merecido. O "bode expiatório" neste caso são os "subcomunas", ainda não completamente expurgados das redações com sua preciosa ajuda.

Mas, para a publicidade da nova publicação, "Dona Sinhá e o Filho Padre", qualquer notícia é válida.

Narciso

Narciso, que repelira a ninfa Eco por ele apaixonada, foi amaldiçoado por Afrodite:

debruçou-se sobre o espelho imaculado das águas e viu-se. Viu a própria imago (imagem), a própria umbra (sombra) refletida no espelho da fonte de Téspias *Si non se uiderit*, "se ele não ver", profetizara Tirésias. Viu-se, e não mais pôde sair dali: apaixonara-se pela própria imagem. Nêmesis cumprira a maldição[57].

Como o Narciso mitológico, enamorado da própria beleza, o Narciso pernambucano foi um eterno extasiado do seu sucesso. Sucesso conquistado na sua carreira acadêmica, coroado pela nova interpretação do Brasil representada por *Casa-Grande & Senzala*.

Freyre nunca esteve ausente do cenário pernambucano. Enquanto estudante, nos Estados Unidos, colaborou com o *Diário de Pernambuco* enviando artigos – de 1918 a 1926.

Abordava temas variadíssimos. Ora apresentava autores desconhecidos do público brasileiro – como por exemplo James Joyce –, ora aspectos da sociedade norte-americana; ora

56 Idem, p. 137.
57 J. Brandão, *Mitologia Grega*, v. 2, p. 180.

impressões sobre cidades europeias, ora tratava de temas regionais. Mantendo-se bem informado sobre tudo o que ocorria na sua cidade natal, escrevia como se lá estivesse: "um certo Gilberto" que, mesmo ausente, esteve sempre *presente*, despertando a curiosidade pela temática dos seus artigos e admiração pelo estilo literário inovador. Já se delineava como *homem-livro*: cada página, um assunto. Posteriormente, transformar-se-ia em *homem-enciclopédia* e, narcisamente, dono da verdade.

Perfeccionista, edificou seu "capital intelectual". E, à medida que se lapidava intelectualmente, o divulgava nos mínimos detalhes, projetando a sua imagem de *intelectual cosmopolita*.

Como a Índia – que foi considerada a maior joia do imperialismo britânico –, Freyre passou a sentir-se um raro e singular brilhante das plagas pernambucanas: cintilante jovem sul-americano, que refulge nos palcos universitários americanos e europeu, atraindo atenções...

Ao contrário de Penélope, não desfazia o que urdia pacientemente, assim se construindo Narciso.

Possuiu um jardim peculiar – em vez de flores, cultivava amizades –, onde plantava amigos, principalmente os colhidos no exterior. Amizades que fazia questão de alardear, ampliando assim seu prestígio frente à elite intelectual pernambucana – que não pôde desfrutar estudos no exterior – e à "plebe ignara"[58].

Mil novecentos e trinta e três é ano basilar, balão de ensaio, lançamento de *Casa-Grande & Senzala*. Apesar de certa refração de setores mais conservadores, o livro foi sucesso – conseguiu despertar da inércia uma sociedade demarcada pelo pessimismo em termos raciais –, iniciando carreira fulgurante.

Em 1934, foi agraciado com o prêmio da Sociedade Felipe d'Oliveira pela publicação de *Casa-Grande & Senzala*. Inaugurou um estilo novo de guia da cidade ao publicar, nesse mesmo ano, o *Guia Prático Histórico e Sentimental da Cidade do Recife*. Segundo o gilbertólogo Edson Nery da Fonseca, Freyre, ao escrever esse trabalho, inaugurou "em todo mundo, um novo estilo de guia de cidade ao mesmo tempo lírico e informativo"[59].

---

58 Não existe na expressão "plebe ignara" nenhum sentido pejorativo. Significa aqueles que não pertencem à elite intelectual, o leitor comum.
59 Cronologia da Vida e da Obra..., op. cit., p. 241.

A CAIXA DE PANDORA

Foi também um grande caçador de elogios. Começou a colecioná-los, contabilizando-os para o exercício do seu narcisismo. Freyre nunca escondeu a emulação que lhe causava o louvor, afirmando: "eu saboreio elogios como quem saboreia bombons ou goles de curaçau ou anisete"[60].

Desenvolveu febril atividade intelectual. *Sobrados e Mucambos* foi lançado em 1936 – dando continuidade à análise da sociedade brasileira no nível urbano – e *Nordeste* saiu do prelo em 1937.

Viajou intensamente. Autointitulou-se um "cigano de beca". Além da satisfação pessoal de viajante – Freyre encarava o ato de viajar prazerosamente –, recolhia, em grande mala, os louros do sucesso.

Tinha agora mais um jardim, "o jardim dos elogios" – que organizou anglicanamente –, plantados com cuidado para não perderem o viço.

Mas, para o incansável cultivador, outro jardim é criado. O "jardim de príncipes" de variadas estirpes, que, miscigenados, oferecem um espetáculo multiforme, incomum.

Para que um observador não confunda as espécies ali cultivadas, elas são identificadas não por um botânico qualquer, mas por um *expert* em príncipes. Assim, temos:

- "O Príncipe de Mônaco! Era uma figura interessantíssima. Parecia um senhor-de-engenho do Nordeste";
- "A Rainha-Mãe do Reino Unido, com quem tive a honra de jantar";
- "S. M. Elizabeth II, que resolveu fazer de mim seu cavaleiro, distinguindo-me com o único título de 'Sir' até hoje concedido a intelectual sul-americano";
- "O duque de Hamilton – três vezes duque – ao receber-me com as maiores atenções no seu castelo da Escócia";
- "O Presidente do Conselho de Portugal, 'Oliveira Salazar' que mais de uma vez convocou-me para tête-à-têtes cordiais, embora me sabendo contrário às suas ideias e ao regime político de sua iniciativa";

60 *Tempos de Aprendiz*, v. 1, p. 305.

26   TEMPOS DE CASA-GRANDE

- "Getúlio Vargas, ao convidar-me, imediatamente depois do golpe que criou no Brasil o chamado Estado-Novo ou Forte na primeira audiência particular que então concedeu, para alto cargo no novo governo";
- "O Presidente Castelo Branco, ao convidar-me insistentemente, quer para Ministro de Estado, quer para Embaixador em Paris, junto à Unesco";
- "Os Presidentes Eurico Dutra, Getúlio Vargas, Juscelino Kubitschek, ao me convidarem para o cargo remunerado – e sempre recusado – de Presidente do Instituto Joaquim Nabuco";
- O convite também recusado do Presidente "João Figueiredo, para o cargo, também remunerado, de Presidente da Fundação, que, em 1980, tornou-se o mesmo Instituto";
- "de presidentes – também eles príncipes, como Magnificências – de várias, das mais importantes, do Brasil e do estrangeiro, ao me convocarem para cátedras fixas, nas mais ilustres dessas universidades, em alguns casos com altíssimos honorários";

Estes os meus contatos com príncipes de várias espécies pela sua condição de detentores de altos poderes. Da parte, uma atitude antes – que me seja perdoada a modéstia – de igual para igual. E de recusas também sucessivas a convites de parte de príncipes. Mas sem me esquivar, por excesso de ostentação de independência ou altivez, a convívios com esses príncipes, desde que nunca deles resultaram, para mim, vantagens, benefícios ou triunfos de qualquer espécie: políticos ou extrapolíticos[61].

Com o "coração desvelado", Freyre enumera seus príncipes, afirmando que esse convívio principesco, tão heterogêneo, não lhe garantiu dividendos. "Si non è vero, è ben probabile".

Freyre cedo percebeu que a rememoração era o antídoto do esquecimento. Não uma rememoração individual, solitária, em que a lembrança apenas nos oferece a recordação. Para ele, a rememoração dos seus feitos tinha que ser divulgada. Darcy Ribeiro muito bem observou este aspecto do narcisismo freyriano:

---

61   *Anais do Seminário de Tropicologia: Gilberto Freyre, Antecipador, Antropólogo, Escritor Litarário, Historiador Social, Pensador Político, Tropicólogo*, p. 470.

A CAIXA DE PANDORA

Em torno dele se orquestra um culto que Gilberto preside contente e *insaciável*. Apesar de mais badalado do que ninguém, é ele quem mais se badala. Abre seus livros com apreciações detalhadas sobre suas grandezas e notícias circunstanciadas de cada *pasmo* que provoca pelo mundo afora[62].

Críticas de nomes mais representativos da intelectualidade brasileira e internacional acompanhavam os prefácios de cada edição de *Casa-Grande & Senzala*; como um abre-alas e com função demonstrativa do sucesso e da aceitação da obra.

Prêmios, troféus, medalhas, títulos honoríficos, como o de Sir – Cavaleiro Comandante do Império Britânico –, irmanados em solene procissão seguiram ao abre-alas. Suas fileiras eram gradativamente engrossadas quando novas honrarias eram concedidas. Freyre acreditava na rememoração como recurso para que autor e obra-maior estivessem sempre prestigiados, em evidência.

Casa-Grande & Senzala seguiu carreira vitoriosa em países de língua estrangeira divulgando o exótico, o bizarro, de um misterioso país tropical. A 21ª edição – base para esta tese – ofereceu o roteiro percorrido com uma epígrafe sugestiva "*Casa-Grande & Senzala* correndo o mundo":

já em língua inglesa, espanhola, alemã, francesa e italiana – além de edições em Portugal – a grande obra vem circulando nos seguintes países: 1942 – Argentina; 1946 – Estados Unidos; 1947 – Inglaterra; 1952 – França; 1957 – Portugal; 1964 – Canadá; 1965 – Alemanha; 1965 – Itália; 1980 – Polônia[63].

Santo Antônio de Apipucos foi a casa-grande onde habitou, em grande e nobre estilo, Narciso. Segundo seu proprietário, uma "simples vivenda e não solar". Pura modéstia de alguém que, assim como modelou a sua imagem, modelou também sua morada.

É a casa-grande, idealizada por Freyre em sua obra-maior, transportada para Apipucos. Se ontem foi símbolo de domínio, hoje representa não a decadência da aristocracia açucareira,

---

62 Op. cit., p. 73.
63 G. Freyre, *Casa-Grande & Senzala*, 21. ed., 1981, p. XLIII.

mas o triunfo de um seu representante. É como se voltasse no tempo para habitar onde nunca habitou. Como se pudesse, através desta nova casa-grande, ressuscitar o passado e, proustianamente, percorrer suas salas, quartos, cozinha e capela.

Freyre sempre foi um colecionador. Colecionou, como já mencionamos, amizades, elogios e, nessa casa-grande tão *especial*, objetos e símbolos dos valores que tanto cultuou – aristocráticos, tradicionais, eugênicos – como forma de rememoração.

Uma reflexão de Walter Benjamin sobre colecionador/coleção coaduna-se com este então "Gilberto colecionador":

> A coleção é a práxis exemplar da reminiscência, porque cada colecionador tem um interesse apaixonado pela história passada de seu objeto, seus proprietários anteriores, as circunstâncias de sua aquisição. Cada peça se transforma assim numa enciclopédia, [...] em que se condensa toda uma história[64].

Cada objeto reunido por Freyre conta uma história diferente. Todos, porém, curiosamente, possuem um dado comum: suas origens. Ou nobres por natureza, ou adquiridas por contato de mãos aristocráticas.

Entre legítimos azulejos portugueses, móveis de estirpe, cinzelados por Berenger e Spieler, marfins de Bombaim e tapetes da Pérsia, vamos encontrar:

- "um bronze raro com o perfil de Oliveira Lima" – historiador, diplomata, um dos mentores intelectuais de Freyre, além de ser seu amigo pessoal –, presente do ministro Edmundo da Luz Pinto;
- "vaso indígena do Amazonas", dádiva de "um amigo querido", Gastão Cruls;
- "um facão hispano-árabe de Toledo", presente do antigo ministro da Áustria no Rio de Janeiro, sr. Anton Retchech;
- "velhos móveis de jacarandá e vinhático, um deles, enorme banco de casa-grande", que pertenceu ao visconde de Suassuna;
- "um consolo grande", presente de dona Maroquinha Tasso;

---

64 Apud S. P. Rouanet, *As Razões do Iluminismo*, p. 72.

A CAIXA DE PANDORA

- "raro prato do Japão", que pertenceu ao "famoso Moraes do Dicionário", oferecido por seus "descendentes ilustres", Eduardo e Alfredo de Moraes Gomes Ferreira;
- "pegador de papel em forma de J", que pertenceu a Joaquim Nabuco, presente de sua filha d. Carolina Nabuco;
- "tinteiro predileto de Joaquim Murtinho", presente de d. Laurinda Santos Lobo;
- "um cálice do tempo de Pombal", dádiva do visconde de Carnaxide;
- "xícara das Índias", presente do antigo ministro de Portugal na Alemanha, Veiga Simões;
- "um facão que foi de cangaceiro célebre", presente do coronel Rogaciano Mello;
- "caixa africana de madeira", presente de Arnon de Mello;
- "velha imagem de Santo Antônio de Lisboa", presente de Octávio Tarquínio e Lúcia Miguel Pereira;
- "caneta de ouro", presente do conde Pereira Carneiro;
- "pasta com monograma de ouro", lembrança dos alunos da Universidade do Distrito Federal;
- "caixa dourada da Índia", presente do médico Silva Mello;
- "um abajur de porcelana holandesa", oferecido pelo casal José Nabuco;
- "relíquia de São Francisco Xavier trazida de Goa", autenticada pelo guardião do sepulcro do Santo;
- "mesa dourada, talvez do século XVII", que pertenceu aos padres da Ordem do Oratório em Recife;
- "uma concha com pintura", de Rosalvo Ribeiro;
- "preciosíssima porcelana francesa, presente do casal Mario de Souza, que se reuniu a outras porcelanas, outrora dos barões de Limoeiro"; e
- "faqueiros de prata antiga", que pertenceram aos Tasso[65].

Volto aos azulejos portugueses do século XVIII. Segundo Freyre, oito dos bem conservados painéis de uma velha igreja:

---

65 Para as descrições da casa-grande de Santo Antônio de Apicucos e das peças da coleção, ver G. Freyre, *Apipucos: Que Há num Nome?*, p. 49-51; D. de M. Meneses, *Gilberto Freyre: Notas Biográficas...*, p. 41-42.

adquiridos em Portugal e que por serem tombados só tiveram licença de virem para o Brasil por ter a defesa do Patrimônio Histórico e Artístico daquele País considerado que onde estivesse o atual morador mais velho de Apipucos [...] estava como que extraterritorialmente, Portugal[66].

Estes painéis encerram um grande simbolismo. Se por um lado representam a capela da casa-grande, por outro são demonstrativos do imenso prestígio de Freyre, que pôde plantar um pedaço de Portugal no solo de Apipucos.

Da análise das peças da coleção freyriana, dádivas oriundas de *Oropa, França e Bahia*[67], emerge uma constelação de significados.

Adjetivos – "raro", "predileto", "célebre", "velhos", "preciosíssima", "autenticada" – são convocados como se fossem pela própria rainha da Inglaterra em sua fase áurea, para a metamorfose dos objetos, em objetos honoríficos.

A democracia inspira a convivência de um facão hispano-árabe com um pertencente a um cangaceiro, dignificado este último por ter sido célebre seu dono. Neste caso específico, não é o ex-usuário anônimo que o enobrece, e sim o próprio objeto que recebe a auréola da dignidade por não ter pertencido a um cangaceiro comum.

O passado aristocrático mistura-se com o presente, entrelaçados em amplexo infindo. São bancos de casas-grandes, porcelanas finas, pegador de papel, tinteiro, cálice pombalino, caneta de ouro, abajur, relíquia e imagem de santos, mesa dourada, pasta personalizada e outros, miscigenados eugenicamente na perspectiva freyriana.

De Apipucos, transformado em Areópago, Freyre recebeu os ecos do seu sucesso. Foi Farol de Rodes e musa inspiradora para múltiplos discípulos, alguns, hoje, gilbertólogos. Fez escola, com seu estilo e temática. Incentivou, de forma singular, o regionalismo.

---

66 *Apipucos: Que Há num Nome?*, p. 50-51.

67 A expressão "Oropa, França e Bahia" é título de um poema de Ascenso Ferreira, poeta pernambucano, modernista. Usamos o título no sentido da diversidade das peças da coleção e dos doadores.

A CAIXA DE PANDORA

Casa-Grande & Senzala foi fonte inspiradora de peça teatral: *Casa-Grande & Senzala Drama em Três Atos*, de José Cavalcanti Borges (1970); de música: *Suite Nordestina*, de Lourenço Barbosa, o Capiba, cujo 4º movimento é intitulado *Casa-Grande & Senzala* (1961); de enredo da Escola de Samba Estação Primeira de Mangueira (1962)[68].

Freyre referiu-se à sua própria casa como sendo o local de reverências, reflexo de seu êxito de escritor, sociólogo, antropólogo: "UMA DAS CASAS DE APIPUCOS – SANTO ANTÔNIO DE APIPUCOS – VEM ATRAINDO – insista-se – visitantes de várias espécies, de várias tendências e de vários característicos"[69].

Num exercício egolátrico, Gilberto, com toda "pompa e circunstância", enumerou os súditos que, ao longo dos anos, o homenagearam. Ressalto que, na extensa lista apresentada, Freyre usou o que sempre apreciou: a contradição "Marajás da Índia" ao lado de "rabinos ilustres". Embaixadores miscigenando-se com escritores, poetas, geógrafos, historiadores, sociólogos, professores da Sorbonne e Londres, artistas, editores, políticos de várias ideologias, chefes de Estado, músicos, arquitetos, família real bragantina, juristas, babalorixás e filhas de santo. Salientamos que, da multidão de súditos, até mesmo babalorixás e filhas de santo – encarregados do tom pitoresco e popular, exemplo da contradição –, todos tinham em torno dos seus nomes a auréola do prestígio, sem exceção.

Complementando os jardins freyrianos e sua coleção de objetos, vale acrescentar a observação de Elias Canneti sobre aquele que se percebe famoso:

O famoso coleciona coros. Quer apenas ouvi-los pronunciar seu nome. Tanto faz se se trata de coros de vivos, de mortos ou dos que ainda não nasceram, contanto que sejam grandes e treinados na repetição de seu nome[70].

Edson Nery da Fonseca, considerado o maior gilbertólogo vivo, exemplifica de forma eloquente o coro canettiano, ao escrever:

---

68 *Casa-Grande & Senzala*, 21. ed., p. XXVII.
69 *Apipucos: Que Há no Nome?*, p. 73. O uso da caixa alta na citação nada mais foi que a transcrição *ipsis litteris* do original.
70 *Massa e Poder*, p. 398.

Este *Gilberto Freyre de A a Z* não é um dicionário apenas de conceitos [...] nem uma compilação de entrevistas e depoimentos sobre autores, lugares e assuntos [...] não é um dicionário de citações [...] melhor seria defini-lo como enciclopédia freyriana, pois constitui-se de verbetes antroponímicos, biblionímicos, institucionais, temáticos e toponímicos[71].

Esta apresentação do dicionário, inspirada talvez no ideal "iluminista" que norteou Diderot, d'Alembert, entre outros na criação da *Encyclopédie*. Sabemos que os autores na citada obra selecionavam os verbetes dentro do ideal das "luzes", dentro da suas representações mentais, conceituando-os no sentido da razão. Assim, determinados verbetes não exprimem o verdadeiro sentido do vocábulo, e sim representações iluministas.

Nery comete o mesmo: omite os maiores críticos de Freyre, que poderiam ofuscar o brilho do seu objeto de estudo. Assim, por exemplo, foram excluídos os representantes da Escola Paulista de Sociologia, além de inúmeros críticos que, ao longo dos anos, se ocuparam da análise da obra freyriana não só do Brasil como também do exterior. Inclui, por uma estranha concessão, dois críticos sem maior representatividade, que nunca causaram morsa ao seu ícone, e não foram contabilizados no rol das críticas sérias.

Fernando da Mota Lima critica o dicionário justamente pelas omissões, pelos grandes ausentes que poderiam enriquecer e tornar mais viva a obra freyriana. Mas para Nery o que importa é ser o corifeu do coro do famoso, cujas vozes cantam um solene cantochão.

Mota Lima com certeza será excluído do coro por afirmar:

Um dado notável no livro que Edson Nery dedica a Gilberto Freyre reside no crédito concedido a uma infinidade de autores ocasionais cuja contribuição para o estudo da vida e obra de Freyre é nula. [...] Noutros casos, figuram no dicionário dada a razão aparente de terem escrito algum artigo ou ensaio de ocasião em louvor do mestre de Apipucos. [...] As referências que faço meramente indicativas têm o propósito de sugerir o contexto intelectual e ideológico dentro do qual a obra de Freyre deve ser considerada. Edson Nery passa ao largo de tais questões, explorando-se assim ao risco

---

71 Nota do Autor, *Gilberto Freyre de A a Z*, p. 10.

A CAIXA DE PANDORA

de compor uma obra restrita à dimensão do verbete de curiosidades e registros anedóticos. Outro aspecto fundamental da obra de Gilberto Freyre liga-se às controvérsias e contestações que inspirou [...]. Voltando ao tema das muitas controvérsias suscitadas pela obra de Freyre, um livro como o de Edson Nery deveria não apenas registrá-las, mas também indicar o ritmo de suas oscilações, nestas incluídas atos de mea culpa e revisões públicas como as tantas manifestas à volta do centenário de Freyre[72].

Escolhi um verbete entre os 621 constantes na obra para ilustrar o critério "iluminista" seguido pelo autor. Vale a pena transcrevê-lo parcialmente:

CANDIDO, Antonio – Ensaísta, crítico literário e professor, nascido em 1918 no Rio de Janeiro e radicado em São Paulo [...].
Foi grande admirador de G. F. , como recordou no artigo "Aquele Gilberto", publicado pela *Folha de S. Paulo* em 19 de Julho de 1987 e incluído no livro *Recortes*. Mas referindo-se à luta de G. F. contra a ditadura Vargas em Pernambuco escreveu: "Depois disso, no correr dos anos, mudou bastante. Mudou demais"[73].

O verbete não consegue explicar pelo menos dois pontos relevantes. Primeiro, como é expressada por Candido sua admiração por Freyre. Segundo, o porquê de Candido afirmar que "no correr dos anos mudou bastante. Mudou demais".
Será que o corifeu desejou em última análise que o leitor leia na íntegra o artigo, ou preferiu a omissão para não explicar que mudanças foram essas?
Assim, transcrevo parcialmente o artigo à guisa de complementação:

O Gilberto Freyre que desejo lembrar no momento de sua morte é o que vai de 1933, publicação de *Casa-Grande & Senzala*, até 1945, quando foi eleito, pela Esquerda Democrática, deputado à Assembleia Constituinte. Esse foi Gilberto Freyre da nossa mocidade, cujo grande livro sacudiu uma geração inteira, provocando nela um deslumbramento [...]. Esse Gilberto se empenhou com rara coragem na luta contra a ditadura, enfrentando sob os mais graves riscos o interventor de Pernambuco, Agamenon Magalhães, que o

72 Sobre *Gilberto Freyre de A a Z, Continente*, p. 45-46.
73 *Gilberto Freyre de A a Z*, p. 42.

mandou prender junto com o seu pai, o professor Alfredo Freyre, moveu contra ele uma campanha de difamação e procurou tornar impossível sua vida em Recife [...]. Depois disso, no correr dos anos, mudou bastante. Mudou demais. Mas naquele momento foi um dos maiores exemplos de resistência e de consciência radical no Brasil. De fato, para minha geração ele funcionou nos anos de 1930 e 1940 como um mestre de radicalidade[74].

Duas frases demonstram a insatisfação causada pelo marketing incessante do nosso Narciso. Propaganda desnecessária, já que seu feito foi um ato prometeico: "Morreu o peixe-boi, mas ficou o homem de Apipucos" – frase atribuída a Anibal Fernandes, jornalista do *Diário de Pernambuco*. O peixe-boi foi uma das atrações turísticas do Recife. A segunda, imputada a Oswald de Andrade: "Morreu Lampião mas ficou Gilberto Freyre"[75].

O ARDIL DE SÍSIFO:
O MITO DA DEMOCRACIA RACIAL

Para a análise do mito da democracia racial – um mito político –, adotamos duas linhas indicadas por Raoul Girardet, a primeira, o mito no sentido antropológico, cujo conteúdo é endossado por Mircea Eliade:

o mito conta uma história sagrada; relata um acontecimento que teve lugar no tempo imemorial. [...]. Em outras palavras, o mito conta como a realidade chegou à existência, quer seja a realidade total, o cosmos ou apenas um fragmento: uma ilha, uma espécie vegetal, um comportamento humano, uma instituição[76].

E a segunda vertente com a qual nos ocupamos é a interpretação do mito no sentido "soreliano".

O primeiro aspecto envolve um "mito cosmológico", complemento necessário para o entendimento do mito das três raças, que começou a ser gestado no final do século XIX, passando a existir como realidade a partir dos anos 30.

---

74 Aquele Gilberto, op. cit., p. 82-83.
75 Apud D. de M. Meneses, op. cit., p. 45.
76 Apud R. Girardet, *Mitos e Mitologias Políticas*, p. 13.

Adverte Renato Ortiz que o antropólogo clássico sempre opera *a posteriori*, retendo assim poucos dados para reconstituir a "origem histórica dos elementos simbólicos"[77]. Entretanto, no caso específico da sociedade brasileira, é possível datar a ocasião do nascimento da história mítica, não sendo difícil comprovar que esse mito – mito das três raças – é urdido na ocasião em que a sociedade sofria mutações representativas, como a mudança de uma economia escravista para uma capitalista; ou ainda, como um regime que monárquico passava a ser republicano, em busca de uma solução para a mão-de-obra, fomentando a imigração europeia[78].

E foi nos *tempos de casa-grande* que o mito ritualizou-se, conseguindo sua cristalização com Gilberto Freyre, sendo *Casa-Grande & Senzala* o elemento catalizador.

Na segunda vereda em que proponho analisar o mito, percebe-se que ele possui um nítido contorno "soreliano", quando projeta para o futuro o triunfo da "causa". Se por um lado a perspectiva de uma vitória da igualdade racial estimula aqueles que creem, o reverso da medalha é bem diferente – amortece qualquer sentimento reivindicatório. Segundo Georges Sorel, "os mitos do futuro afetam as pessoas e as levam a agir, sem lhes romper ao mesmo tempo a vida real presente"[79].

Aplicado à realidade brasileira dos anos 30, o mito do futuro, com seu aspecto messiânico, oferecia uma solução para o questionado e questionante problema racial. Agora pairava a esperança. À posteridade prometia uma *morenidade bem atenuada*, produto de uma mestiçagem eugênica.

Todo mito justifica ou tenta justificar uma realidade. Traz embutido uma ideologia que se presta a ratificar o sentido idealizado. Na elaboração do real não pode ser apresentado como tal, precisa da roupagem da credibilidade. Daí o mito ser complexo, difícil de ser apreendido em sua totalidade, apesar de sua mensagem perceptível ser clara, condição necessária para o entendimento da maioria.

O sucesso do mito da democracia racial está embasado numa linguagem límpida, envolvente, mesmo que falaciosa.

---

77 *Cultura Brasileira e Identidade Nacional*, p. 38.
78 Idem, ibidem.
79 Apud R. Patai, *O Mito e o Homem Moderno*, p. 87.

Como *Esfinge* encerra seu verdadeiro sentido: "ou me decifras ou te devoro". Penetrar no enigma exige uma compreensão apurada do real. A elite intelectual, apropriando-se da "charada", não traduz para a massa dos mortais seu verdadeiro significado. A identidade racial brasileira, que tanto perturbava a intelectualidade nacional, estava equacionada de forma brilhante. E, para as elites, nada melhor que o seu arauto fosse alguém de estirpe – digno representante de uma aristocracia açucareira decadente, mas sempre um aristocrata.

Como explicar esta nova identidade para um país racista cujo padrão estético racial e cultural era balizado pelos valores europeus? Se o próprio Freyre confessou, depois de três anos ausente do Brasil – quando como estudante frequentou universidades norte-americanas e europeias –, que se chocou com uma visão que ele descreveu como "caricaturas de homem": "um bando de marinheiros nacionais – mulatos e cafuzos [...] pela neve mole de Brooklyn. Deram-me a impressão de caricaturas de homens"[80].

E foi a partir dessa constatação que, aos seus olhos, se mostrou grotesca, que Freyre tentou explicar que a miscigenação – elaborada na grande retorta do laboratório colonial – tinha produzido diferentes resultados. Enfim, que "as caricaturas de homens" do presente eram frutos de deficiências que poderiam ser sanadas.

Procuro ressaltar neste estudo como Freyre operou com o conceito de eugenia, cujos objetivos, dentre tantos outros, era aprimorar os elementos raciais de um mesmo grupo, produzindo filhos eugênicos. Teoria inaplicável ao Brasil, visto que os testemunhos miscigenados das três raças eram de uma clareza meridiana. Gilberto fez uma adaptação do conceito, criando uma "eugenia à brasileira": selecionou o melhor branco e o melhor negro para que estes resultassem num "mulato eugênico", ou melhor, um "mulato europeizado".

A miscigenação tão exaltada por Freyre, base da pirâmide da democracia racial, encobriu dois aspectos que considero fundamentais para o desmonte do mito. O primeiro foi a diluição do preconceito racial do português na sua furiosa

---

80 *Casa-Grande & Senzala*, 21. ed., p. LVII.

A CAIXA DE PANDORA

atividade genésica por falta de parceiras brancas. E o segundo, como apontou Clóvis Moura, a concubinagem do português que, por si só, não significou uma democratização da sociedade. Com base no princípio legal do *partius sequitur ventrem*, os frutos da escrava com o senhor continuavam escravos[81].

Consequentemente, a democracia racial pregada por Freyre e transformada em aspiração nacional não deve ser confundida com democracia social. Os dois conceitos deveriam ser irmãos siameses, um complementando o outro, como Freyre induziu na elaboração do mito. E, ao apresentar questões mal resolvidas que alçaram à esfera mítica, sacralizou equações indefinidas...

Como advertiu Walter Benjamin:

Incapaz de compreender a essência da História, que ele concebe como um arquivo morto de fatos imutáveis, o homem fica prisioneiro do mito e sua visão do novo é no fundo uma reiteração obsessiva do sempre igual[82].

E foi com um olhar proustiano, nostálgico, que Freyre, revolvendo as cinzas dos engenhos de fogo morto, não conseguiu visualizar concretamente o que ultrapassava as fronteiras de uma certa Casa-Grande e de uma certa Senzala. Ao esboçar suas teorias, o sociólogo braudelianamente usou a perspectiva de sua classe. Em *Os Lusíadas*, canta Camões a glória do imperialismo português no além-mar.

E em *Casa-Grande & Senzala* Gilberto Freyre compõe uma epopeia em prosa da colonização portuguesa nas terras brasileiras. Ao mesmo tempo, tentou explicar em termos raciais a grande equação que era e ainda é o Brasil. São heróis desta epopeia: o português aristocrático, o negro e o mulato eugênicos e a Casa-Grande, enquanto símbolo da família patriarcal.

---

81 *As Injustiças de Clio*, p. 186.
82 Apud S. P. Rouanet, op. cit., p. 43.

Canto I
O Português Aristocrático

O português da epopeia, um dos heróis gilbertianos, tem o seguinte perfil: não é preconceituoso, é aristrocata, contemporizador. O espírito da aventura o anima a enfrentar a tudo e a todos. As vicissitudes de uma terra hostil e desconhecida não o desanimam. Sua generosidade o faz magnânimo. É católico apostólico romano, no entanto, sob intenso calor dos trópicos, seu catolicismo amolece, transgride preceitos, ao ponto de a Santa Inquisição precisar inquiri-lo. É um herói povoador, pois usa seu falo indistintamente a ponto de instituir, em terras brasileiras, uma "verdadeira falocracia". É um bom senhor, usa o perdão com parcimônia e para ser obedecido possui um arsenal sofisticado na arte de torturar. Tem o dom raro de "abrasileirar" negros africanos. É um herói sem escrúpulos, mas que no herói não é defeito, e sim virtude, tal como os heróis gregos. Se porventura é plebeu, ao cruzar o Atlântico sofre a metamorfose, transveste-se em nobre.

Freyre apresentou o tipo físico de um dos seus heróis mais importantes da epopeia. O português já miscigenado na Península Ibérica não podia ser o ariano puro dos devaneios racistas. Ele era um tipo híbrido, mas, de qualquer forma, um branco nos sinais exteriores, se comparados seus traços aos dos negroides e indígenas:

> Portugal é por excelência o país europeu do louro transitório ou do meio-louro. Nas regiões mais penetradas de sangue nórdico, muita criança nasce loura e cor-de-rosa [...] para tornar-se, depois de grande, morena e de cabelo escuro. Ou então [...] homem de barba loura e de cabelo escuro. Homens morenos de cabelo louro. Esses mestiços com duas cores de pelo é que formaram, ao nosso ver, a maioria dos portugueses colonizadores do Brasil, nos séculos XVI e XVII; e não nenhuma elite loura ou nórdica, branca pura: nem gente toda morena e de cabelo preto[83].

Freyre eximiu o português de preconceitos raciais, afirmando que só portava o preconceito religioso. Entre outros estu-

---

83 *Casa-Grande & Senzala*, 21. ed., p. 203.

A CAIXA DE PANDORA

diosos, Charles Boxer assegurou o contrário – os portugueses durante séculos consideravam pessoas de "sangue infecto" tantos os negros e mulatos como os descendentes de judeus[84]. Nesse caso, a libido foi mais forte:

A falta de gente, que o afligia, mais do que a qualquer outro colonizador, forçando-o à imediata miscigenação – contra o que não o indispunha, aliás, escrúpulos de raça, apenas preconceitos religiosos – foi para o português vantagem na sua obra de conquista e colonização dos trópicos[85].

A assertiva freyriana a seguir é reveladora do seu pensar aristocrático, típico de um descendente da "*açucarocracia*". O seu português, um precoce burguês na Europa, metamorfoseia-se em nobre ao chegar ao Brasil. Ele é tão superior, que sua reação ao meio físico e às culturas nativas o impele na direção do patamar social mais alto. Para Freyre, burguesia é sinônimo de plebeísmo, de algo "podre" que não se coaduna com o seu personagem. Involução para Gilberto é progresso, fato necessário para a consolidação da nobreza do mandatário. Assim alertou para não comparar o português moderno com aquele do século XVI:

Não é pelo estudo do português moderno, já tão manchado de *podre*, que se consegue uma ideia equilibrada e exata do colonizador do Brasil – o português de Quinhentos e de Seiscentos, ainda verde de energia, caráter amolegado por um século, apenas, de corrupção e decadência [...]. Mesmo que esse plebeísmo fosse característico do português de hoje, não seria do português dos séculos XV e XVII. Sem aguçar-se nunca no aristocratismo do castelhano, no que o português se antecipou aos europeus foi no burguesismo. Mas esse burguesismo precoce sofreria no Brasil refração séria em face das condições físicas da terra e das culturas dos nativos; e o povo que, segundo Herculano, mal conhecera o feudalismo, retrocedeu no século XVI à era feudal, revivendo-lhe os métodos aristocráticos na colonização da América. Uma como compensação ou retificação de sua própria história[86].

---

84 *O Império Colonial Português*, p. 297.
85 *Casa-Grande & Senzala*, 21. ed., p. 13.
86 Idem, p. 190.

TEMPOS DE CASA-GRANDE

Na mesma linha de pensamento negou ao plebeu – ao elemento burguês – capacidade de mando. O domínio senhorial só poderia ter sido desenvolvido pela aristocracia:

Aristocrático, patriarcal, escravocrata. O português fez-se aqui senhor de terras mais vastas, dono de homens mais numerosos que qualquer outro colonizador da América. *Essencialmente plebeu* ele teria falhado na esfera aristocrática em que teve de desenvolver-se em seu domínio colonial[87].

Reafirmar tornou-se necessário para a nobilitação do personagem: "a colonização do Brasil se processou aristocraticamente"[88]. Recorreu ao historiador português Oliveira Martins no sentido de ratificar o primado da aristocracia na colonização brasileira. Esta ratificação revestiu-se de importância, pois enfatizou a supremacia da aristocracia nortista no processo da colonização:

Observa Oliveira Martins que a população colonial no Brasil, '*especialmente ao norte*', constituiu-se aristocraticamente, isto é, as casas de Portugal enviaram ramos para o ultramar, desde todo o princípio a colônia apresentou um aspecto diverso das turbulentas imigrações dos castelhanos[89].

"As zonas de confraternização" que Freyre apresentou na afirmativa abaixo, conforme enfatizo, têm um sentido ambíguo. Confraternizar supõe um relacionamento social fraterno, amigo. Desconhecemos relações de tal natureza entre dominadores e dominados. Gilberto tentou "açucarar" as ligações, transformando-as em regalo para a construção da sua idealizada democracia racial:

A escassez de mulheres brancas criou zonas de confraternização entre vencedores e vencidos, entre senhores e escravos. Sem deixarem de ser relações – a dos brancos com as mulheres de cor – de "*superiores*" com "*inferiores*" e, no maior número de casos, de senhores desabusados e sádicos com escravas passivas *adoçaram-se*, entretanto,

---

87   Idem, ibidem. Grifo nosso.
88   Idem, p. 90.
89   Idem, p. 17. Grifo nosso.

A CAIXA DE PANDORA

com a necessidade experimentada por muitos colonos de constituírem família dentro dessas circunstâncias e sobre essa base[90].

Sempre conjugando o verbo confraternizar, o Mestre de Apipucos somou mais predicados ao seu herói eleito. Se foi "escravocrata terrível", foi também um confraternizador. Um ato fraterno escamoteia o lado perverso da questão, transformando o defeito em virtudes:

O escravocrata terrível, que só faltou transportar da África para América, em navios imundos, que de longe se adivinhavam pela inhaca, a população inteira de negros, foi por outro lado o colonizador europeu que melhor *confraternizou* com as raças chamadas inferiores[91].

Concordo com Alfredo Bosi que chamou atenção para a libido do conquistador, a qual teria sido mais falocrática que democrática[92]. E é dentro do signo falocrático que percebo a miscigenação, contrariando a ideia gilbertiana que atribuiu ao *seu português* – sem preconceitos – a glória de agente de uma miscigenação democrática. O "Mestre de Apipucos" também é o *mestre da contradição*! Apesar de defender o sentido democrático da miscigenação, em algumas de suas afirmativas, como nas abaixo transcritas, apresentou o signo da luxúria como o *leitmotiv*:

Quanto à miscibilidade, nenhum povo colonizador, dos modernos, excedeu ou sequer igualou nesse ponto aos portugueses. Foi misturando-se gostosamente com mulheres de cor logo ao primeiro contato e multiplicando-se em filhos mestiços que uns milhares apenas de machos atrevidos conseguiram firmar-se na posse de terras vastíssimas [...]. A miscibilidade, mais que a mobilidade, foi o processo pelo qual os portugueses compensaram-se da deficiência em massa ou volume humano para a colonização em larga escala e sobre áreas extensíssimas[93].

90 Idem, p. LX.
91 Idem, p. 189. Grifo nosso.
92 *Dialética da Colonização*, p. 28.
93 *Casa-Grande & Senzala*, 21. ed., p. 9.

Em outra passagem:

A transigência com o elemento nativo se impunha à política colonial portuguesa: as circunstâncias facilitaram-na. A luxúria dos indivíduos, soltos sem família, no meio da indiada nua, vinha servir a poderosas razões de Estado no sentido de rápido povoamento mestiço da nova terra[94].

Considero como *celebração do ócio* esta afirmativa freyriana que comenta a doce vida do *seu português*:

Ociosa, mas alagada de preocupações sexuais, a vida do senhor de engenho tornou-se uma vida de rede. Rede parada, com o senhor descansando, dormindo, cochilando. Rede andando, com o senhor em viagem ou a passeio debaixo de tapetes ou cortinas. Rede rangendo, com o senhor copulando dentro dela[95].

Mas se o ócio foi sacralizado, a coragem e valentia, predicados do aristocrata, foram também enaltecidos:

É verdade que esses homens moles, de mãos de mulher; amigos exagerados da rede; voluptuosos do ócio; aristocratas com vergonha de ter pernas e pés para andar e pisar no chão como qualquer escravo ou plebeu – souberam ser duros e valentes em momentos de perigo. Souberam empunhar espadas e repelir estrangeiros afoitos. [...]. Foram os senhores de engenho pernambucanos que colonizaram a Paraíba e o Rio Grande do Norte[96].

Freyre já celebrou o ócio, a valentia e coragem, agora celebra *o falo civilizador*:

No senhor branco o corpo quase que se tornou exclusivamente o *membrum virile*. Mãos de mulher, pés de menino; só o sexo arrogantemente viril. Em contraste com os negros – tantos deles gigantes enormes, mas pirocas de menino pequeno[97].

94 Idem, p. 92-93.
95 Idem, p. 429.
96 Idem, ibidem.
97 Idem, ibidem.

Canto ii
O Negro Eugênico

Preocupado com a construção da nova identidade racial brasileira despida de preconceitos, Freyre investiu na formação do arquétipo do negro ideal. Se a presença negra não poderia ser escamoteada da nossa formação étnica, seria menos constrangedora se a herança fosse legitimada por uma descendência nobre. O "Mestre de Apipucos", preso ao seu pensar aristocrático, procurou justificar essa incômoda presença dentro de uma perspectiva europeia. Freyre não se libertou de suas matrizes culturais. Considerou erro dos historiadores limitar a procedência dos negros trazidos para o Brasil. Destacou que os que aqui aportaram vieram de numerosos grupos diferenciados entre si quanto ao nível cultural. O Brasil, em oposição aos Estados Unidos (Sul), recebeu mais negros culturalmente superiores, ou seja, a "elite africana":

> Os historiadores do século xix limitaram a procedência dos escravos importados para o Brasil ao estoque banto. É ponto que se deve retificar. De outras áreas de cultura africana transportaram-se para o Brasil escravos em grosso número. Muitos de áreas *superiores à banto*. A formação brasileira foi *beneficiada* pelo melhor da *cultura negra da África*, absorvendo elementos por assim dizer de *elite* que faltaram na mesma proporção ao Sul dos Estados Unidos[98].

Persistindo na mesma temática, Freyre se vê separado dos racistas quando, na verdade, ele é símile:

> Fique bem claro, para regalo dos arianistas, o fato de ter sido o Brasil menos atingido que os Estados Unidos pelo suposto mal da *"raça inferior"*. Isto devido ao maior número de *fula-fulos* e *semi-hamitas – falsos negros* e, portanto, para todo o bom arianista, de *estoque superior* ao dos pretos autênticos – entre os emigrantes da África para as plantações e minas do Brasil[99].

E foi dentro do mesmo prisma – escravos mais superiores – que Gilberto examinou os critérios ingleses e portugueses de

98 Idem, p. 229-300. Grifo nosso.
99 Idem, p. 305. Grifo nosso.

seleção dos escravos africanos. Atribuiu aos primeiros a importação de escravos para a área agrícola, não sendo necessária a especialização. No caso português, Freyre mencionou dois: como elemento de seleção colocou em primeiro plano a satisfação sexual do branco, e, como segundo, as necessidades metalúrgicas. Empregando o termo "parece", fugiu do sentido afirmativo:

> Parece que para as colônias inglesas *o critério* de importação de escravos da África foi quase exclusivamente o agrícola. O de *energia bruta, animal*, preferindo-se, portanto, o negro resistente, forte e barato. Para o Brasil a importação de africanos fez-se atendendo-se a outras *necessidades e interesses*. A falta de mulheres brancas; às necessidades de técnicos em trabalhos de metal, ao surgirem as minas. Duas poderosas forças de seleção[100].

Para Freyre era importante determinar a área de cultura da importação de africanos. Este seu cuidado tinha por objetivo evitar a generalização do africano como "uma só e indistinta figura de 'peça de Guiné' ou de 'preto da Costa'". Afirmamos que esta precaução de Gilberto visava valorizar a presença no Brasil do negro islamizado, pertencente a outro estágio cultural. É o preâmbulo edificador do seu *negro ideal*:

> A verdade é que se importaram para o Brasil, da área mais penetrada pelo Islamismo, negros maometanos de cultura superior não só à dos indígenas, como à da grande maioria dos colonos brancos[101].

Freyre transvestiu o *seu negro* no demiurgo da nação. O herói civilizador, quase nobre, da colonização brasileira. Estava certo, "os negros foram os pés e as mãos dos senhores de engenho". Só que na composição de seu quadro, onde desejava colocar o negro em um universo privilegiado – para sua argumentação do negro ideal –, subestimou o papel do índio:

> Os escravos vindos das *áreas* de cultura negra *mais adiantada* foram um elemento ativo, criador e quase que se *pode acrescentar nobre* na colonização do Brasil; degradados apenas pela sua con-

---

100 Idem, p. 306. Grifo nosso.
101 Idem, p. 298-299.

A CAIXA DE PANDORA 45

dição de escravos. Longe de terem sido apenas animais de tração e operários de enxada a serviço da agricultura, desempenharam *uma função civilizadora*. Foram a mão direita da formação agrária brasileira, os índios, e sob certo ponto de vista, os portugueses, a mão esquerda[102].

Reforçando a argumentação do seu negro demiurgo, elevou-o a uma condição semelhante à do português colonizador. O escravo africano colonizado, agente civilizador dos índios:

Tais contrastes de disposição psíquica e de adaptação *talvez* biológica ao clima quente explicam em parte ter sido o negro na América Portuguesa o maior e mais *plástico* colaborador do branco na obra de colonização agrária; o fato de haver até desempenhado entre os indígenas uma *missão* civilizadora no sentido europeizante[103].

Prosseguindo na busca do seu negro eleito – e não do tempo perdido –, Freyre divagou. Para Gilberto há índios e índios, como há negros e negros, e, como se observará, há judeus e judeus. O parâmetro freyriano é racista e aristocrático. O sudanês foi, sem dúvida, o negro eleito. Ou seja, dos negros, o melhor.

Porque nada mais anticientífico que falar-se da inferioridade do negro africano em relação ao ameríndio *sem discriminar-se antes que ameríndio*; sem *distinguir-se que negro*. Se o tapuio; se o banto; se o hotentote. Nada mais *absurdo* do que *negar-se ao negro sudanês*, por exemplo, importado em número considerável para o Brasil, *cultura superior* à do *indígena mais adiantado*[104].

O "Mestre de Apipucos" usou uma afirmação de Nina Rodrigues, como elemento de reforço a sua argumentação de referendar o elemento sudanês como o mais representativo do *seu negro*: "Aos sudaneses Nina Rodrigues dá a 'proeminência intelectual e social entre os negros importados para o Brasil [...]. Teriam sido uns como *aristocratas das senzalas*"[105].

Mais alguns toques – características físicas – para o perfil do negro gilbertiano se completar. Como não pôde alocar no

102 Idem, p. 70. Grifo nosso.
103 Idem, p. 289. Grifo nosso.
104 Idem, p. 285. Grifo nosso.
105 Idem, p. 310.

Brasil apenas sudaneses como desejava, concedeu aos bantos um honroso segundo lugar. Considerava a cor como secundária à caracterização étnica, visto que, numa escala de valor, a importância estava no cabelo – "*nos ulotrichi africani*", mostra-se encarapinhadíssimo". Depois desses prolegômenos todos, ofereceu as informações vitais à sua argumentação em prol do negro-branco:

> Este característico não se encontra tão carregado nos indivíduos dos *vários estoques mestiços de hamitas* e até *berberes* de que nos vieram numerosos escravos: enquanto os fullos e outros povos da África Oriental que contribuíram também para a formação da família brasileira se filiam pelo *cabelo* aos acynotrichi. *Cabelo mais suave. Nariz mais afilado, traços mais* próximos dos europeus[106].

Ao descrever as negras baianas, não mediu elogios, associados sempre ao *objeto do seu desejo* – o sudanês nobre: "São em geral pretalhonas de elevada estatura – essas negras que é costume chamar baianas *Heráldicas. Aristocráticas.* A estatura elevada é aliás um característico sudanês que convém salientar"[107].

Canto III
O Mulato Eugênico

Na construção da sua ideia de democracia racial, Freyre sempre se preocupou com o fator eugênico. Partindo de uma premissa racista, afirmou que houve seleção eugênica também na formação dos mulatos.

"Precisa-se de moças para pessoas de fino trato", bem que a Casa-Grande poderia ostentar esse aviso... Mas a seleção atendia a outros ditames: a Casa-Grande recrutava na senzala escravas que possuíssem padrões estéticos assemelhados aos dos europeus. Faziam parte do *decor* do ambiente; portanto, deviam se harmonizar a ele, partindo da premissa de que o belo é o que agrada à vista, balizada pela estética do dominador. E o olhar aristocrático freyriano registrou:

106 Idem, p. 304.
107 Idem, p. 314.

A CAIXA DE PANDORA

É natural que essa promoção de indivíduos da senzala à casa-grande para o serviço doméstico mais fino se fizesse atendendo a *qualidades físicas* e morais; e não à toa e desleixadamente [...] é natural que fosse escolhida dentre *as melhores* escravas da senzala. Dentre as mais limpas, *mais bonitas*, mais fortes. Dentre as menos boçais e as mais ladinas[108].

A eugenia povoa o imaginário freyriano. Assim como se preocupou em apresentar o arquétipo do seu *negro eugênico*, procurou também enfatizar que a união de eclesiásticos com negras e mulatas foi um fator positivo na formação social brasileira. Neste caso, uma prole eugênica sem dúvida. Segundo Gilberto, o elemento eclesiástico provinha de "brancos dos melhores estoques", consequentemente "mais seletos e eugênicos". Afirmou que a proliferação dessas uniões, gerando uma multidão de filhos ilegítimos, foi "formidável". Formidável em termos eugênicos na concepção do sociólogo. Mas será que o destino desses mulatinhos numa sociedade preconceituosa foi tão positivo assim? As alternativas apresentadas por Freyre deixam dúvidas: "criados muitas vezes com a prole legítima, dentro do *liberal patriarcalismo* das casas-grandes; outros à sombra dos engenhos de frades ou então nas 'rodas' e orfanatos"[109].

Reafirmou seu ponto de vista nesta assertiva:

Dessas uniões [referindo-se ao elemento eclesiástico], muitas foram com mulheres de cor, escravas ou ex-escravas, outras porém, com moças *brancas* ou *brancaranas*, *verdadeiros tipos de beleza*, do *ponto de vista ariano* [...]. Nossa insistência visa outro fim: acentuar que à formação brasileira não faltou o concurso genético de um elemento superior, recrutado dentre as melhores famílias e capaz de transmitir à prole as maiores vantagens do ponto de vista eugênico e de herança social[110].

Freyre confirmou seu raciocínio destacando numa perspectiva racista um elemento superior do melhor estoque branco, seleto, eugênico e excelente procriador. Justificando

108   Idem, p. 352. Grifo nosso.
109   Idem, p. 442-443.
110   Idem, p. 444. Grifo nosso.

o provável sucesso da prole eugênica eclesiástica, citou um adágio popular que diz: "feliz que nem filho de padre", que é comum ouvir-se no Brasil..."Não há nenhum que não seja", responde a gente do povo[111].

Construindo a prole eugênica, Freyre voltou-se para a união do branco com negras e mulatas. A bastardia, nesse caso, não absorveu tantos privilégios como a dos padres, mas ofereceu importante contribuição para a morenidade *atenuada*. Ressaltamos o cuidado do "Mestre de Apipucos" em apresentar esses mestiços "quase" sempre como resultantes dos melhores elementos, fossem eles homens ou mulheres:

do melhor elemento masculino – os brancos afidalgados das casas-grandes – com o melhor elemento feminino das senzalas – as negras e mulatas mais bonitas, mais sadias e mais frescas[112].

Freyre, mais uma vez, sublinhou que o escravo de maior contato com o branco da casa-grande atendia aos padrões eugênicos, conforme já ressaltamos, visto combinar com os adereços da casa dentro da ótica europeia. As negras, por sua vez, eram ainda mais selecionadas, atendendo à cupidez dos olhos do senhor e, quem sabe, aos seus reclamos sexuais. Num provável exercício de futurologia – ledo engano –, Freyre prevê para os frutos desta miscigenação carreiras de *status* na sociedade brasileira:

Vê-se através dos velhos anúncios de 1825, 1830, 35, 40, 50 a definida preferência pelos negros e *negras altas* e *de formas atraentes* – '*bonitas de cara* e de corpo e com todos os *dentes da frente*'. O que mostra ter havido *seleção eugênica* e estética de pagens, mucamas e mulecas para o serviço doméstico – as negras mais em contato com os brancos das casas-grandes; as mães dos mulatinhos criados em casa – muitos deles futuros doutores, bacharéis e até padres[113].

Esta propalada eugenia – condição *sine qua non* para o ingresso na Casa-Grande – encobriu outra perspectiva de padrões seletivos. Para o eito o que vigorava era a força física,

111 Idem, p. 447.
112 Idem, ibidem.
113 Idem, p. 314.

independentemente dos traços fisionômicos. Os escravos da *plantation*, com uma expectativa de vida pequena, não faziam parte dos *eleitos*.

Freyre, um ano após a publicação de *Casa-Grande & Senzala*, proferiu a conferência "O Escravo nos Anúncios de Jornal no Tempo do Império"[114], depois publicada em livro, em 1961, com o título *O Escravo nos Anúncios de Jornais Brasileiros do Século XIX*, quase sem nenhuma alteração no texto. O tema desenvolvido retratou outra realidade. Ofereceu um painel deprimente do escravo, vítima das maldades do senhor. Instrumentos de tortura, sinais identificadores dos castigos infligidos, quadro de uma história cruel: desmistificando o bom senhor introduzido na historiografia brasileira por Oliveira Viana e, agora, retrabalhado por Gilberto.

Freyre, mesmo assim, não se furtou em defender a eugenia, inserindo no texto: "os eugênicos são mais numerosos que os cacogênicos nos anúncios dos jornais"[115]. Da mesma forma retomou o elogio ao sudanês escolhido para o elo áureo do negro formador da nossa identidade racial. Numa trama bem urdida teceu com a eugenia – indutora de uma miscigenação redentora, branco eugênico com negra eugênica e o sudanês europeizado – a cortina que, veladamente, encobriria nosso passado.

Apesar desta análise estar restrita a *Casa-Grande & Senzala* no tocante ao pensamento do autor com referência à eugenia – acredito que sua obra *O Escravo nos Anúncios de Jornais Brasileiros do Século XIX* pode, também, ser considerada como expressão da persistência desta sua "visão de mundo" excludente:

> Compreende-se assim que os sudaneses tenham manifestado a tendência para constituir uma espécie de *aristocracia* dentro da sociedade escravocrática do Brasil não só pela sua superioridade de cultura [...] mas pela sua figura antropológica: a do africano, quase sempre esbelto, nariz afilado, mãos e pés delicados, que passa [...] por essas suas semelhanças com os tipos clássicos de mulher, homem, adolescente belo e aristocrático, consagrados pelas civilizações ocidentais[116].

---

114 Ao receber o prêmio da Sociedade Felipe D'Oliveira, Freyre proferiu conferência publicada na revista *Lanterna Verde*, Rio de Janeiro, v. 2, fev. 1935.
115 *O Escravo nos Anúncios de Jornais...*, p. LVII.
116 Idem, ibidem.

Canto IV
A Casa-Grande

No seu alumbramento, Freyre visualizou uma certa *casa--grande*, fruto de suas reminiscências... Solarenga, aristocrática, símbolo da *transigência*, da *confraternização* e da *miscigenação democrática*. Um espaço feliz, semelhante ao "Jardim de Alá" onde Freyre valorizou a herança mourisca, tanto quanto preteriu a judaica: um paraíso terrestre numa terra hostil. Ou mais seria um símile do *Jardim das Delícias* de Hyrenonimus Bosch?

No universo simbólico, a casa tem que ser forte e segura, de acordo com os parâmetros aristocráticos. Ocupa um espaço de poder. Reflete o seu morador, evocando o signo do mando e da autoridade do proprietário.

Freyre começou a edificar assim sua casa-grande:

A sociedade colonial no Brasil, principalmente em Pernambuco e no Recôncavo da Bahia, desenvolveu-se patriarcal e aristocraticamente à sombra das grandes plantações de açúcar, não em grupos a esmo e instáveis; em casas-grandes de taipa ou de pedra e cal, não em palhoças de aventureiros[117].

Gilberto apresentou a casa-grande como símbolo da dominação imperialista. Recorreu ao seu caro argumento da contemporização – uma casa-grande plástica capaz de harmonizar todos os antagonismos –, justificativa da casa-grande, uma grande mãe, infelizmente utópica:

O sistema patriarcal de colonização portuguesa no Brasil, representado pela casa-grande, foi um sistema de plástica contemporização entre as duas tendências. Ao mesmo tempo que exprimiu uma imposição imperialista da raça adiantada à atrasada, uma imposição de formas europeias [...] ao meio tropical, representou uma contemporização com as novas condições de vida e de ambiente[118].

117 Idem, p. 17.
118 Idem, p. LXII.

A CAIXA DE PANDORA

O "Mestre de Apipucos" apresentou a casa-grande como síntese do sistema colonial. Na minha análise, a senzala apareceu como mero acessório, caudatário das imposições dos senhores. A visão gilbertiana concentrou-se na casa-grande *nobilíssima*:

A casa-grande, completada pela senzala, representa todo um sistema econômico, social e político: de produção (a monocultura latifundiária); de trabalho (a escravidão); de transporte (o carro de boi, o banguê, a rede, o cavalo); de religião [...]; de vida sexual e de família (o patriarcalismo polígamo); [...] de política (o compadrismo). Foi ainda fortaleza, banco, cemitério, hospedaria[119]

Freyre, como celebrou *seu português*, *seu negro* com honras e glórias, exaltou a casa-grande, imagem emblemática da dominação. Hegemônica sobre o poder civil e eclesiástico, pairando sobre tudo e todos:

A casa-grande venceu no Brasil a Igreja, nos impulsos que esta a princípio manifestou para ser dona da terra. Vencido o jesuíta, o senhor de engenho ficou dominando a colônia quase sozinho. O verdadeiro dono do Brasil. Mais do que os vice-reis e os bispos[120].

Canto v
Os Excluídos

Casa-Grande & Senzala, que tem como proposta analisar "a formação da família brasileira sob o regime da economia patriarcal" – na epopeia em prosa como batizei –, tem personagens excluídos, ou melhor, personagens que são meros figurantes secundários. Não que não apareçam no desenrolar da epopeia, mas na trama construída pelo autor surgem como meros coadjuvantes, como foi o caso da senzala e do negro do eito.

A senzala – a grande excluída – aparece na obra freyriana como apêndice da casa-grande. Ela foi a grande usina da seleção eugênica necessária para compor o quadro irreal da democracia racial. Como usina, selecionou os eugênicos para a

---

119 Idem, p. LXIII.
120 Idem, p. LXVII.

casa-grande e o *bagaço* para o eito. Foi a produtora de oferendas: negras, jovens e belas, prontas a procriar proles eugênicas a serviço do *falo civilizador*. Ausente do texto freyriano, não pode deixar para a posteridade as suas tristes vivências: *foi um navio negreiro ancorado em terra*.

O negro do "eito", que transformou seu sangue, sua energia, sua vida em açúcar para satisfação do senhor, não obteve melhor sorte. O mesmo destino foi concedido ao negro das minas. O prestigiado autor não conseguiu escutar suas vozes oprimidas e silenciadas pelo açoite dos feitores.

Quanto ao índio – por não poder enquadrá-lo na estética aristocrática e por não poder aprisioná-lo na senzala, *a usina da eugenia*, onde haveria certamente a seleção eugênica –, foi escamoteado. Portanto, ficou excluído do projeto da democracia racial: *harmônica e eugênica*.

O índio ofereceu ao português, nos primórdios da colonização, excelentes contribuições. No entanto, Freyre, que não desconhecia seu estágio cultural nem tampouco sua vida liberta, afirmou: "o índio sempre foi movediço"[121] ou "incapaz e molengo"[122]. Se o índio foi estigmatizado, o mesmo vai ocorrer com seus descendentes exorcizados por Freyre, que resvalou nas teias do racismo:

> A exaltação lírica que se faz entre nós do *cabloco*, isto é, do *indígena* tanto quanto do *índio civilizado* ou do *mestiço de índio com o branco*, no qual alguns querem enxergar o expoente mais puro da capacidade física, da beleza e até da resistência moral da *sub-raça brasileira*, não corresponde senão superficialmente à realidade[123].

> Essa versão freyriana sobre o índio vai merecer de sua parte uma exceção: quanto aos serviços prestados aos bandeirantes em que ele aparece dotado de "atrevimento e ardor guerreiro"[124].

---

121 *Casa-Grande & Senzala*, 21. ed., p. 315.
122 Idem, p. 242.
123 Idem, p. 44.
124 Idem, p. 94.

A CAIXA DE PANDORA

53

O LEGADO DE SÍSIFO:
A PERSISTÊNCIA DO MITO NA ATUALIDADE

O mito da democracia racial está mais vivo do que nunca. O grande vencedor foi o sentido soreliano explicador do mito: a vitória da "causa" continua sendo projetada para o futuro. Tal como o ardil de Sísifo, a *grande pedra messiânica* continua rolando indefinidamente

Antonil, em *Cultura e Opulência do Brasil por suas Drogas e Minas*, referiu-se à colônia-purgatório como sendo: "o inferno dos negros, purgatório dos brancos e paraíso dos mulatos e mulatas". Se essa assertiva correspondia a uma verdade, na visão de um religioso, aplicável ao período colonial, a mesma era inadequada ao Brasil pós-independência. A realidade de uma sociedade multirracial, nada mais era que o inferno dos negros, purgatório dos mulatos e mulatas e o paraíso dos brancos.

Alfredo Bosi, oferece reflexões que permitem entender a falácia da propalada democracia racial e o porquê de continuar ecoando na atualidade um trecho da frase de Antonil, "o Brasil é o inferno dos negros":

O treze de Maio não é uma data apenas entre outras, número neutro, notação cronológica. É o momento crucial de um processo que avança em duas direções. Para fora: o homem negro é expulso de um Brasil *moderno*, cosmético, europeizado. Para dentro: o mesmo homem negro é tangido para os porões do capitalismo nacional, sórdido, brutesco [...]. Não se decretava oficialmente o exílio do ex-cativo, mas este passaria a vivê-lo como um estigma na cor da sua pele[125].

Joaquim Nabuco, em 1883, ao escrever *O Abolicionismo*, declarava que "a maldição da cor" desapareceria com o fim da escravatura e apontava a educação como redenção dos 400 anos de cativeiro. Nabuco, preso às boas lembranças de menino de engenho, o Massangana, quando teve por companheiros de folguedos os filhos de escravos, além do tratamento de exceção dado aos negros pela madrinha, não foi capaz de perceber a cruel realidade. Acreditava que a escravidão, embora

125 *Dialética da Colonização*, p. 272.

54 TEMPOS DE CASA-GRANDE

apoiada nas diferenças raciais, não desenvolveu no Brasil "a prevenção de cor" e que um ato político – a Abolição – por si só seria capaz de transformar o escravo em cidadão. Giralda Seyferth questiona essa crença romântica nabuquiana:

> A contradição implícita na conjunção da "maldição da cor" com a ausência de preconceito, na época referido pelo termo "prevenção", não incomodou o discurso do abolicionista que denunciava a ignomínia do cativeiro mas acreditava que o regime escravista no Brasil foi abrandado pela miscigenação[126].

Mascarando o preconceito e envolvendo a Abolição num manto filantrópico, a elite branca fingia acreditar que estava encerrando um cruel capítulo da História brasileira. Assim, nada foi feito para haver absorção dos exilados da cor na sua própria terra. O cruel capítulo estava apenas continuando, com os mesmos personagens, agora conhecidos como libertos.

O referencial predominante entre a fidalguia imigrantista no final do século XIX é voltar-se para o trabalhador livre, mais precisamente o emigrante europeu. Imigração essa que trazia inclusa a possibilidade do braqueamento gradativo por meio de uma miscigenação seletiva.

No imaginário da minoria branca, havia a ideia de que a mestiçagem com elementos considerados superiores mudaria a fisionomia racial do país.

E é a partir desse momento que começa a ser construído o ardil de Sísifo.

É verdadeiro que, quando Freyre, nos anos 30, oferece uma nova identidade racial, celebrando a mestiçagem cuja dádiva maior é a morenidade, inclui no processo o negro eugênico. Lilia Schwarcz registra que:

> A novidade estava na interpretação que descobria no cruzamento de raças um fato a singularizar a nação, nesse processo que fazia com que a miscigenação parecesse, por si só, sinônimo de tolerância[127].

---

126 Prefácio, em M de P. Teixeira, *Negros na Universidade: Identidade, Trajetória e Ascensão Social no Rio de Janeiro*, p. 3.
127 *Racismo no Brasil*, p. 28.

A CAIXA DE PANDORA

O referido sinônimo de tolerância vai mascarar a realidade, fortalecendo o mito da democracia racial. A "condescendência" vai correr em paralelo com o ideal da branquitude e o preconceito racial continua grassando na sociedade brasileira.

A longa permanência em situação de inferioridade produziu, na estrutura mental do negro, uma camisa de força, ressaltada por Oracy Nogueira, que a denominou de etnocentrismo negativo:

destribalizado, colonizado, escravizado, europeizado, que interiorizou o ideal estético do branco no que toca à figura humana, e vê a si próprio do ponto de vista deste – condição característica do negro na diáspora[128].

O conceito criado por Nogueira é ampliado em estudo de Iray Carone:

De um lado, o branco ainda é pensado no imaginário social como um padrão universal, neutro e destituído de racialidade, ou seja, o representante mais perfeito da espécie humana. De outro, o negro é representado como uma raça, um ser particularizado e até mesmo o oposto da humanidade, a ser assepticamente humanizado pela aquisição forçada dos atributos físicos e sociais do branco [...]. Ao negro parece sobrar uma única forma de sobrevivência: a [de] se deixar diluir na imensa tinta branca[129].

O negro preso ao estratagema imaginado pelo grupo branco aos poucos enfraquece sua autoestima, impedindo-se de orgulhar-se da sua cor e cultura. Por outro lado, existe a insidiosa ideologia do branqueamento que: "é um tipo de discurso que atribui aos negros o desejo de branquear ou de alcançar os privilégios da branquitude por inveja, imitação e falta de identidade étnica positiva"[130].

Comparando e analisando a realidade racial brasileira com a norte-americana, Oracy Nogueira apresenta dois conceitos definidores do preconceito racial, o de origem e o de marca:

128 *Tanto Preto quanto Branco*, p. 494.
129 Breve Histórico de uma Pesquisa Psicossocial sobre a Questão Racial Brasileira, em I. Carone; M. A. S. Bento (orgs.), *Psicologia Social do Racismo*, p. 15.
130 Idem, p. 17.

O de origem leva à retenção no grupo racial oprimido de seus membros mais bem-sucedidos com a consequente acumulação, através de gerações, de suas conquistas culturais e patrimoniais[131].

Toni Morrison, autora de vários livros de sucesso, premiada com o Pulitzer e posteriormente com o Nobel de Literatura, é bom exemplo do preconceito de origem. Enquanto o de marca:

condiciona a progressiva incorporação ao grupo racial hegemônico dos mestiços, à medida em que perdem os característicos físicos do grupo oprimido, com a consequente transferência das conquistas de um grupo para o outro[132].

Fica evidente que o de marca promove o enfraquecimento do grupo, impedindo a formação de consciência valorativa da cultura e da cor. Daí o drama do mulato brasileiro que não é branco e não consegue se sentir negro por ter interiorizado o ideal estético e cultural do branco.

Negros e mulatos são elementos básicos na compreensão do ardil sisifiano. Ambos foram analisados em *Casa-Grande & Senzala*. Entretanto, se fez necessário estender o estudo a *Sobrados e Mucambos*, quando o negro e o mulato estão inseridos no ambiente urbano, desempenhando novos papéis.

O sobrado inicialmente representou a transferência geográfica da casa-grande da zona rural para a cidade, habitada pela preconceituosa aristocracia escravocrata. Sobrados faustosos, em meio a belos jardins, simbolizavam o poder, até a Abolição oficial. A hegemonia do sobrado começa a ser contestada pelos "homens de grossa aventura"[133] que aos poucos incorporam valores simbólicos do sobrado, inclusive um não tão simbólico – o preconceito racial. Inicia-se a transferência de poder ou de parte considerável dele, da nobreza rural para a nova aristocracia comercial, industrial e intelectual. Freyre, refletindo sobre a ruptura social provocada pelo sobrado, afirma:

---

131 Op. cit., p. 79.
132 Idem, p. 80.
133 Utilizei, para ilustrar a assertiva, o título do livro de João Luiz Ribeiro Fragoso, *Homens de Grossa Aventura*.

A casa-grande, completada pela senzala, representou, entre nós, verdadeira maravilha de acomodação que o antagonismo entre o sobrado e o mocambo veio quebrar ou perturbar[134].

Sabe-se que esta acomodação maravilhosa entre a casa-grande e a senzala é fruto dos devaneios freyrianos. O que a historiografia registra em relação ao assunto foi uma acomodação na base do chicote, sevícias e o olhar vigilante do dominador sobre o outro, sua propriedade, seu objeto.

Por que então esta paz idílica desmoronou? Porque simplesmente nunca existiu. O mocambo nada mais foi que a transferência da senzala para a zona urbana. Habitado desde os primórdios por escravos fugidos, libertos, uma população singularizada pela miséria e que escapava do controle dos antigos senhores. E em alguns momentos simbolizou o medo, o temor. Flora Süssekind, ao analisar o romance *As Vítimas-Algozes*, de Joaquim Manuel de Macedo, explicita como o imaginário do medo vai ser explorado pelo autor. É significativo que a obra tenha circulado no Brasil em 1869 e uma segunda edição em 1896, doze anos após a Abolição. Satanizando o escravo, deixando expressa a ideia de "ameaçadoras senzalas" capazes de "macular de modo irremediável fazendas e sobrados brancos". E "perigo negro", de um lado, é o medo, o eixo dos "quadros exemplares" do escritor emancipacionista:

negros, estrangeiros, receptadores, homens livres sem profissão definida: estes são alguns fantasmas com que se procura solidificar a identidade de classe inferior no interior da camada senhorial[135].

Süssekind aponta algumas imagens indutoras de temor encontradas na obra macediana: "monstro", "mãe fera", "tigre"[136].

Daí, a possibilidade do mocambo enquanto abrigo de grupo marginalizado ser considerado sinônimo de medo.

Um dado importante a ser considerado como fator de descontinuidade foi a troca de papéis sociais. A ascendência

---

134 *Sobrados e Mucambos*, v. 1, p. 573.
135 F. Süssekind, Introdução, em J. M. de Macedo, *As Vítimas-Algozes*, p. xxvii.
136 Idem, p. xxxiv.

quase absoluta dos potentados rurais sobre os elementos da sociedade colonial e imperial vai ceder espaço a uma nova nobreza formada por filhos e netos de mascates. Estes começarão a ditar novas regras do jogo político, tendo como representantes legais: doutores e bacharéis. Muitas vezes eles possuem formação europeia, cuja atuação vai ser, na maioria dos casos, definida pela tonalidade da pele.

Em páginas anteriores, referi à insidiosa ideologia do branqueamento que transfere para o negro, como culpa, o desejo de branquear, por inveja, imitação etc. "Mutatis mutandis", com o mulato ocorreu e ocorre o mesmo processo. Freyre explicava como o dr. Antonio Gonçalves Dias se percebia enquanto mulato:

o poeta cafuso foi uma ferida sempre sangrando, embora escondida pelo *croisé* de doutor. Sensível à inferioridade de sua origem, ao estigma de sua cor, ao traços negroides gritando-lhe sempre no espelho: "lembra-te que és mulato!" Pior, para a época e para o meio [,] do que ser mortal para o triunfador romano. Ao poeta não bastava o triunfo ou a imortalidade literária: seu desejo era triunfar também como qualquer mortal de pele branca na sociedade elegante do seu tempo[137].

Fica evidente, nessa assertiva, que o bacharel, mesmo formado no exterior e sendo poeta consagrado, tinha à sua frente a barreira social quase intransponível do preconceito de marca.

Freyre é impiedoso com Gonçalves Dias, quando insinua que o indianismo assumido pelo poeta não é verdadeiro, quando atribui o desconforto social do bacharel ante a sua descendência negra, camuflando a origem cafusa da mãe:

o indianismo literário que Gonçalves Dias parece ter adotado como uma cabeleira ou uma dentadura postiça, mal disfarça essa sua dor enorme de ser mulato ou amulatado: uma dor quente mais abalada, que Sylvio Romero atribuiu erradamente ao "sangue de índio", isto é, ao fato biológico da origem ameríndia do poeta. O sangue índio per se seria, porém, o menor responsável por aquela tristeza toda do bacharel, maranhense; e o maior responsável, a consciência

137 *Sobrados e Mucambos*, v. 1, p. 589.

A CAIXA DE PANDORA

do sangue negro da mãe. A sensibilidade aos reflexos sociais dessa origem[138].

Freyre insiste na herança negra como se através da benigna miscigenação a parcela negra se perpetuasse pelo menos no sentimento, ofuscando a contribuição índia. Com certeza, Dias não se enquadrava no protótipo do mulato eugênico freyriano. Importa entender o destaque gilbertiano em eleger o mulato mais próximo ao modelo europeu. Se procurou ressaltar a eugenia freyriana do negro em *Casa-Grande & Senzala*, é natural que procurasse um elemento revestido das mesmas qualidades étnicas para amenizar a identidade racial brasileira.

Gilberto cita Perdigão Malheiros, que observou a tendência dos senhores de escravos em alforriarem os mulatos mais claros, que também eram selecionados para o serviço doméstico mais fino e mais delicado e também os mais beneficiados pelo contato civilizador e aristocratizante com os sinhôs e as sinhás. E, em função deste benéfico contato, Freyre deduz:

daí, talvez o número considerável de mulatos eugênicos – ou, principalmente, eutênicos – e bonitos de rosto e de corpo, valorizadíssimos pelos senhores que se encontram nos testamentos e inventários do século XIX[139].

Na busca incessante pelo tipo físico ideal de mulato, Gilberto considerou alguns atributos físicos capazes de elevá-los socialmente. Singulariza dois:

- pés: "pés compridos, bem-feitos, finos, nervudos" – diz-se de alguns que passam – aristocraticamente – pelos anúncios. Contrapondo aos pés aristocraticamente mulatos, compara-os com os do negro: "esparramados, espalhados, apapagaiados, de alguns rebotando calombos, joanetes, dedos grandes separados".
- mãos: "dedos finos e compridos, como os de quase todos os senhores. Dedos compridos como a pedirem anéis de

138 Idem, p. 589.
139 Idem, p. 594.

doutor ou bacharel. Como a pedirem penas de escrivão, de burocrata e até de jornalista. [...]. Mãos mais aptas que as abrutalhadas e rústicas, da maioria dos negros, para os ofícios cívis, polidos, urbanos. Para as tarefas delicadas"[140].

Além dos atributos físicos já enumerados, o Mestre de Apipucos agrega a atração erótica como elemento motivador de promoção social:

pela beleza física e pela atração sexual exercida sobre o branco do sexo oposto é que, em grande número de casos, se elevou socialmente o tipo mulato em nosso meio: pelo prestígio puro dessa beleza ou por esse prestígio acrescido de atrativos intelectuais, ganhos pelo homem na Europa ou, mesmo, em Olinda, em São Paulo [...].
Alguns quase helênicos ou quase nórdicos em sua configuração intelectual e no seu próprio humor[141].

A celebração gilbertiana do mulato ficaria incompleta caso não fosse incluído: o pendor pelos perfumes europeus. O uso de perfume seria o ápice do bom gosto aristocrático...

Entretanto, não é essa a opinião de Freyre: "e cremos que povo nenhum no mundo chegou a abusar tanto de perfumes europeus como o mulato brasileiro, talvez para combater a chamada inhaca ou o odor de negro"[142].

Como são tratadas as mulatas no universo freyriano? Muitas assertivas, já apresentadas relacionadas ao mulato, servem para análise delas no espaço social, principalmente quanto ao físico. Às características fenotípicas, é acrescentado, de forma exacerbada, o erotismo: a mulata símbolo sexual. Imagem formada no período colonial, perpetuando-se como tatuagem até hoje!

A mulata, pela sugestão sexual não só dos olhos como do modo de andar e do jeito de sorrir, *alguns* acham até dos pés, porventura mais nervosos que os das brancas e os das negras; dos dedos das mãos, mais sábios que os das brancas, tanto nos cafunés [...] como noutros agrados afrodisíacos; do sexo, *dizem* que em geral mais

140 Idem. p. 595.
141 Idem. p. 592.
142 Idem, p. 601.

A CAIXA DE PANDORA 61

adistringente que o da branca; do cheiro de carne, *afirmam* certos volutuosos que todo especial na sua provocação – à mulata, por todos esses motivos, já se tem atribuído um *tanto precipitadamente* e em nome de ciência ainda tão verde [...] como a sexologia, uma como permanente superexitação que faria dela uma anormal; e do ponto de vista da moral europeia e Católica, uma grande e perigosa amoral[143].

Eis o retrato pintado por Freyre da Afrodite dos trópicos. A assertiva acima é sua, salvo as ressalvas tão do seu estilo.

Mesmo reconhecendo ser a sexologia uma ciência embrionária, reafirma:

por essa superexitação, verdadeira ou não, de sexo, a mulata é procurada pelos que desejam colher do amor físico os extremos de gozo, e não apenas o comum. De modo que, também esse aspecto psicológico nas relações entre os homens de raça pura e as mulheres de meio-sangue deve ser destacado como elemento, em alguns casos, da ascensão social da mulata[144].

Reforça a imagem da sua Afrodite, agora embasado na sabedoria popular:

o bom senso popular e a sabedoria folclórica continuam a acreditar na mulata diabólica, superexcitada por natureza; e não pelas circunstâncias sociais que quase sempre a rodeiam, estimulando-a às aventuras do amor físico como a nenhuma mulher de raça pura melhor defendida de tais exitações pela própria fixidez de sua situação social, decorrente da de raça, também mais estável[145].

O Mestre de Apipucos, em suas inúmeras antecipações, foi também sexólogo. Daí diagnosticar que pela genética a mulata portadora de meio-sangue é superexcitada, beirando a anormalidade. Enquanto a mulher branca é frígida, a mulata é fogosa.

Assim se explica a consagração da mulata como símbolo da mestiçagem. Se sua ascensão social foi e é difícil, no imaginário masculino ela é Afrodite com dádivas de gozos infindos...

143 Idem, p. 602-605.
144 Idem, p. 602.
145 Idem, ibidem.

Sua imagem apoteótica, explorada "ad nauseum" pela mídia. Transformou-se em produto de exportação. É musa na música, poesia e no romance. Louvada principalmente por Jorge Amado, bastando lembrar *Gabriela Cravo e Canela*.

O Legado de Sísifo, como ardil, é engenhoso. Foi parte de sua essência para não ser aprendido o uso de muitos artifícios. Seu desvendamento permitiria demonstrar a falácia da democracia racial. Um dos seus engodos mais envolventes é negar a existência de racismo no Brasil. Mesmo com leis criadas para coibi-lo, como Afonso Arinos de 1951 e a de número 7.716, de 1989. Uma das especificidades do racismo brasileiro é seu caráter oficioso. Enredado nas brechas do cotidiano, praticado sutilmente, ele escapa às punições legais, "que fez da desigualdade uma etiqueta e da discriminação um espaço não formalizado".

Vale registrar, antes de qualquer lei específica contra manifestações racistas, que o Estado Novo instituiu, entre outras datas cívicas, o dia da Raça com o objetivo de "exaltar a tolerância de nossa sociedade". E no mesmo período a Igreja Católica escolhia como padroeira do Brasil Nossa Senhora da Conceição Aparecida, uma virgem mestiça. Nada mais poderoso que um símbolo sacro para tornar veraz uma ideologia. Estado e Igreja unem-se para corroborar o mito.

Lília Schwarcz, baseada em dados recentes, denuncia:

A própria imagem oficial do país buscou privilegiar aspectos culturais da mistura racial e do sincretismo e minimizou a desigualdade do dia a dia, que se revela tanto na esfera privada como na pública. A população preta e parda não só apresenta renda menor, como tem acesso diferenciado à educação, registra mortalidade mais acentuada e casa-se mais tarde e, majoritariamente, dentro de seu próprio grupo. Com isso tudo, e ainda assim, aposta-se na "democracia racial". "Frágil democracia"[146].

Nelson Rodrigues reflete ironicamente sobre o tema:

Onde estão os negros? – eis a questão que os brasileiros deviam se fazer uns aos outros, sem lhe achar a reposta […]. Em

146 Op. cit., p. 63

verdade, não sabemos onde estão os negros. E há qualquer coisa de sinistro no descaro como que estamos sempre dispostos a proclamar: Somos uma democracia racial[147].

O ardil de Sísifo foi capaz de convencer até a Unesco, que patrocinou o Programa Sobre Relações Raciais no Brasil. País que aos olhos do organismo internacional apresentava um modelo a ser seguido – a pacífica convivência racial. E com certeza as análises de Gilberto Freyre e Donald Pierson influíram na decisão. "Uma sociedade multirracial de classes", "Uma democracia étnica"; "laboratório de civilização"; conceitos elaborados respectivamente por Pierson, Gilberto Freyre e Arthur Ramos. A hipótese sustentada era de que o Brasil:

significava um caso neutro na manifestação de preconceito racial, modelo de inspiração.
[...]
Em que pesem, importantes análises de Roger Bastide e Florestan Fernandes nos idos de 1950, quando apontavam as falácias do mito: ao invés de democracia, destacavam-se as marcas da discriminação[148].

Chegamos ao século XXI e infelizmente constata-se a permanência da negação de preconceito e discriminação. Postulados que, segundo Maria Aparecida Silva Bento: "constituem a essência do famigerado Mito (ou ideologia) da Democracia Racial Brasileira"[149].

UMA VISITA AO HADES: O ANTISSEMITISMO EM *CASA-GRANDE & SENZALA*

O perfil antissemita de Gilberto Freyre foi até hoje alvo de poucos comentários. Possivelmente, essa atitude está ligada à figura que ele representou e representa regional, nacional e internacionalmente, metamorfoseado em mito. Um mito tem

147 *O Óbvio Ululante*, p. 147.
148 L. M. Schwarcz, op. cit., p. 35.
149 Branqueamento e Branquitude no Brasil, em I. Carone; M. A. S. Bento (orgs.), op. cit, p. 48.

64 TEMPOS DE CASA-GRANDE

muita força. Talvez por essa e outras tantas razões é que estudiosos do pensamento antissemita freyriano detiveram-se apenas em sua obra-prima *Casa-Grande & Senzala*. Entretanto, a gênese dessas ideias são mais antigas. A construção desse seu discurso já se articulava em artigos anteriores ao ano de 1933, como por exemplo aqueles reunidos na coluna "Da Outra América", no *Diário de Pernambuco* e publicados em 4 de novembro de 1921 e 27 de fevereiro de 1923[150], e no *Livro do Nordeste*, cuja primeira edição é datada de 1925[151]. Em *Casa-Grande & Senzala*, o tema foi retomado de forma mais enfática, endossando os estereótipos vigentes nos anos 30, tendo continuidade em *Sobrados e Mucambos*.

Observei que os elementos basilares/formadores de um perfil "quase lombrosiano do judeu" – na expressão de Luiz Costa Lima[152] – emergem nos citados escritos de 1921 e 1923[153], e 1925[154]. O perfil completa-se em *Casa-Grande & Senzala*, coadjuvado em *Sobrados e Mucambos*. Termos estereotipados inseridos nos textos irão aos poucos delineando um retrato específico do *judeu freyreano*. Ressalto, entretanto, o cuidado de Freyre no uso de algumas palavras para dar tons pastel e um "quê" de leveza às cores mais fortes, típicas de quadros sombrios. Estas expressões tornaram-se características do seu estilo literário, conforme já observado por Moema D'Andrea. Denominei-as de *amenidades gilbertianas*. São palavras escolhidas, pensadas, como: às vezes; provavelmente; talvez; talvez até; quase; parece; parece ser; supor; até certo ponto. Mas essas nossas considerações têm precedentes. Gilberto Freyre informou que:

parece que somente uma editora alemã negou ao ensaio brasileiro critério científico e sentido humano, considerando-o ao contrário, prejudicado naquele critério e nesse sentido por "inexatidões de caráter antropológico e, principalmente, por sentimentos antissemitas" e por outras expressões de lamentável e até execrável "racismo"[155].

150 *Tempo de Aprendiz*, v. 1, p. 93-94; p. 328-329.
151 Vida Social no Nordeste: Aspectos de um Século de Transição, em G. Freyre (org.), *Livro do Nordeste*.
152 Versão Solar do Patriarcalismo: *Casa-Grande & Senzala, A Aguarrás do Tempo*, p. 208.
153 *Tempo de Aprendiz*, v. 1, p. 93-94; p. 328-329.
154 Vida Social no Nordeste..., op. cit., p. 91.
155 *Casa-Grande & Senzala*, 6. ed., v. 1, p. 52.

A CAIXA DE PANDORA

Jules Henry foi um dos autores que chamou a atenção para a posição antissemita e racista de Gilberto Freyre. Psiquiatra e estudioso da antropologia, fez, no artigo publicado em uma revista especializada norte-americana, a seguinte acusação, considerada por Freyre como a principal denúncia contra *Casa-Grande & Senzala*: "é de ser este ensaio de tal modo antissemita que seu aparecimento num mundo turvado por ódios de raça deve ser lamentado"[156].

Tal apreciação foi motivo de reparo do escritor que considerou as críticas de Jules Henry infundadas, tomando como justificativa o fato de ter sido consultado por um militar alemão em 1946 sobre a possibilidade de publicar *Casa-Grande & Senzala* com um objetivo didático. Segundo Freyre, o coronel "enxergou em *Casa-Grande* possível corretivo a preconceitos arianistas dominantes na Alemanha"[157]. Para o Mestre de Apipucos, Jules Henry:

parece desejar para os judeus tratamento diverso do que, neste ensaio, se dá, um tanto irreverentemente, aos espanhóis, aos ingleses, aos portugueses, aos indígenas, aos africanos, aos mestiços, aos próprios brasileiros. Tratamento excepcional que representaria reação tão violenta ao antissemitismo, ao ponto de tornar-se puro e apologético pró-semitismo. E não estava de modo algum nos propósitos do Autor de *Casa-Grande & Senzala* reagir de tal modo a preconceitos antissemitas – de que julga, aliás, nunca ter padecido – a ponto de chegar àquele outro e lamentável extremo: o de substituir a detração pela idealização[158].

Reforçando sua defesa, Freyre afirmou que:

nem sempre a citação de tal ou qual depoimento ou informação importa em solidariedade do Autor com o informante ou o depoente mas, ao contrário, no afã de referir opiniões ou informações diversas e até contraditórias, inclusive as pitorescas do ponto de vista dominante entre cientistas modernos[159].

---

156 Idem, ibidem. Gilberto Freyre informa os dados da revista que publicou as críticas de Jules Henry, *The American Journal Orthopsychiatry*, v. xvii, n. 4, 1947.
157 Idem, p. 53.
158 Idem, p. 52-53.
159 *Casa-Grande & Senzala*, 6. ed., v. 1, p. 52. Gilberto Freyre discorda de J. Lúcio D'Azevedo em *Épocas de Portugal Econômico*, p. 264, e citado em *Sobrados e*

Entretanto, como assinalei na introdução deste livro, Freyre em apenas uma citação discordou claramente do pensamento de autores de ideário antissemita. Logo, todas as demais foram endossadas pelo autor, pois ele não apresentou explicitamente divergências em relação aos seus conteúdos ao longo de *Casa--Grande & Senzala* e *Sobrados e Mucambos*. Como exemplo, é relevante destacar a dicotomia freyreana entre o mourejar e o parasitar[160], verbos utilizados para caracterizar o mouro e o judeu.

Darcy Ribeiro, além de assinalar que o tratamento dado "ao judeu é bem diferente ao atribuído ao mouro – do judeu, ao contrário, o retrato é caricaturesco e impiedoso –"[161] destacou também o perfil que Costa Lima batizou de quase lombrosiano do judeu.

Em o *Inimigo Eleito*, Julio José Chiavenato registrou o que alcunhou de: "O sutil inconsútil antissemitismo de Gilberto Freyre". Ao ressaltar este aspecto de Freyre, Chiavenato lembrou que, em *Casa-Grande & Senzala*, o autor "desfia mais de uma centena de estereótipos antissemitas". Acrescentou ainda que, através de "grotescos estereótipos racistas", Freyre conseguiu transformar o "judaísmo em excelente bode expiatório". Afirmou também que:

o antissemitismo de homens inteligentes como Gilberto Freyre passa a ser mais perigoso que a virulência militante de fanáticos como Gustavo Barroso, por exemplo. Por isso têm menos importância os ataques diretos aos judeus que a retransmissão cultural dos preconceitos[162].

A partir dessas considerações, gostaria de retomar essa questão iniciando com uma reflexão de Jean-Paul Sartre que se presta como um prelúdio ao judeu que Gilberto Freyre delineará em seus escritos:

Mucambos, p. 11, quando o historiador português nega ter sido obra exclusiva dos judeus a agricultura da cana de açúcar ou da indústria do açúcar no Brasil.

160 "Mourejar" como sinônimo de trabalho árduo e "parasitar", viver do trabalho alheio. Termos usados por Gilberto Freyre, o primeiro ligado ao mouro e o segundo ao judeu.

161 Op. cit., p. 84.

162 Op. cit., p. 268; p. 269; p. 272.

A CAIXA DE PANDORA

o judeu, que o antissemita deseja atingir, não é um ser esquemático e definido apenas por sua função como no Direito Administrativo, por sua situação ou por seus atos, como no Código. É um judeu, filho de judeus, reconhecível pelo físico, pela cor dos cabelos, talvez pelas roupas e, segundo dizem, pelo caráter[163].

O primeiro texto de temática judaica assinado por Gilberto Freyre data de 1921 e foi escrito nos Estados Unidos especialmente para o *Diário de Pernambuco*. Referindo-se aos judeus que habitavam Nova York, Freyre assim se expressou:

New York pulula de judeus. Há os de toda classe: ricos, de ventres arredondados jogando na Bolsa, em Wall Street e tentando entrar, com seus sacos de milhões e seus peitilhos mal engomados, nas salas dos 'Four Hundred'; petits bourgeois; negociantes a retalho, donos de lojas, bazares e botequins; pobres, de cor esverdeada de grandes barbas e meio rotos, vivendo nos *'cortiços' sujos do Ghetto*. Encontramo-los por toda parte – como é *inconfundível* o *nariz semítico*! Falando, gesticulando, *mercadejando*, lendo jornais impressos em arrevezados caracteres hebraicos. Não são os judeus elemento novo em New York. New York era ainda pacata cidade de holandeses, rosados e louros, quando aqui chegaram os primeiros israelitas, *enxotados* da Espanha e de Portugal pela intolerância católica. Deixaram os donos de New Amsterdam – como então se chamava New York – viver e abrir seus bazares os *pobres diabos*, ao contrário do que fizera o Brasil [...]. A cada onda de antissemitismo que se levanta na Europa parece ser New York a Canaã a que vêm em maior número as vítimas de um ódio de raça que, pela persistência e pela variedade de aspectos, continua a ser problema interessantíssimo para estudantes de psicologia social. É por isto que New York tem hoje, entre seus seis milhões de habitantes, quase um milhão de judeus.

De que o elemento semítico continua a afluir em grossas correntes para os Estados Unidos – para New York e outras cidades, pois, o judeu é *essencialmente urbano*, prosperando mais depressa à sombra dos 'skyscrapers' e das grandes fábricas que ao sol, nos campos de plantações [...]. Havia domingo passado, na ilha (Ellis Island), prontos para tomar a barcaça para a cidade cerca de dois mil imigrantes. Vimo-los reunidos. *O perfil semítico* predominava [...]. Pequenos, *espertos*, de grandes barbas, de fortes narizes, os homens mostram o *nativo pendor para a mercancia* ...]. Ellis Island

163 *Reflexões sobre o Racismo*, p. 6.

68 TEMPOS DE CASA-GRANDE

não é somente a ilha de seleção; lá recebem também os imigrantes os primeiros toques de americanização [...]. Discursos em linguagem clara, vertidos em hebraico e ao italiano – as duas línguas de mais larga representação entre os dois mil recém-vindos [...]. E tão eficazes são esses processos de digestão social que a eles parecem não escapar inteiramente os próprios judeus – *o povo mais conservador de si próprio e de suas tradições, mais rebelde a esforços de absorção estrangeira*, de que há exemplo na História[164].

De certa forma, a análise do primeiro artigo freyriano sobre os judeus oferece os elementos formadores do seu pensamento antissemita. Merece ser observado o tom caricato e irônico com que Freyre apresentou o judeu próspero, capitalista, contrapondo-o à figura do pobre habitante de cortiços. Ressaltamos então que para a concepção do "Mestre de Apipucos" – concepção aristocrática – sacos de milhões não se coadunam com peitilhos mal engomados!

Enquanto, para os nazistas, o elemento identificador do judeu seria a marca da circuncisão, para Freyre seria: "o nariz semítico", através do qual seria possível detectar todos os judeus. Destacamos que perpassa no texto a ideia de uma pacata Nova York (antes, Nova Amsterdam) habitada por holandeses rosados e louros que "gentilmente" cederam espaço para os "enxotados" – os "pobres diabos" judeus – aportados de Espanha e Portugal pela intolerância religiosa.

O então jovem escritor Gilberto Freyre incluiu no texto o verbo "mercadejar" e, na continuação dos seus escritos, "mercadejar" e seus afins vão constituir uma tônica tão inerente aos judeus quanto o nariz. Outra ideia pontuou o pensamento do autor: a do judeu essencialmente urbano ligado às fontes de produção e sempre fugindo do trabalho agrícola. Essa é, inclusive, uma das particularidades ressaltadas pelos diplomatas, intelectuais e políticos brasileiros que, com o intuito de barrar a entrada de judeus refugiados do nazifascismo no Brasil, alegavam que estes eram "indesejáveis" pelo fato de não se dedicarem à agricultura[165].

Num sutil jogo de palavras, mas esclarecedor, emergem novas características, verdadeiras tatuagens para a configuração

164 *Tempo de Aprendiz*, v. 1, p. 93-94. Grifo nosso.
165 Cf. M. L. T. Carneiro, *O Anti-semitismo na Era Vargas*, p. 105-106.

A CAIXA DE PANDORA

do elemento judeu: esperteza[166] e o *nativo pendor para mercancia*. No final do referido artigo, o jornalista, com seu olhar de "Argos", arriscou uma opinião: o processo de americanização a que o emigrante é submetido *parece* também atingir os judeus, apesar de ser "o povo mais conservador de si próprio e de suas tradições, mais rebelde a esforços de absorção estrangeira", único na História. Inclui no texto *an passan* os italianos, mas não se detém neles, pois não constituem seu alvo.

Em novembro de 1923, o *Diário de Pernambuco* ofereceu aos seus leitores mais um artigo sobre os judeus escrito por Freyre:

> Vai crescendo nas nossas cidades do Nordeste o elemento israelita – o que representa ao mesmo tempo uma vantagem *e a sombra de um perigo*. O perigo está nas tendências desse bom elemento para o *exclusivismo*: no ser em geral *um sangue que não se vincula à terra* que o acolhe. No ser em geral *um elemento móbil como uma bola de borracha*. E como a bola de borracha, fácil de dilatar-se.
>
> Não há mal algum na presença, numa cidade, de judeus – que são até um elemento, além de inteligente, pitoresco, com suas recordações dos "ghettos" medievais [...].
>
> Há judeus que intimamente se radicam ao país de sua nacionalidade – ligando o sangue à terra [...]. E os judeus desse tipo só podem representar vantagem para o país em cujo "Nós" nacional se lhes dissolve o sangue sem preocupações exclusivistas. Vantagem porque não faltam ao semita qualidades magníficas, não só de resistência física – nas estatísticas de vitalidade e maternidade feliz brilha o elemento judaico – como de inteligência e apego ao trabalho. *Semita era aquele espantoso Disraeli* [...] que de tal modo se identificou com os destinos nacionais ingleses a ponto de tornar-se por largos anos – já com o título de Lord Beaconsfield – a mais viva encarnação do espírito da Inglaterra e das suas mais íntimas tradições. Decididamente, o hábito faz o monge – pelo menos quando o hábito é farda de primeiro-ministro da Inglaterra [...].
>
> O perigo não está *nesses* – mas naqueles judeus cujo sangue, *coalhando-se*, se constitui *num Nós dentro do "Nós" nacional*. Dentro, mas separado dele. E que, a exemplo de bolas de borracha, rolam pelo mundo, sem criar raízes de deveres e responsabilidades nacionais em parte alguma. E constituem-se às vezes nessas *tentaculares* fortunas móveis que aos poucos conseguem destilar sobre os imóveis – a propriedade pequena ou grande, radicada à terra – e

---

166 *Tempo de Aprendiz*, v. 1, p. 94. No texto, designada pelo adjetivo esperto.

70   TEMPOS DE CASA-GRANDE

sobre as grandes forças de ação social como a *imprensa*, certa *acidez erosiva* que não raro termina em *sutil absorção*.

A países jovens como os nossos da América, esses elementos móveis – não só judeus como portugueses e italianos – não são dos mais vantajosos. A vantagem está naqueles elementos estrangeiros que se vêm aqui radicar, identificando-se com o que o nosso tipo de cultura possui de fundamental, ainda que nos trazendo para o "melting pot" o sal ou o açúcar ou a pimenta dos seus característicos diversos[167].

Conforme se observa, Gilberto Freyre preocupou-se com o afluxo de israelitas para as cidades nordestinas. Percebo, nesse artigo de 1923, que há dois tipos de judeus, dos quais enumerou qualidades e defeitos. Apontou as vantagens e o perigo que pode representar a recepção dos judeus no país.

A imagem de um dos tipos não é nada lisonjeira. É o judeu exclusivista, que pode ser entendido como o judeu que quer continuar judeu, preservando sua identidade cultural. Já no artigo de 1921, Freyre identifica-se com este arquétipo de judeu ao afirmar que não existia povo mais conservador, cioso de suas tradições e rebelde à "absorção estrangeira". Portanto, ao individualizar o judeu como exclusivista, nada mais fez que reafirmar o que já povoava seu imaginário.

Pela ótica do autor, usando como metáfora a bola, este judeu tem as propriedades dela: mobilidade, capacidade de dilatação e o de vagar pelo mundo sem nunca criar raízes, similar à imagem do "judeu errante". Utilizando-se de outras metáforas, Freyre citou o sangue, que tem a propriedade especial de coalhar-se, assim como os tentáculos que têm a capacidade de tudo sufocar. A primeira, para demonstrar que o judeu não se une à terra nem aos interesses nacionais; a segunda ligada à ideia do polvo que com seus tentáculos tudo sufoca, absorvendo fortunas e erodindo a imprensa.

Não é demais lembrar que o artigo em análise foi produzido nos anos 20, quando a Alemanha vivia a malograda experiência da República de Weimar. Nesse mesmo período, ondas de antissemitismo assolavam a Europa e os Estados Unidos. É oportuno observar que o *Dearborn Independent*, jornal de Henry Ford, publicou, em 1920, artigos sobre a questão judaica

---

167   Idem, p. 238-239. Grifo nosso.

A CAIXA DE PANDORA   71

e que, posteriormente, foram reunidos sob a forma de livro, com o título: *The Internacional Jew* (O Judeu Internacional). As catilinárias de *O Judeu Internacional* traduzido para o português em 1933 e que circulou no Brasil sem pagamento de direitos autorais[168] – são demonstrativas da semitofobia de Ford. É importante destacar a similitude com alguns pontos abordados por Gilberto Freyre em seu artigo de 1923: "a sombra do perigo" – representado pelo crescimento nas cidades do elemento israelita –, assim como os atributos ligados ao *judeu indesejável*: "exclusivismo, individualismo, tentaculares fortunas móveis", que se transformam em "imóveis e controle da imprensa. O perigo vincula-se a este judeu!"

Ao se referir ao outro judeu, *o judeu desejável*, Gilberto Freyre, sem nenhuma incoerência – uma vez que o autor admitiu a existência de dois tipos de judeus –, elegeu Disraeli. É pertinente ao pensamento gilbertiano esta escolha: Disraeli "judeu assimilado", "judeu exceção"[169] que galgou o posto de primeiro--ministro da Inglaterra, no reinado de Vitória – mais inglês que qualquer outro inglês. Posta a questão, ao judeu "assimilado" é concedido o direito de pertencer à nação, incorporar-se a ela. Reúne atributos positivos: o sangue vincula-se à terra, tem resistência física, é inteligente, apegado ao trabalho e sua prole é fecunda.

No artigo publicado em 1925 para uma edição comemorativa do 1º Centenário do *Diário de Pernambuco*[170], Freyre expressou de forma meridiana seu pensamento antissemita. Ressaltou que o citado artigo nada mais era que um esboço do que seria aprofundado em *Casa-Grande & Senzala*. Chamou-o de "páginas pioneiras"[171]. Uma análise comparativa do texto de 1925 em

---

168 Lee Albert apud L. Hallewell, *O Livro no Brasil*, p. 302. A dispensa de direitos autorais reduz sensivelmente o custo da edição de um livro. Consequentemente, a vendagem será ampliada e a mensagem atingirá maior número de leitores.

169 Cf. H. Arendt, *Origens do Totalitarismo*, p. 92 e 86. Para "o judeu assimilado", o judaísmo era apenas mera questão de nascimento. Ao seu judeu assimilado, Arendt estabelece diferenças: "o judeu exceção rico", que conseguiu apartar-se do seu povo e era conhecido pelo governo pela sua utilidade excepcional; "o judeu exceção culto", que conseguira destacar-se da imagem estereotipada do povo judeu e era reconhecido pela sociedade como ser humano extraordinário. Disraeli conseguiu reunir as diferenças apontadas por Arendt: era rico e culto, o protótipo do judeu assimilado.

170 Vida Social no Nordeste..., op. cit., p. 91.

171 Relendo a 1. edição do *Livro do Nordeste*, p. 7.

relação aos escritos de 1933 e 1936 revelam que aquelas são verdadeiramente pioneiras, pois contêm o germe do seu ideário.

Através das expressões "israelita solerte" e "israelitamente", o autor ampliou seu vocabulário antissemita. Dessa vez o judeu é sagaz, manhoso, velhaco; e o vocábulo "israelitamente" pode ser traduzido por "o modo de ser israelita solerte":

> E o abandono, cujo começo em 89 anotava Silva Prado, dos móveis antigos de jacarandá e das velhas baixelas, é hoje completo: os últimos leilões dispersaram-se tristonhamente; pelo interior *israelitas solertes* recolhem, *israelitamente*, os últimos restos do naufrágio[172].

Desde 1921, Freyre usou estereótipos para construir o arquétipo do *seu judeu*. Abandonou o modelo de "judeu exceção" – Disraeli – para fixar, ao longo de seus escritos, o seu pensamento antissemita naquele que reputou de "Nós dentro do 'Nós' nacional" (expressão utilizada no artigo de novembro de 1923, anteriormente citado).

Com o objetivo didático e tendo como referência as obras escritas pelo "Mestre de Apipucos" em 1933 e 1936 – *Casa-Grande & Senzala* e *Sobrados e Mucambos*, respectivamente –, agrupei trechos do pensamento do autor em epígrafes e denominei de:

- ◆ o legado funesto do semita ao português;
- ◆ escravismo e mercancia;
- ◆ o caráter judaico;
- ◆ a busca de status;
- ◆ a animalização do judeu;
- ◆ a finança judaica;
- ◆ a era do mascate judeu;
- ◆ novos vocábulos antissemitas;
- ◆ identidade física do judeu; e
- ◆ o talento especializado do judeu.

O Legado Funesto do Semita ao Português

Freyre julgava ter o luso recebido do semita uma herança maléfica:

---

172 Vida Social no Nordeste..., op. cit., p. 91. Com ligeiras modificações, a citação reaparece em *Sobrados e Mucambos*. Grifo nosso.

A CAIXA DE PANDORA

Hereditariamente predisposto à vida nos trópicos por um longo habitat tropical, *o elemento semita, móvel e adaptável* como nenhum outro, terá dado ao colonizador português do Brasil algumas das suas principais condições físicas e psíquicas de êxito e resistência. Entre outras, *o realismo econômico* que desde cedo corrigiu os excessos do espírito militar e religioso na formação brasileira[173].

Aparentemente, esse trecho expressa uma apologia ao elemento judaico pelo muito que ofereceu ao português navegador e cosmopolita. Entretanto, a inclusão do "realismo econômico" como legado semita sofrerá, ao longo da análise do discurso gilbertiano, uma transformação, constituindo-se num atributo negativo inerente ao judeu. Aprofundando nas entranhas de *Casa-Grande & Senzala*, percebo como Freyre julgou funesta a influência do elemento semita. O judeu não era ainda o "inimigo objetivo", usando a expressão de Hannah Arendt[174], mas já se delineava como um indesejável.

Persistindo na mesma temática, assim se expressou o autor:

O colonizador português do Brasil foi o primeiro dentre os colonizadores modernos a deslocar a base da colonização tropical da pura extração de riqueza mineral, vegetal e animal – o ouro, a prata, a madeira, o âmbar, o marfim – para a criação total da riqueza. Ainda que riqueza – a criada por eles sob a pressão das circunstâncias americanas – à custa de trabalho escravo: tocada, portanto, *daquela perversão do instinto econômico* que cedo desviou o português da atividade de produzir valores para a de explorá-los, transportá-los ou adquiri-los[175].

Supostamente, o texto não se vincula ao elemento semita, que não é sequer mencionado. Entretanto, trabalhando com o pensamento freyriano em relação ao judeu e sabendo que Freyre no trato dos assuntos econômicos apresenta o judeu sempre como indutor do luso para a mercancia e o tráfico,

---

173 *Casa-Grande & Senzala*, 21. ed., p. 8.
174 Op. cit., p. 474. Arendt define o "inimigo objetivo" como aquele elemento considerado pernicioso, não por suas atitudes de derrubar o sistema, mas por uma decisão da ótica governamental. E considerado um "portador de tendências", como o portador de uma doença.
175 *Casa-Grande & Senzala*, 21. ed., p. 17.

74 TEMPOS DE CASA-GRANDE

no que se refere a esta estranha mas coerente afirmativa do ponto de vista do autor – que o realismo econômico é tocado da marca da perversão –, afirmamos que esta mutação ocorre através dos *fluidos judaicos*. Além do que, já no prefácio da 1ª edição de *Casa-Grande & Senzala*, Freyre oferece uma pista "interessante" e "antecipadora", quando afirmou que o luso deve ao judeu "*as tendências semitas do português aventureiro* para a *mercancia* e o *tráfico*", tendência esta que o desviará da produção de bens.

Enfatizou Gilberto Freyre:

para os portugueses o ideal teria sido não uma colônia de plantação, mas outra Índia com que *israelitamente* comerciassem em especiarias e pedras preciosas; ou um México ou Peru donde pudessem extrair ouro e prata. *Ideal semita*[176].

Endossando o imaginário antissemita vigente, o autor atribuiu como "interesses" dos judeus: as especiarias, pedras preciosas, ouro e prata, ou seja, bens advindos de atividades consideradas não produtivas. Observo que o tropo "israelitamente" reaparece fortalecendo o discurso.

Nas assertivas seguintes, os judeus vão sendo responsabilizados pelo fato de os lusos terem-se desviado das atividades agrícolas. Nas palavras do mestre pernambucano:

É verdade que muitos dos colonos que aqui se tornaram grandes proprietários rurais não tenham nenhum amor nem gosto pela sua cultura. Há séculos que em Portugal o *mercantilismo burguês e semita*, por um lado, e por outro lado, a escravidão moura sucedida pela negra, haviam transformado o antigo povo de reis lavradores no mais comercializado e menos rural da Europa[177].

O texto discorre sobre a situação portuguesa quando o Estado envereda para a rota das especiarias – a era das grandes navegações. Entretanto, acompanhando a trajetória do pensamento antissemita do autor, observo que, ao lado do mercantilismo burguês mais um adjetivo é acrescentado: semita. E

176   Idem, 1. ed., p. XII.
177   Idem, 21. ed., p. 24. Grifo nosso.

A CAIXA DE PANDORA

como o semita vai se tornar o "bode expiatório" – entre outras coisas – do desvio português das atividades agrícolas e estas julgadas pelo autor como nobres, o adjetivo adquire sentido pejorativo.

Bem mais adiante, Freyre comentou:

Com relação a Portugal, deve-se salientar que seus começos foram todos agrários: agrária a sua formação nacional depois *pervertida* pela *atividade comercial dos judeus* e pela política imperialista dos reis[178].

Ainda sobre o declínio da agricultura portuguesa, aliado agora à sua deficiência alimentar, afirmou o autor:

De maneira que a crítica não é o clero e a Igreja que a merece. O mal vinha de raízes mais profundas. Do declínio da agricultura causada pelo desenvolvimento anormalíssimo do comércio marítimo. Do empobrecimento da terra depois de abandonada pelos mouros. Do *parasitismo judeu*[179].

Completa-se, assim, o quadro já esboçado na primeira assertiva: o judeu como responsável pela morte de uma das maiores atividades econômicas portuguesas: a agrícola, graças a uma pincelada pouco sutil: o "parasitismo judeu". Aos olhos do autor, o elemento dissolvente, o elemento provocador de rupturas no mau sentido é o judeu parasita. Freyre não conseguiu "proustianamente" libertar-se de suas lembranças ligadas à "açucarocracia". A decadência do mundo aristocrático dos engenhos povoa o seu imaginário, influenciando a sua análise do universo português.

Gilberto Freyre insistiu em enfatizar que o parasitismo é típico da atitude do judeu. Aliás, esse termo faz parte do vocabulário antissemita da década de 30, podendo ser identificado tanto na literatura antissemita da Alemanha, da França, quanto do Brasil, como em *Casa-Grande & Senzala*:

Um ponto nos surge claro e evidente: a ação criadora, e de modo nenhum parasitária, das grandes corporações religiosas –

---

178 Idem, p. 23. Grifo nosso.
179 Idem, p. 231. Grifo nosso.

76   TEMPOS DE CASA-GRANDE

freires, cartuxos, alcobacenses, cistercienses de São Bernardo – na formação econômica de Portugal [...]. Ao lado da tradição moura, foi a influência dos frades, grandes agricultores, a força que em Portugal mais contrariou a *dos judeus*. Se mais tarde o *parasitismo* invadiu até os conventos é que nem a formidável energia dos monges pôde remar contra a maré. Contra o Oceano Atlântico – diga-se literalmente. Tanto mais que no sentido do grande Oceano, e das aventuras ultramarinas do imperialismo e do comércio, remavam os fortes interesses israelitas, tradicionalmente marítimos e *antia-grários*[180].

O autor contrapõe as corporações religiosas portadoras de uma ação criadora às dos judeus, detentoras de uma função parasitária. Reafirmou, mais uma vez, a ideia da aversão judaica ao trabalho agrícola, opinião esta partilhada por João Lúcio D'Azevedo[181], e por Henry Ford[182].

António José Saraiva contestou a tão propalada acusação do parasitismo judaico na sociedade portuguesa com a seguinte afirmação:

Alguns historiadores animados de preconceitos racistas e antissemitas pretendem que os Judeus se limitavam a actividades usurárias e parasitárias. A realidade é muito outra. Os judeus ibéricos não são apenas intermediários mas também produtores [...]. Em Portugal são muito frequentes as alusões aos ferreiros, alfaiates, e sapateiros e outros "mesterais" judeus[183].

Escravismo e Mercancia

Operações mercantis e tráfico de escravos foram, para Freyre, atividades transmitidas pelos judeus aos portugueses. A tese da tradicional tendência judaica para a mercancia – já destacada em artigo de 1921 – é explicitada quando o autor insinuou, através de uma das "suas amenidades" (talvez), que nem jesuítas e franciscanos ficaram imunes ao "vírus mercantil":

180 Idem, p. 237-238. Grifo nosso.
181 *História dos Christãos-Novos Portugueses*, p. 32; p. 34.
182 Op. cit., p. 9.
183 *Inquisição e Cristãos-Novos*, p. 29-30.

A CAIXA DE PANDORA

Os padres se teriam deixado escorregar para as delícias do escravagismo ao mesmo tempo que para os prazeres do comércio. Não fossem eles bons portugueses e talvez até *bons semitas*, cuja tradicional tendência para a *mercancia* não se modificaria sob a roupeta de jesuíta nem com os votos de pobreza seráfica[184].

Essa observação de Freyre decorreu do fato de que, desde os seus primórdios, a Ordem Jesuíta recebeu em seus quadros cristãos-novos para depois assumir a postura racista do estatuto de pureza do sangue. A partir de 1550, a Companhia de Jesus de Portugal adotou a medida discriminatória e, oito anos depois, em 1558, a Ordem Franciscana teria trilhado o mesmo caminho[185].

É historicamente comprovado que a Ordem Jesuítica desenvolveu atividades econômicas que se estenderam em torno do império colonial português e que, também, foi escravista. Entretanto, é relevante para a análise desta asserção a insistência do autor em aliar o elemento semita ao se reportar à atuação dos padres como escravocratas e mercadores.

Para endossar sua reflexão, Freyre destacou que:

Chamberlain salienta que os judeus, desde o começo do período visigótico, souberam impor-se entre os povos peninsulares como negociantes de escravos e credores de dinheiro. De modo que para o *pendor português para viver de escravos* parece ter concorrido o sefardim. *Inimigo de trabalho manual*, o judeu desde remotos tempos inclinou-se à escravidão. Diz Chamberlain que Isaías insinua a ideia de que os estrangeiros deveriam ser os lavradores e os vinhateiros dos hebreus[186].

Apoiando-se em João Lúcio D'Azevedo, complementou a citação acima: "E o certo é que, na Península, muitos dos judeus mais longínquos de que se tem notícia foram donos de escravos cristãos e possuíram concubinas cristãs"[187].

O "Mestre de Apipucos" respaldou-se assim no teórico racista e autor de *A Gênese do Século XIX*, Houston Steward

---

184 *Casa-Grande & Senzala*, 21. ed., p. 153-154. Grifo nosso.
185 Cf. M. L. T. Carneiro, *Preconceito Racial em Portugal e Brasil Colônia*, p. 134.
186 *Casa-Grande & Senzala*, 21. ed., p. 228. Grifo nosso.
187 Idem, ibidem.

TEMPOS DE CASA-GRANDE

Chamberlain, considerado por Léon Poliakov "o profeta titular do arianismo"[188], e João Lúcio D'Azevedo, para sustentar elementos de sua caracterização do semita: "usura, tráfico de escravos, aversão ao trabalho manual e agrícola" (esta última presente no artigo de 1921).

Ao se referir aos marranos portugueses, o autor, entre algumas palavras amenizadoras, *semeia* outras pertinentes ao vocabulário antissemita tão em voga no Brasil nos anos 30:

> Os Marranos em Portugal não constituíam o mesmo elemento intransigente de diferenciação que os Huguenotes na França ou os Puritanos na Inglaterra; eram uma *minoria imperecível* em alguns dos seus caracerísticos, *economicamente odiosa*, porém não agressiva nem pertubadora da unidade nacional. Ao contrário: a muitos respeitos, nenhuma minoria mais acomodatícia e suave[189].

Os marranos, designação injuriosa atribuída aos judeus convertidos ao cristianismo, foram acusados de apostasia na época moderna na Península Ibérica. A conversão, feita na maioria das vezes à força, foi uma forma à qual recorreram para tentar escapar da morte, do confisco de bens, da expatriação. Essa conversão forçada levou muitos a praticarem o judaísmo em segredo[190].

Esta minoria tinha, sobre suas cabeças, uma "espada de Dâmocles", em virtude da ambígua atitude da realeza portuguesa em relação não só aos marranos como a todos os cristãos-novos: o Estado português ora os aceitava, ora os rejeitava. Porém, com a instalação do Santo Ofício, no reinado de dom João III (século XVI), a política ambígua é substituída pelo repúdio, cuja maior expressão são os "autos de fé".

Daí não ser surpresa o comentário de Gilberto Freyre sobre o comportamento do judeu convertido. Acrescentaríamos que a incerteza quanto ao presente e ao futuro, o pavor de perseguições muitas vezes anunciadas pelos homens do poder levam qualquer indivíduo a atitudes de sujeição.

---

188 *O Mito Ariano*, p. 311.
189 *Casa-Grande & Senzala*, 21. ed. p. 228-229.
190 Cf. A. J. Saraiva, op. cit., p. 21. Saraiva esclarece a diferença entre marrano e cristão-novo. O primeiro tinha um pé no grupo mosaico e outro pé no grupo cristão; o segundo era o judeu-cristão.

A CAIXA DE PANDORA
79

Para realçar com ênfase a *herança nefasta* judaica, o autor retomou a questão do *mouro*, referindo-se a eles com simpatia, como elemento produtivo. Esquecendo-se porém que em Portugal o elemento mouro foi, desde o século XV, também estigmatizado[191]:

> Grande como foi a influência do mouro dominador, não foi menor a do mouro cativo de guerra. Foi o vigor do seu braço que tornou possível em Portugal o regime de autocolonização agrária pela grande propriedade e pelo trabalho escravo. Regime depois empregado tão vantajosamente no Brasil [...]. João Lúcio de Azevedo salienta que a própria oliveira parece se ter tornado melhor utilizada em Portugal depois da vinda dos mouros [...]. O fato é significativo, como significativo é o verbo *mourejar* ter-se tornado sinônimo de trabalhar em língua portuguesa [...]. É que foi o mouro a grande força operária em Portugal. O técnico. O lavrador [...]. Quem valorizou a terra [...]. Desempenharam a função de técnicos e não apenas de energia principalmente animal (como mais tarde os escravos de Guiné) *ou de simples mercantilismo como os judeus*[192].

Freyre insistiu na dicotomia entre aquele que trabalha – o mouro – e outro que negocia – o judeu. Identificamos aqui certa similaridade entre as ideias de Henry Ford e Gilberto Freyre. Henry Ford afirmava que o judeu possuía aversão acentuada a todo trabalho material que importe em fadiga[193]. *Mutatis mutandis*, Freyre disse o mesmo: insistia no fato de que todo judeu, por ser um parasita, estava sempre ligado à atividade mercantil.

O Caráter Judaico

Dando continuidade à construção de seu discurso antissemita, Freyre voltou-se para o que denominamos de caráter judaico:

---

191 E. Goffman, *Estigma: Notas sobre a Manipulação da Identidade Deteriorada*, p. 4-7. O termo "estigmatizado" foi usado no sentido empregado por Goffman: grupos ou indivíduos sem habilitação para a aceitação social. O autor admite a existência de três tipos de estigma: por deformidades físicas; por culpa de caráter individual; por estigmas tribais, de raça, religião e nação que podem ser *transmissíveis hereditariamente contagiando toda a família*. No caso analisado seria o último tipo. Grifo nosso.

192 *Casa-Grande & Senzala*, 21. ed., p. 211-212. Grifo nosso.

193 Op. cit., p. 9.

80   TEMPOS DE CASA-GRANDE

A nação constitui-se religiosamente, sem prejuízo das duas grandes dissidências que, por *tolerância política da maioria*, conservaram-se à sombra dos guerreiros mata-mouros: os judeus e os mouriscos. Essas relações de tolerância política permaneceram até que os *segregados*, ou pela superioridade do seu *gênio mercantil* e industrial, ou pela circunstância de serem *um tanto estranhos* ao meio e por conseguinte mais sem *escrúpulos* do que os outros, tornaram-se detentores das grandes fortunas peninsulares. Foi quando do a maioria se apercebeu de que sua *tolerância* estava sendo abusada. Pelo menos pelos *judeus*[194].

Relações de tolerância existiram enquanto o grupo judaico foi extremamente útil ao Estado, prestando serviços seja no campo financeiro, seja no campo intelectual. As diferenças religiosas não eram fatores de instabilidade para a Nação. Conforme apontou a historiadora Maria Luiza Tucci Carneiro, os judeus gozaram muitas vezes de condição jurídica favorável, protegidos por determinações reais como no reinado de Sancho II (1223-1248)[195]. Entretanto, dependendo do governante, a situação judaica variava, ora vivendo momentos de tranquilidade, ora momentos de turbulência.

Mas, ao surgir o "divisor de águas" no século XVI, tendo a pureza da fé como bandeira, a sociedade portuguesa passou a contar com dois grupos distintos: os discriminadores e os discriminados: judeus, cristãos-novos e mouros. O motivo alegado era religioso, na realidade encobria um descompasso econômico. A burguesia cristã não conseguia competir com o grupo judaico.

Quando dom Manuel, em 1497, obrigou todos os judeus, sem opção, à "conversão" ou "batismo forçado", deu início em Portugal à "era dos cristãos-novos"[196]. O judeu passou a ser "inimigo objetivo", como tão bem definiu Hannah Arendt[197].

Elucida, de alguma forma, o clima discriminatório gerado com a "era dos cristãos-novos", quando dom Manuel, em 1508, desejando implementar a tipografia, recomendou:

194 *Casa-Grande & Senzala*, 21. ed., p. 207. Grifo nosso.
195 *Preconceito Racial...*, p. 31.
196 Cf. A. W. Novinsky, *Inquisição: Prisioneiros do Brasil*, p. 31.
197 Op. cit., p. 474.

A CAIXA DE PANDORA

que os impressores seiam cristãos velhos sen parte de mouro nem yudeu nem sospeita de algua heresia [...], polho perigo que poder aver de nelles se samearem algumas heresia per meo liuros que asy emprimirem[198].

Freyre, ao analisar esse mesmo período, considera que o abuso da tolerância derivou-se de questões econômicas. Entretanto, ressalto desta sua afirmação um trecho no mínimo curioso: "um tanto estranhos ao meio e por conseguinte mais sem escrúpulos do que os outros"[199]. Forçosamente, os estranhos ao meio (estrangeiros) não têm escrúpulos? Ou será que é por serem judeus?

Quanto à instalação da Inquisição em Portugal, Freyre a justificou como se tratasse de uma "banalidade". Pela ótica gilbertiana, o Tribunal do Santo Ofício teria sido um mal menor: proteger os judeus do ódio reinante entre os cristãos portugueses, sentimento este oriundo da dualidade ética judaica[200]. A antipatia atribuída aos judeus adviria de suas atividades financeiras e não por motivo religioso:

Para conter os ódios que se levantaram quentes, fervendo contra a minoria israelita, é que se organizou o Tribunal do Santo Ofício, reunindo à função de examinar as consciências o poder de examinar *a frio* e *metodicamente* os bens acumulados por mãos do *herege*. Os judeus haviam se tornado *antipáticos menos pela sua abominação religiosa do que pela falta completa de delicadeza de sentimentos*, tratando-se de questões do dinheiro com os cristãos. Suas fortunas acumularam-se principalmente pela usura proibida pela Igreja aos cristãos ou pelo exercício na administração pública, nas grandes casas fidalgas e mesmo nas corporações católicas de cargos que convinham aos interesses dos cristãos latifundiários

198 S. C. Silva, *Cultura Tutelada*, p. 14.
199 Ver supra, n. 194.
200 M. Weber, *História Geral da Economia*, p. 314. Weber refere-se ao dualismo ético econômico entre os judeus atribuindo a um fundamento religioso: "o judaísmo, mantenedor do dualismo universal primitivo, entre moral de grupo e moral com referência a estranhos pôde perceber juros destes últimos, coisa que não fazia com os irmãos de religião e com as pessoas afins. Deste dualismo originou-se a legitimidade dos negócios econômicos irracionais, como o arrendamento de tributos e o financiamento de negócios públicos de toda espécie".

fossem exercidos por indivíduos desembaraçados de escrúpulos católicos-romanos e das leis da Igreja[201].

Notamos a inserção no texto gilbertiano da palavra que tatuará de forma indelével "o judeu do antissemita": "a usura". A questão da usura praticada pelos judeus e que está em pauta no texto, ora analisado, necessita de esclarecimentos. A Igreja Católica proibia que seus membros a praticassem. Os judeus, excluídos da grei da Instituição, eram os únicos com direito de a exercerem. Segundo António José Saraiva:

o poder de praticar a usura não era um privilégio, mas uma exoneração das regras a que está sujeito um membro da comunidade, da mesma forma que o era para as prostitutas poderem convidar um homem na rua, contrariamente ao estatuto normal da mulher. Exerciam uma função social que se considerava inevitável mas degradante no mundo feudal[202].

O rei e os príncipes que protegiam os judeus detentores de fortuna "os incumbia de funções odiosas, como a cobrança de impostos num papel que tem analogia com o do carrasco"[203].

A Inquisição foi um Jano bifronte: usava alegações de salvar o Estado da heresia, mas, por outro lado, era um instrumento político eficaz para fortalecê-lo e salvá-lo da bancarrota.

Freyre, no texto ora analisado, entrou em evidente contradição. Em *Tempo de Aprendiz*, referindo-se aos judeus que migraram para Nova York afirmou que: "evadiram-se por questões religiosas"[204]. Agora, em *Casa-Grande & Senzala* admite que a razão é econômica[205]. Henry Ford, treze anos antes da estreia de *Casa-Grande & Senzala*, também afirmou: "as razões que tornaram o judeu antipático foram razões de negócio"[206].

Acrescentando mais um atributo inerente ao *seu judeu* – a agiotagem –, Freyre discorre:

201 *Casa-Grande & Senzala*, 21. ed., p. 207-208. Grifo nosso.
202 Op. cit., p. 35.
203 Idem, p. 36.
204 Cf. v. 1, p. 93.
205 Cf. 21. ed., p. 227.
206 Op. cit., p. 53.

A CAIXA DE PANDORA

Varnhagen escreve que a agiotagem conseguira monopolizar na Espanha e em Portugal os "suores e os trabalhos de toda a indústria, do lavrador, do armador, e até a renda do Estado". E acrescenta: "o rápido giro de fundos dado pelas letras de câmbio, a prontidão com que se passavam grandes créditos de Lisboa para Sevilha, para a feira de Medina, para Gênova, para Flandres, deu aos desta classe, ajudados pelos estabelecimentos dos correios, de que souberam tirar partido, *tal superioridade nos negócios* que ninguém podia com eles competir. Às vezes acudiam nas urgências do Estado e o socorro era reputado um grande serviço e recompensado como tal. Outras vezes era o herdeiro de um grande nome e representante de muitos heróis que, para acomodar-se ao luxo da época, não desdenhava aliar-se com a neta do saião convertido, cujo descendente se fizera rico tratante, como então se dizia, sem que o vocábulo se tomasse em mau sentido, como as obras deles tratantes ou tratadores vieram a fazer que se tomasse"[207].

Freyre usou a citação de Varnhagen para fundamentar melhor o estigma que pesa sobre os judeus – agiotagem –, reafirmando, dessa forma, seu pensamento antissemita. Entretanto, esta assertiva, que tem uma série de outras implicações, exige maiores esclarecimentos sobre as atividades judaicas em Portugal e Espanha.

Anteriormente, explicitamos o porquê da prática da agiotagem restrita aos judeus, ficando assim mais fácil perceber por que vão torná-los responsáveis por sugar a seiva do Estado. No entanto, é do conhecimento dos historiadores que a prosperidade econômica vivida pelas nações ibéricas deve-se, em sua maior parte, ao capital judaico.

As medidas discriminatórias que culminaram com a Inquisição privaram as citadas nações de conhecimentos científicos, capitais e das atividades financeiras tão necessárias ao seu desenvolvimento. Enquanto a Espanha ainda pôde viver o "sonho" do ouro, Portugal não teve a melhor sorte; esgotados "os fumos" da África e Ásia, aquela nação foi forçada a investir na atividade agrícola.

Na opinião do historiador português Antonio José Saraiva, estudioso da temática inquisitorial, os judeus tinham uma posição privilegiada no mundo ibérico dos negócios. Mono-

---

207 *Casa-Grande & Senzala*, 21. ed., p. 227. Grifo nosso.

polizavam as principais operações finaceiras por disporem de capital móvel, além de possuírem pessoal capacitado para as transações comerciais. A Coroa não podia prescindir de técnicos tão eficientes[208].

Quanto à alusão presente no texto de Varnhagen, citado por Freyre, a casamentos mistos – nobres portugueses com judias ricas –, de fato aconteceram. Fazia parte do estatuto da nobreza o desdém por toda atividade comercial, daí a união com filhas de judeus ricos ou netas de cristãos-novos. O que importava na realidade era salvar-se da falência e permanecer no ócio.

A Busca de Status

Freyre questionou as tentativas do judeu em ingressar na sociedade portuguesa. Na sua "visão de mundo" aristocrática e excludente, a ideia de monopólio de profissões nobres pelos judeus lhe era abusiva. Usando Mario Sáa, autor de *A Invasão dos Judeus*, reforçou seu pensamento:

Em 1589, fora a Mesa de Consciência e Ordem por consulta del-Rei, o problema dos cristãos-novos estarem fazendo também *monopólio dos ofícios de médico e boticário*; bem assim do reino estar se enchendo de bacharéis[209].

E, completando sua argumentação, disse o "Mestre de Apipucos":

Um e outro excesso resultado, ao que nos parece, do fato dos cristãos-novos *virem procurando ascender na escala social* servindo-se de suas tradições serfadínicas de intelectualismo. De sua superioridade em traquejo intelectual, sobre os rudes filhos da terra. Pode-se atribuir à influência israelita muito do mercantilismo no caráter e nas tendências do português: mas também é justo que lhe atribuamos o excesso oposto: o bacharelismo. O legalismo. O misticismo jurídico[210].

208 Op. cit., p. 29.
209 *Casa-Grande & Senzala*, 21. ed., p. 228. Paráfrase de Freyre a uma citação de Mário Sáa em *A Invasão dos Judeus*, feita, segundo ele, por João Lúcio D'Azevedo em *História dos Christãos-Novos Portugueses*. Não conseguimos localizar a referida obra no trabalho de João Lúcio D'Azevedo. Grifo nosso.
210 Idem, p. 228-229. Grifo nosso.

A CAIXA DE PANDORA

João Lúcio D'Azevedo reconheceu que o hebreu, em função de sua formação religiosa:

trazia para a luta pela vida o intelecto muito mais desenvolvido que o competidor cristão: assumia também o exercício exclusivo das profissões científicas, visto que as lucubrações dos letrados e teólogos realmente em nada importavam às trivialidades do viver corrente da população. D'esta arte eram eles os médicos, cirurgiões, boticários e astrólogos; da mesma sorte astrônomos e geógrafos[211].

Durante a Idade Média, a medicina foi monopólio dos judeus, que atuavam junto à Corte, onde seus serviços eram sempre requisitados[212]. Médicos e boticários eram respeitados e ao mesmo tempo temidos quando identificados como judeus. Circulavam boatos de que, baseados na lei de Talião, estes especialistas usavam seus conhecimentos para se vingar de ultrajes recebidos[213]. Os ouvidos mais crédulos eram os das pessoas de nível econômico e social mais baixo da população e, por decorrência, estavam mais sujeitos ou predispostos a pestes, má alimentação, doenças etc. Com a conversão geral, a prevenção que existia contra o estudo médico entre os judeus transferiu-se para os cristãos-novos[214].

Durante o século XVI, do ponto de vista dos dogmas da Igreja, era considerado heresia o estudo do corpo humano como parte da ideologia dominante. Persistia a ideia da intocabilidade do corpo humano para estudos científicos, o que teve suas consequências culturais: o ensino de anatomia em Portugal sofreu uma involução, ficando muito aquém do conhecimento científico tão necessário à construção do saber médico. Tanto assim que, segundo João Lúcio D'Azevedo: "Nas Cortes de 1642, requereram os Povos que fossem todas

211 *História dos Christãos-Novos Portugueses*. p. 34-35.
212 M. L. T. Carneiro, *Preconceito Racial...*, p. 117.
213 *História dos Christãos-Novos Portugueses*, p. 166-168. Segundo J. Lúcio D'Azevedo, a vingança baseada na lei de Talião circulava em forma de boatos, incriminando os judeus e os cristãos-novos. Atingia médicos, boticários, clérigos, advogados e escrivães. Os médicos, por exemplo, assassinavam clientes cristãos-velhos ministrando remédios errados ou os envenenando utilizando as próprias unhas.
214 M. L. T. Carneiro, *Preconceito Racial...*, p. 117.

86 TEMPOS DE CASA-GRANDE

as receitas em língua portuguesa, e não pudessem aprender o ofício de boticário os indivíduos da nação"[215].

Com base nestes argumentos, os boticários judeus foram excluídos do círculo científico, proibidos que estavam de exercerem seu ofício. Quando nas universidades foi aplicado o estatuto de pureza, diminuíram ainda mais as oportunidades de os cristãos-novos obterem nível de educação superior, fortalecendo o estigma de que os descendentes de judeus simbolizavam perigo para a sociedade.

Deve-se considerar que, numa sociedade permeada de fortes preconceitos religiosos e econômicos como a portuguesa, a carreira universitária era uma das opções de ascensão social. Daí o fato de os cristãos-novos tentarem, através do título acadêmico, ingressarem no aparelho burocrático.

Reforçando as afirmações de João Lúcio D'Azevedo, Freyre enfatizou essa versão, querendo mostrar que:

> Compreende-se que os cristãos-novos, vindos da usura, do comércio de escravos e da agiotagem, encontrassem nos títulos universitários de bacharel, de mestre e de doutor a nota de prestígio social que correspondesse às suas tendências e ideais sefardínicos. Que encontrassem na advocacia, na medicina e no ensino superior a maneira ideal de se *aristocratizarem*[216].

Só que o "Mestre de Apipucos" esqueceu que esta busca de status era, na sociedade portuguesa de então, uma das formas de ingressar num círculo concêntrico que os excluía, por serem portadores de sangue de uma "raça infecta". Freyre classificou-os, de forma estigmatizada, de "rebentos da outra burguesia" composta por indivíduos marcados pela sociedade: "comerciantes, traficantes, agiotas e intermediários". Endossando João Lúcio D'Azevedo, ele reforçou a ideia de que Coimbra transformou-se – com a presença maciça dos cristãos-novos – em um "covil d'heréticos"[217].

Sabe-se hoje, pelos estudos inquisitoriais mais recentes, que o ingresso na universidade foi uma senda encontrada pelos cristãos-novos para tentarem fugir ao estigma imputado aos seus pais e para escaparem das malhas do Santo Ofício. Procuravam

215 *História dos Christãos-Novos Portugueses*, p. 167.
216 *Casa-Grande & Senzala*, 21. ed., p. 230. Grifo nosso.
217 Idem, p. 229.

A CAIXA DE PANDORA

manter a sua identidade através da aquisição de conhecimento. Freyre, em nenhum momento, procurou enfatizar a força da tradição intelectual judaica nos vários ramos das ciências, como a sua contribuição científica para a saga da expansão marítima e para a cultura portuguesa de um modo geral.

A Animalização do Judeu

Usando de suas "amenidades" (quase e parece), pinta agora Gilberto Freyre o retrato mais bem acabado do *seu judeu*. As tintas não são nada pastel. Trata-se, como já foi referido, de um perfil quase lombrosiano. Não é um retrato de ser humano. Num processo de animalização, o *judeu freyriano* transforma-se em *ave de rapina*, o que, etimologicamente, é muito esclarecedor – *aves de rapina são basicamente predadoras*.

Freyre insinuou também que as atividades mercantis dos judeus constituíam-se em uma herança biológica, ideia que reapareceu em *Sobrados e Mucambos* designada como: "um talento especializado"[218]; e assinalada em artigo de 1921 sob a forma de "nativo pendor"[219]. Atividades estas que ocasionaram a metamorfose do homem em animal perigoso – o judeu se transforma numa anomalia social e biológica:

problema do judeu em Portugal foi sempre um problema econômico criado pela presença irritante de uma *poderosa máquina de sucção*, operando sobre a maioria do povo, em proveito não só da minoria israelita como também dos grandes interesses plutocráticos. Interesses de reis, de grandes senhores e de ordens religiosas. *Técnicos de usura*, tais se tornaram os judeus em quase toda parte por um *processo de especialização quase biológica* que lhes parece ter aguçado o *perfil no de ave de rapina, a mímica, em constantes gestos de aquisição e de posse, as mãos em garras incapazes de semear e de criar. Capazes só de amealhar*[220].

Em síntese: Gilberto Freyre em nenhum momento de *Casa-Grande & Senzala* escondeu o seu pensamento a respeito dos judeus. Suas expressões que compõem o perfil e identidade

218 Cf. v. 1, p. 10; p. 13.
219 *Tempo de Aprendiz*, v. 1, p. 94.
220 *Casa-Grande & Senzala*, 21. ed., p. 226. Grifo nosso.

judaica não poderiam ser mais antissemitas. É interessante ressaltar que, durante todos esses anos de reedições e comemorações, esses trechos passaram despercebidos. Às vezes é melhor esquecer, conforme enfatizou Vidal-Naquet, em sua obra *Os Assassinos da Memória*. É dessa forma que os mitos sobrevivem.

A Finança Judaica

Freyre fez referências e argumentou sobre a finança judaica, assunto pertinente ao ideário antissemita nacional e internacional. O "Mestre de Apipucos" também aludiu ao *ancestral horror* do povo judeu às atividades agrícolas, ponto que já destacava em artigo de 1921.

É emblemático que autores antissemitas, como João Lúcio D'Azevedo[221] e Henry Ford[222], entre outros, tinham fixação em repetir e explorar a ideia – do ancestral horror dos "homens de nação" à agricultura – para melhor enfatizarem as ligações judaicas com atividades mercantis. Já mencionamos como esta nefasta ideia foi usada para impedir a entrada no Brasil, na década do lançamento de *Casa-Grande & Senzala*, do emigrante "indesejável" – o judeu.

Quanto ao tema – finança judia – mencionado por Freyre, Henry Ford é um dos que partilham do mesmo pensamento[223].

Esta citação encontra-se em *Casa-Grande & Senzala*:

O rumo burguês e comospolita tão precocemente tomado pela monarquia portuguesa, contra as primeiras tendências agrárias e guerreiras, cavou-o mais fundo que qualquer outra influência a dos interesses econômicos dos judeus concentrados estrategicamente, e por *ancestral horror dos 'homens de nação' à agricultura*, nas cidades marítimas; e daí, em fácil e permanente contato com os *centros internacionais de finança judia*[224].

Em *Sobrados e Mucambos*, que se constituiria no epílogo da construção do *judeu freyriano*, cuja gênese encontrava-se

---

221 *História dos Christãos-Novos Portugueses*, p. 32; p. 341.
222 Op. cit., p. 9; p. 11.
223 Idem, p. 21.
224 *Casa-Grande & Senzala*, 21. ed., p. 228. Grifo nosso.

A CAIXA DE PANDORA

em 1921, Freyre retomou o tema da finança judaica apoiado nas afirmações de João Lúcio D'Azevedo:

na obra do mestre que é *Épocas de Portugal Econômico* (Lisboa, 1929), não admite a tese, defendida por Sombart e por historiadores judeus [...], da agricultura de cana, ou antes, da indústria do açúcar, no Brasil, ter sido obra exclusiva ou principal de judeus [...]. Para João Lúcio de Azevedo "era considerável o cabedal necessário para erigir uma fábrica, [e] não se pode crer o trouxessem [levassem] consigo os emigrantes da família hebreia, [hebraica] gente na maior parte fugida da inquisição, degredados e outros a quem na penúria sorrira a esperança de sorte fagueira além-mar"[225].

Devemos ressaltar que essa é a única afirmação de João Lúcio D'Azevedo de que Freyre apresentou discordância, aceitando a tese defendida por Sombart em torno da participação judaica na indústria do açúcar.

Enquanto João Lúcio D'Azevedo ressaltou que os judeus não dispunham do cabedal necessário para a construção de uma fábrica por serem "degradados e fugidos da Inquisição", Freyre enfatizou o fato de se dedicarem a formas diversas de mercancia e usura, conseguindo com isso reunir capital. Mas, o que é mais grave, inseriu em seu discurso uma das características do pensamento antissemita moderno, a de que uma maçonaria judaica operava sob a égide de interesses comerciais, conforme pode ser observado no seguinte trecho:

Mas é preciso não esquecer, por outro lado, que entre os da família hebreia, dispersos por vários países e em todos eles entregues a formas diversas, mas entrelaçadas, de *mercancia e de usura*, existia então – como, *até certo ponto existe hoje* – uma como maçonaria. *Espécie de sociedade secreta* de interesses comerciais, ligados aos de religião ou de raça perseguida, e funcionando com particular eficiência nos momentos de grande adversidade[226].

Destacamos que, em *Sobrados e Mucambos*, Freyre se propôs a analisar a decadência do patriarcado rural e o desenvol-

---

225 *Sobrados e Mucambos*, v. 1, p. 11. No livro de João Lúcio D'Azevedo, *Épocas de Portugal Econômico*, p. 264, os termos são os apresentados entre colchetes.
226 Idem, p. 11-12. Grifo nosso.

90 TEMPOS DE CASA-GRANDE

vimento do urbano durante o século XVIII e a primeira metade do século XIX. Entretanto, ao tratar da "maçonaria judaica", extrapolou os limites temporais da citada obra, ao afirmar a permanência no século XX da mencionada instituição.

A relação da maçonaria com o judaísmo foi um dos temas preferidos pelos antissemitas nos círculos internacionais e nacionais. Em inúmeras obras é feita a ligação estreita, indissolúvel, entre maçons e judeus, quando não os ligou também ao comunismo. No Brasil dos anos 30, além de obras de autores brasileiros, como por exemplo Gustavo Barroso, que escreveu *O Judaísmo, Comunismo e Maçonaria*, circularam inúmeras traduções, além de artigos em revistas e jornais, principalmente os de ideário católico.

Na estigmatização do judeu essa pretensa aliança com a maçonaria vai se constituir numa arma de propaganda antissemita por demais proveitosa.

Mais uma vez em *Sobrados e Mucambos*, Freyre retoma a imagem do polvo já registrada em artigo de 1923[227] e da finança judaica:

O diamante, atraindo para Minas os interesses do comércio europeu e, sobretudo, *a mediação plástica da técnica judaica* e da *finança israelita*, tão cheia de *tentáculos* por toda a parte, venceu a distância que separava aquela região da Europa[228].

Sem fazer uso de "amenidades", o Mestre pernambucano, repetindo a versão de Henry Ford[229], asseverou que, como polvo, a finança judaica, usando seus tentáculos, poderia atingir grandes distâncias. Freyre, não resta dúvida, foi mais "criativo", mais "literário", na sua imagem da finança judaica que o seu símile.

A Era do Mascate Judeu

Os mascates também não escaparam às críticas de Freyre, que, em muitas de suas afirmações, usou João Lúcio D'Azevedo como escudo.

227 *Tempo de Aprendiz*, v. 1, p. 329.
228 *Sobrados e Mucambos*, v. 1, p. 326.
229 Op. cit., p. 21.

A CAIXA DE PANDORA 91

Quando um autor deseja enfatizar uma afirmação, recorre a várias fontes. Prática perfeitamente normal em trabalhos científicos. No trecho a seguir, Gilberto Freyre utilizou Lúcio D'Azevedo e Brandônio (Ambrósio Fernandes Brandão) para destacar qualidades inerentes ao *seu judeu*:

> Para o historiador português [J. Lúcio de Azevedo] era aos judeus que se referia Brandônio naquelas palavras a Alvino sobre umas tantas criaturas que viviam no Brasil do século XVIII de "comprarem fazendas aos mercadores assistentes nas vilas ou cidades, e as tornarem a levar a vender pelos engenhos e fazendas, que estão dali distantes, com ganharem muitas vezes nellas cento por cento". Mascates que por esses lucros de cento por cento se faziam riquíssimos.

E complementa:

> Brandônio refere ainda nos *Diálogos* o caso, que parece também arte de "homem de nação" ou de cidade que explorasse *velhacamente* matutos – arte que, depois, tanto se desenvolveu nos negócios de açúcar, de ouro e de café...[230]

Espertezas e gatunices são *qualidades* inerentes ao judeu para os teóricos do antissemitismo, também identificadas por Freyre no *seu judeu*. Se levarmos isso em consideração, pode-se alcunhar o período do século XVI ao XIX como *a era da gatunice e da esperteza do mascate judeu*. Como bem ilustra este trecho de *Sobrados e Mucambos*:

> No interior, os mascates – *muitos deles* repita-se que judeus da Alsácia e do Reno depois de terem sido homens do Oriente e do Minho – continuaram no século XIX a praticar *espertezas* que nem as daqueles mercadores a pé do século XVI que escandalizavam o autor dos *Diálogos*. As matutas deixavam-se engabelar pelos mascates ruivos. Precisamente o meado do século XIX foi a idade de ouro desses mascates. Lucros de 100% ou mais as vezes lucros monstruosos [...]. Com todas as suas *espertezas* e até *gatunices* esses mascates tiveram sua função útil junto a um sexo recalcado, cuja vida eles de algum modo alegravam com suas joias, suas fazendas, seus vidros de perfume[231].

230 *Sobrados e Mucambos*, v. 1, p. 13-14. Grifo nosso.
231 Idem, p. 35.

Novos Vocábulos Antissemitas

Em *Sobrados e Mucambos* o autor somou ao *seu judeu* mais *qualidades*. Empregando o advérbio não excludente, "provavelmente", tanto do seu estilo, Freyre inseriu, no imaginário antissemita, a figura do "camboeiro", usando depoimento de J. Felício dos Santos. Assim expressa Freyre: *"um cronista da região mineradora,* J. Felício dos Santos transmitiu a descrição: o comboeiro era o 'judeu usurário', era o hediondo vampiro"[232]. Atributos bastante expressivos e simbólicos. O vampiro na literatura é sempre representado como sugador de sangue, no caso, imagem bem adequada, segundo os antissemitas, à "qualidade" de ser usurário; as garras referidas, trata-se da estranha metamorfose que sofreu nas mãos do *judeu freyreano* já aludida em *Casa-Grande & Senzala*[233]:

> Mas não foi só entre os fidalgos das capitanias açucareiras que se exerceu a atividade do intermediário e do usurário – provavelmente, em grande número de casos, "homens de nação". Também entre os Mineiros, quando para as minas de ouro e de diamantes começou a deslocar-se o comércio mais grosso de escravos. *Camboeiro* ficou se chamando na região das minas esse *papão*, não de meninos, mas de *homens;* esse *boitatá*, não de mato, mas de cidades, a quem o mineiro acabou criando o mesmo horror que o filho pequeno àqueles bichos fantásticos. Horror enorme, mas não sem certa atração. Um cronista das minas de diamante define o camboeiro: "o camboeiro era o *judeu usurário* [...]. O camboeiro era o *hediondo vampiro*. O mineiro temia-o; fugia dele; mas afinal "a necessidade ou novas esperanças o lançavam em suas *garras*".
>
> Cronista mais antigo deixara *pormenores interessantes* sobre a figura do camboeiro. E não só sobre a figura: sobre sua *técnica sutil* de vendedor de homens a prestações[234].

Freyre introduziu novos tropos ao vocabulário antissemita. Reforçando o processo de animalização do judeu (ave de rapina), iniciado em *Casa-Grande & Senzala*, três anos mais tarde o autor incluiu novas imagens (vampiro e o boitatá), em

232 Idem, p. 14. Trata-se de uma citação de José da Costa Souza Rabello por J. Felício dos Santos.
233 Cf. 21. ed., p. 226.
234 *Sobrados e Mucambos*, v. 1, p. 14.

A CAIXA DE PANDORA 93

Sobrados e Mucambos. Das três raças formadoras do povo brasileiro, a pena do "Mestre de Apipucos" só não se apropriou do imaginário africano para caracterizar o judeu como elemento gerador de pavor.

Identidade Física do Judeu

Cerca de quinze anos depois, o "Mestre de Apipucos" tornou-se um especialista no trato da identificação física do judeu, dentro da perspectiva "sartreana"[235]. Em *Tempos de Aprendiz* (1921), Freyre acreditava conhecer o judeu por seu nariz, em *Sobrados e Mucambos* (1936), a crença perdurou, agora ampliada por outros traços fisionômicos, olhos e lábios:

No Sul – principalmente em Minas Gerais – algumas das melhores famílias antigas, com *olhos*, *nariz* ou *beiços* que *são os clássicos do semita*, autorizam-nos a supor larga infiltração de sangue judaico na velha região dos diamantes[236].

Mesmo usando de autoridade não esqueceu "as amenidades", nesse caso "supor". Essa afirmação, no entanto, não foi acidental, dentro do ideário antissemita: onde existe ouro, diamantes, riquezas está a postos o judeu. Freyre não afirmou em *Casa-Grande & Senzala* que era este o "ideal semita"?[237]

O Talento Especializado do Judeu

Volta à cena o perfil do usurário, o que não mais se constitui surpresa, por tantas vezes repetido. O talento especializado no trato do dinheiro é enfocado como característica específica do judeu:

Os judeus é evidente que chegaram ao Brasil com dinheiro bastante, se não para se estabelecerem como industriais de açúcar, para emprestarem aos senhores de engenho as somas de que esses senhores necessitavam para despesas de safra e de renovação de escravatura [...]. Não importa que esse capital eles o desenvolvessem com o *talento especializado* nos "homens de nação" por *uma*

235 Cf. J.-P. Sartre, *Reflexões sobre o Racismo*, p. 62.
236 Cf. v. 1, p. 328. Grifo nosso.
237 Cf. 21. ed., p. 24.

94 TEMPOS DE CASA-GRANDE

experiência muitas vezes secular, para adquirir, diz João Lúcio de Azevedo um tanto enfaticamente *"a vil preço, os salvados de naufrágios"*. Os naufrágios, no caso, não eram os de mar, mas os de terra: os engenhos que encalhavam por falta de negros e de dinheiro para as safras[238].

Antes os judeus compravam baixelas e móveis de jacarandá (1925), agora engenhos e safras (1936). O simbolismo do naufrágio permaneceu o mesmo.

Freyre, desde 1921, considerou serem as atividades mercantis transmissíveis geneticamente entre os semitas, quando utilizou a expressão "nativo pendor". Em 1933, essa "herança" é nomeada de "especialização quase biológica", tornando-se, em 1936, um "talento especializado".

Concluímos que, no trato do pensamento antissemita, o "Mestre de Apipucos" quando não é o autor é arauto.

QUADRO 1
Terminologia antissemita em 1921, 1923, 1925, 1933 e 1936

CARACTERÍSTICA	TERMINOLOGIA	OBRA	ANO
Físicas	Nariz semítico	*Tempo de Aprendiz*	1921
	Perfil semítico	*Tempo de Aprendiz*	1921
	Perfil de ave de rapina	*Casa-Grande & Senzala*	1933
	Mãos em garras	*Casa-Grande & Senzala*	1933
	Olhos, nariz ou beiços clássicos do semita	*Sobrados e Mucambos*	1936
	Garras	*Sobrados e Mucambos*	1936
Sociais	Conservador de si próprio e de suas tradições	*Tempo de Aprendiz*	1921
	Essencialmente Urbano	*Tempo de Aprendiz*	1921
	Rebelde a esforços de absorção estrangeira	*Tempo de Aprendiz*	1921
	Exclusivismo	*Tempo de Aprendiz*	1923
	Sangue que não se vincula à terra	*Tempo de Aprendiz*	1923
	Elemento móbil	*Tempo de Aprendiz*	1923
	Bola de Borracha	*Tempo de Aprendiz*	1923
	Nós dentro do Nós nacional	*Tempo de Aprendiz*	1923
	Sangue coalhando-se	*Tempo de Aprendiz*	1923

238 *Sobrados e Mucambos*, v. 1, p. 13. Grifo nosso.

A CAIXA DE PANDORA   95

CARACTERÍSTICA	TERMINOLOGIA	OBRA	ANO
(continuação)	Sutil absorção	*Tempo de Aprendiz*	1923
	Móvel	*Casa-Grande & Senzala*	1933
	Minoria imperecível	*Casa-Grande & Senzala*	1933
	Interesses tradicionalmente marítmos e agrários	*Casa-Grande & Senzala*	1933
	Um tanto estranhos ao meio	*Casa-Grande & Senzala*	1933
	Móvel e provisório	*Sobrados e Mucambos*	1936
	Mercadejando	*Tempo de Aprendiz*	1921
	Mercância	*Tempo de Aprendiz*	1921
	Tentaculares	*Tempo de Aprendiz*	1923
	Mercantilismo burguês e semita	*Casa-Grande & Senzala*	1933
	Gênio mercantil	*Casa-Grande & Senzala*	1933
	Técnicos de usura	*Casa-Grande & Senzala*	1933
	Realismo econômico	*Casa-Grande & Senzala*	1933
	Perversão do instinto econômico	*Casa-Grande & Senzala*	1933
	Ideal semita	*Casa-Grande & Senzala*	1933
	Economicamente odiosa	*Casa-Grande & Senzala*	1933
	Presença irritante de uma poderosa máquina de sucção	*Casa-Grande & Senzala*	1933
	Capazes de só amealhar	*Casa-Grande & Senzala*	1933
	Incapazes de semear e de criar	*Casa-Grande & Senzala*	1933
	Mímica em constantes gestos de aquisição e de posse	*Casa-Grande & Senzala*	1933
	Parasitismo	*Casa-Grande & Senzala*	1933
	Parasitismo judeu	*Casa-Grande & Senzala*	1933
	Centro internacional de finança judia	*Sobrados e Mucambos*	1936
	Como maçonaria	*Sobrados e Mucambos*	1936
	Espécie de sociedade secreta de interesses comerciais	*Sobrados e Mucambos*	1936
	Finança judaica	*Casa-Grande & Senzala*	1933
	Não grande criador de riqueza e vida nacionais e subnacionais	*Sobrados e Mucambos*	1936
	Mediação plástica da técnica judaica	*Sobrados e Mucambos*	1936
	Espertos	*Tempo de Aprendiz*	1921
	Nativo pendor	*Tempo de Aprendiz*	1921
	Israelitas solertes	*Livro do Nordeste*	1925
	Israelitamente	*Livro do Nordeste*	1925
	Israelitamente	*Casa-Grande & Senzala*	1933
	Sem escrúpulos	*Casa-Grande & Senzala*	1933

CARACTERÍSTICA	TERMINOLOGIA	OBRA	ANO
(continuação)	Falta completa de delicadeza de sentimentos	Casa-Grande & Senzala	1933
	Especialização quase biológica	*Casa-Grande & Senzala*	1933
	Talento especializado	*Sobrados e Mucambos*	1936
	Espertezas	*Sobrados e Mucambos*	1936
	Gatunices	*Sobrados e Mucambos*	1936
	Papão de homens	*Sobrados e Mucambos*	1936
	Boitatá	*Sobrados e Mucambos*	1936
	Judeu usuário	*Sobrados e Mucambos*	1936
	Hediondo vampiro	*Sobrados e Mucambos*	1936

Reunimos no Quadro 1 uma visão de conjunto dos principais vocábulos usados por Gilberto Freyre reveladores do seu ideário antissemita. Nossa intenção foi assinalar o que na maioria das vezes passa despercebido ou relegado a um segundo plano por aqueles que contribuem para a sustentação do mito do "Mestre de Apipucos".

Por outro ângulo, trata-se de um resgate da memória nacional dos que insistem em minimizar que quando vivemos os tempos de Casa-Grande não vivemos também tempos de antissemitismo.

PROTEUS:
FREYRE *FACTÓTUM* DE SI MESMO

Proteus, deus marinho, filho de Oceano e Tétis, conhecedor de todas as coisas, possuía o dom da metamorfose. Tem sentido escolher Proteus para simbolizar as várias facetas de Freyre. Durante sua longa vida, Gilberto foi acusado de: pornógrafo, antijesuíta, anticatólico, agitador comunista e outros adjetivos que não representam o verdadeiro Gilberto. Estas acusações de certo modo ajudaram a promover seu nome e sua obra.

Mas a face mais importante, por ser verdadeira, é quando se metamorfoseia em factótum de si mesmo.

Freyre, ao completar 80 anos, recebeu mais uma das incontáveis homenagens. O Seminário de Tropicologia, que acontecia regularmente em Recife, dedicou conferências e debates

A CAIXA DE PANDORA 97

em torno da figura do seu fundador e coordenador. Os Anais do evento publicados em 1983 registram como tema: Gilberto Freyre: antecipador; antropólogo; escritor literário; historiador social; pensador; político; tropicólogo. Tratava-se de exaltar um Freyre poliédrico, mais um passo para tombá-lo em monumento nacional.

Gilberto, diligentemente, critica seus conferencistas, debatedores e seminaristas reunidos para louvá-lo, assim como a figura canettiana do famoso colecionador de coros. Usando o posfácio como tribuna, não resiste à tarefa que se impôs ao longo dos anos nos prefácios de seus livros como advogado de defesa. O "locus" agora é outro, mas ele o usa da mesma maneira: ora critica; ora relembra algum detalhe; ora corrige comparações; ora insere comentários de obra já esquecida; registra elogios e reage aos que ousaram não fazer parte do coro.

Se autointitula "indivíduo-assunto" ou "pessoa-assunto" e registra, no início de seu discurso, não discorrer sobre si mesmo, não arrolar todas as conferências e simpósios ocorridos em 1980 sobre sua pessoa.

Promessa não cumprida, certamente.

Abre sua fala, informando:

o mais importante simpósio no gênero jamais reunido no Brasil, promovido em Brasília por sua Universidade [...] figuras internacionais da eminência de Lord Asa Briggs [...] de Oxford, de Julián Marías [...] de Madri, de Jean Duvignaud [...] de Paris e de David Mourão Ferreira da Universidade de Lisboa[239].

Não são pessoas comuns. São astros internacionais do mundo acadêmico, congregados em louvar o "indivíduo-assunto".

A "pessoa-assunto" não seria apenas ouvinte. O "indivíduo--assunto" justifica sua quebra de promessa:

O "indivíduo-assunto" viu-se, em certos pontos, não só, não de todo compreendido como também para ele, não exatamente interpretado, através de análises, e também através de sínteses apresentadas aqui. Análises e sínteses, aliás, admiráveis. Daí haver ele próprio

---

239 Todas as citações contidas neste subtítulo estão localizadas em *Anais do Seminário de Tropicologia: Gilberto Freyre, Antecipador, Antropólogo, Escritor Literário, Historiador Social, Pensador, Político, Tropicólogo*. Ver principalmente p. 441-447.

solicitado [...] a oportunidade, que lhe é agora oferecida, de comentar [...] agora desdobrado em participante final, pontos do que tendo sido *magistralmente* escrito, ou dito no ano de 1980, por conferencistas e comentadores *idôneos* e *brilhantes*. (Grifo nosso.)

Torna-se oráculo de Delfos. Mas, como as profecias oraculares eram nebulosas, nem sempre entendidas em sua plenitude, Freyre as explica, detalhadamente, voluptuosamente, para evitar mal-entendidos, equívocos. Comentadores "idôneos e brilhantes" não conseguiram passar pelo crivo de Narciso. Adjetivos como "arguto", "minucioso", "idôneo", "brilhante", "ilustre" sempre serão usados por Freyre ao se referir aos participantes do seminário, como uma forma de amenizar suas inúmeras ponderações. O homem-assunto se justifica "confessando-se um tanto narciso – narcisíssimo aqui brilhantemente acentuado pelo jurista político Afonso Arinos de Melo Franco, meu colega em narcisismo – supõe-se capaz de ser também pouco autoanalítico". Ledo engano, pois a personalidade narcísica não é capaz de autoanálise.

Feitas as devidas vênias, a pessoa-assunto começa a narcisar-se. Volta ao passado, para lembrar um fato ocorrido 24 anos atrás e que o glorificou:

Meus colegas: não foi esta a primeira vez que me vi objeto de todo um conjunto de comentários idôneos [...] Foi na França, num dos famosos encontros do Castelo de Cerisy. Precedido, esse encontro dedicado a um sul-americano, por dois outros – note-se que predecessores – um consagrado ao filósofo alemão Heidegger, outro ao não menos eminente historiador e filósofo da História Arnold Toynbee, inglês. Desses dois europeus clássicos, os organizadores desses encontros, aventurosamente, passaram a considerar objeto de suas atenções um simples brasileiro do Recife. Lembro-me de que, nesse encontro, houve um debate bastante violento entre dois mestres da Sorbonne. Um, o sociólogo-antropólogo Roger Bastide, outro o jurista e sociólogo, considerado o maior mestre da Sociologia do Direito, Georges Gurvitch. O primeiro sugerindo minha classificação como humanista cinetífico; Gurvitch lembrando a de, principalmente, microssociólogo. O "micro" não importando em desapreço: o que propunha é que eu era – desculpem repetir suas palavras – o maior microssociólogo moderno.

A CAIXA DE PANDORA

Não foi ato gratuito este retorno de Freyre ao passado. Era preciso lembrar, para aqueles não cultivados, que esta homenagem em torno do "homem-assunto", acontecida no Recife em 1980, possuía uma ilustríssima antecessora. Era importante registrar sua inclusão no rol dos famosos: Heidegger e Toynbee. E que foi uma glória distinta, especial, ser escolhido, entre os sul-americanos e entre os brasileiros, um recifense. Já aludi em páginas anteriores que Freyre e sua obra maior se constituíram no "desagravo de Pernambuco e glória do Brasil". E que regressa com mais louros concedidos por Roger Bastide e Georges Gurvitch respectivamente: "humanista científico" e o "maior microssociólogo moderno".

A primeira reunião de uma série de oito teve como tema: Gilberto Freyre o Antropólogo. O conferencista foi Thales de Azevedo. O "homem-assunto" gostou das considerações tecidas em torno de *Ordem e Progresso* por achar que se tratava de resgate de uma obra pouco valorizada pela crítica brasileira. Freyre dá seu depoimento:

> Deu-me, com isto, a intensa satisfação de ver destacado por mestre tão mestre em assuntos sociais, livro que até hoje não vem merecendo de críticos brasileiros a atenção que suponho merecer pelo que nele é metodologia inovadora, como autobiografias suscitadas – uma abordagem antropológica inovadora. [...]. Sua atenção ao livro valeu por compensação de tais desatenções.

A "pessoa-assunto" aproveita o ensejo de Azevedo ter elogiado a obra em questão e une as opiniões de "colegas franceses".

Coincidiu essa sua perspectiva com a de dois de seus eminentes colegas franceses em comentários no *Cahiers Internationaux de Sociologie*: os antropólogos Georges Balandier e Roger Batiste. O primeiro, vendo em *Ordem e Progresso* o início através da interpretação de autobiografias provocadas, de uma Sociologia ou Antropologia Cultural do Cotidiano, como não havia então na Europa ou nos Estados Unidos. O segundo, destacando no livro brasileiro uma Sociologia ou Antropologia Social em torno de Tempos Sociais Cruzados, também até então inexistente entre europeus e norte-americanos. Thales de Azevedo trouxe à tona, dentro do tema que foi convidado a versar, o que há, na verdade, de sócio-antropológico num livro aparentemente só de História Social.

Numa busca incessante de unanimidade, Freyre contrapõe a opinião de Roger Batisde e Georges Balandier com a dos críticos brasileiros. Ao registrar a indiferença que o incomoda, aproveita para divulgar a obra.

No referido seminário, participa o antropólogo Egon Schaden como debatedor. Ao mesmo, cobra o que acha ser omissão: "o que pode ser sugerido como característico ou nova ou inovador ou original da presença do seu colega brasileiro nos estudos e no pensamento antropólogicos do Brasil?"

A resposta Freyre bem o sabe, mas o que deseja é um registro, um reconhecimento público.

Em outro momento passa uma sutil reprimenda nos convidados:

Nenhum dos dois parece ter relido desse colega *Problemas Brasileiros de Antropologia*, no qual se recorda o que foi a orientação do mesmo colega, talvez inovadora em tais estudos, como fundador na década de trinta na recém-criada Universidade do Distrito Federal, da primeira cátedra, no Brasil e talvez na América do Sul, de Antropologia Social.

Freyre parte da premissa de que os antropólogos convidados devem ter lido o seu livro. Esquecer de reler é no mínimo um pecado venial. Pecado mortal é estarem os ilustres antropólogos sofrendo de lapsos de memória.

Depois do pito, mais um lembrete:

Nenhum parece ter considerado importante, como obra socioantropológica, o livro *O Escravo nos Anúncios de Jornais Brasileiros do Século XIX*, do qual emerge uma *Anunciologia*: absoluto brasileirismo, no setor anropólogico. Nem esse outro brasileirismo absoluto em Antropologia: os ex-votos relativos a vegetais, animais, coisas, máquinas .

Para o cultuador do amenismo, de seus pares, não poderia certamente passar em branco dois feitos marcantes para a antropologia brasileira.

Schaden comentou a casualidade de duas universidades iniciarem em 1935 os primeiros cursos de Antropologia Social. A do Distrito Federal tinha como titular Freyre e a de São

A CAIXA DE PANDORA

Paulo, Claude Lévi-Strauss. Acrescentou que, apesar dos titulares possuírem personalidades e formações diferentes, detinham muitos pontos convergentes. Mencionou o pioneirismo de ambos no trato da ecologia.

Freyre, *primo enter pares*, não gostou dessa divisão de pioneirismo e retificou Schaden:

> Esqueceu-se de notar diferença essencial: que na Universidade do Distrito Federal o pioneirismo foi pioneirissimamente além de interpretações socioantropólogicas ou socioculturais de sociedade e culturas apenas primitivas para incluir sociedades e culturas e as mistas ou simbióticas como a brasileira: originalidade, esta, absoluta no Brasil.

Não está no mérito deste livro argumentar em torno do trabalho desenvolvido pelos antropólogos citados. E sim, para a "pessoa-assunto" na polêmica do "ser ou não ser" pioneiro.

Insiste o "indivíduo-assunto" em criticar os antropólogos visitantes, seja por omissões ou referências a temas pioneiros:

> De modo que foi uma reunião interessantíssima, mas, uma reunião que não houve toda a justiça que poderia ter havido para com o antropólogo sob exame [...]. Além do que nenhum dos dois ilustres antropólogos, [...] considerou trabalhos também pioneiros do colega analisado, como o referente aos túmulos afrocristãos de Moçamedes [...] ou o relativo a antigos escravos brasileiros de regresso à África [...] aspectos da obra do autor de *Problemas Brasileiros e Antropologia* e de *Túmulos Afrocristãos de Moçamedes*, que despertaram especial interesse de antropólogos sociais ingleses, grandes mestres, um da Universidade de Oxford, Evans Pritchard, e outro de Cambridge, Meyer-Fortes.

Como já foi referido em outros comentários, a "pessoa--assunto" acredita-se injustiçada mas lembra que estudiosos no exterior já o avaliaram positivamente, e é isto na realidade o que importa.

O "indivíduo-assunto" faz uma avaliação geral do tema proposto – Gilberto Freyre, o antropólogo –, considerando adequada as atuações dos antropólogos visitantes e seminaristas. Esta validade, entretanto, é posta em causa quando afirma:

TEMPOS DE CASA-GRANDE

de quase todos seja preciso dizer que o assunto foi antes contornado ou considerado marginalmente, que atingido no seu essencial que teria sido, repita-se o que significou a presença do antropólogo analisado ou comentado nos estudos e no moderno pensamento socioantropológico nos brasileiros em particular [...].

O que seria então, para Freyre, tratar do tema de forma perfeita? Apresento a seguir os pontos que acredito serem fundamentais:

- "suas iniciativas de idealizador e organizador do primeiro Congresso de Regionalismo no Brasil";
- "iniciador de novos estudos afro-brasileiros, culminando na reunião, no Recife, de um pioneiro Congresso Afro-Brasileiro";
- "outro pioneirismo significativo: o primeiro congresso no Brasil de estudos teuto-brasileiros, com a presença de grandes mestres europeus, como Helmut Schelsky e Jean Roche, ao lado de brasileiros ilustres";
- "e ainda, de, como principalmente antropólogo, criador do primeiro museu – o criado em Recife em 1928 pelo Governador Estácio de Coimbra sobre a formação brasileira, sob orientação antropocultural acrescentada histórico-social de uma região ou província brasileira, agora expandido no Museu do Estado e, de modo notável, no Museu do Homem do Nordeste";
- "as contribuições de importância antropológica, as que procedem do livro *Casa-Grande & Senzala* e de outros trabalhos do autor dessa obra, sobre a presença moura ou muçulmana ao lado da judaica na formação brasileira";
- "a figura da mulher ameríndia nessa formação";
- "a do menino indígena";
- "ao antropólogo, possivelmente científico desdobrado, também possivelmente, em filosófico, que, possivelmente, venho sendo, através de uma reconhecida expressão literária – e dessa antropologia possivelmente filosófica seria quase síntese o livro *Além do Apenas Moderno* publicado em espanhol com prefácio do filósofo orteguiano Julián Marías";
- "o aspecto de sua atividade no setor da antropologia, identificação pioneira, do ponto de vista especificamente socioan-

A CAIXA DE PANDORA

tropológico, pelo antropólogo analisado, da criatividade anonimamente brasileira, no setor socioantropológico representado pelo mucambo";

- "o sistemático uso pelo mesmo antropólogo do testemunho oral, por vezes autobiográfico, contendo informações de valor antropológico";
- "os capítulos eminentemente antropológicos sobre o homem e a mulher, o adulto e o párvulo, a casa e a rua, no livro *Sobrados e Mucambos*";
- "observações no livro *Casa Grande & Senzala* sobre a importância – repita-se da mulher indígena e do menino indígena na formação sociocultural";
- "o perfil socioantropológico, e não apenas sócio-histórico, do inglês no trópico brasileiro, em ingleses no Brasil";
- "do francês, em *Um Engenheiro Francês no Brasil*";
- "do eurogermânico, em *Nós e a Europa Germânica*";
- "o conceito antropofilosófico, de tempo tríbio";
- "os do mesmo caráter, de metarraça e de modernidade";
- "a conotação didática, para o ensino da antropologia sociocultural de novo tipo de museu, e este socioantropológico, desde dias remotos, idealizado e recomendado pelo mesmo socioantropólogo – repita-se – para regiões brasileiras e portanto com configuração socioecológica";
- "o emprego quase escandaloso, por esse antropólogo, desde jovem, de uma expressão diferente tanto do antropologês, como do sociologês, por apresentar-se literário sem ser beletrista";
- "repita-se, sua pioneiridade na urgência de associar-se à Antropologia Física";
- "no setor da socioantropologia aplicada, registrem-se ainda, como iniciativas do antropólogo analisado [...] a de ter tido o Recife, no Brasil, o primeiro "playground" moderno, com brinquedos regionais e tradicionais de acordo com o espírito do também esquecido, na mesma reunião (Gilberto Freyre o Antropólogo) do Manifesto Regionalista";
- "de pioneiras pesquisas de campo, por alunas da então Escola Normal do Estado, promovidas pelo então professor

de sociologia de base antropológica – o inovador ensino de sociologia, em 1935, na recém-fundada, por Anísio Teixeira, Universidade do Distrito Federal";

- "o inovador curso-primeiro em Faculdade de Direito do Brasil – de sociologia antropologicamente ecológica, a cargo do mesmo sociólogo-antropólogo";
- "nova perspectiva socioantropológica de convergências práticas, de situações desde então classificadas como lusotropicais, semelhantes às brasileiras, que seriam encontradas e identificadas, em Orientes e Áfricas, pelo mesmo sociólogo-antropólogo e expostas no livro *Aventura e Rotina*, junto com o conceito de lusotropicalismo, depois desdobrado em Lusotropicologia, alargado em Hispanotropicologia e parte vital de uma reformulada, sob perspectiva inovadoramente existencial, Tropicalogia, tal conceito socioantropológico vindo a receber inteiro científico, quer do antropólogo-sociólogo Roger Bastide no livro *Anthropologie Appliquée*, quer do congresso, reunido em Lisboa, de africanologistas, promovido pelo Instituto, com sede em Bruxelas, para o Estudo de Civilizações Diferentes, quer, ainda da própria Sorbonne, ao doutorar Honoris Causa, o criador, entre outros, do referido conceito socioantropológico";
- "recorde-se ainda, entre as implicações práticas da antropologia existencial do mesmo socioantropólogo, sua participação na defesa, promovida pelo psiquiatra Ulysses Pernambucano, das seitas afro-brasileiras";
- "mas sua colaboração no desenvolvimento de uma Escola Brasileira de Psiquiatria Social";
- "sua atuação no Governo Estácio Coimbra, a favor de clubes populares de carnaval";
- "o mesmo socioantropólogo convidado, pela Organização das Nações Unidas, para orientá-la sobre a situação, no aspecto antropossociocultural, da União-Sul Africana";

Depois dessa longa exposição, quando o "indivíduo-assunto" discorre sobre o que deveria ser pronunciado e não foi, bem poderia elaborar uma exaustiva cartilha de como proceder em conferências sobre ele.

A CAIXA DE PANDORA 105

Percebe, na estatura de seus oitenta anos, que a memória permanece viva na rememoração. E que o seminário é "lócus" privilegiado por excelência.

As conferências se sucedem. Todas, sem exceção, são reparadas, acrescentadas, delficamente, pelo "indivíduo-assunto", mesmo aquelas que lhe são prazerosas.

Selecionei algumas afirmações da pessoa-assunto que cristalizam o "indivíduo-assunto" como factótum de si mesmo.

A terceira reunião versou em torno de Gilberto Freyre, o antecipador, e teve como conferencista o escritor e historiador Francisco de Assis Barbosa, membro do Conselho Federal de Cultura e, por conseguinte, colega do homenageado.

Agora, se autointitula o "antecipador do Recife", para não dizer do Brasil, uma vez que algumas antecipações são nacionais. Um antecipador, ao mesmo tempo que "criativo", "crítico", além de "literário de ideias" e, portanto, "social e cultural".

Além de antecipador, torna-se catequizador. Consegue converter o poeta Jorge de Lima, antes parnasiano, em modernista, regionalista, tradicionalista, cujo fruto é: *Essa Nega Fulô*. Outro ilustre convertido: José Lins do Rego. A lista é extensa de conversos que receberam a *iluminação*, a partir da criação do Centro Regionalista Nordeste, do *Livro Nordeste* e do *Manifesto Regionalista*, respectivamente em 1924, 1925 e 1926.

Segundo Assis Barbosa, interpretado por Freyre, ele, o antecipador, é portador de um novo tipo de personalidade de escritor: "o convivente". Também "o universal no saber anticonvencional e descontraído, o descomprometido de convencionalismo". "O revelador de Joyce no Brasil, antes do *eruditíssimo*, entre os jovens intelectuais da época, Sergio Buarque de Holanda". Vale ressaltar que, confrontando com a conferência de Assis Barbosa, em nenhum momento ele se refere a Buarque de Holanda como eruditíssimo. Menciona que Sergio leu James Joyce e chegou a preparar artigo sobre *Ulysses*, mas, tomando conhecimento que Freyre havia se antecipado, desistiu de publicar, reconhecendo nada haver a acrescentar ao artigo freyriano. "E esse aspecto antecipador de Gilberto", diz Barbosa, "o marca profundamente e estabelece entre ele e as grandes figuras do movimento modernista uma dissonância". E mais adiante destaca:

ele representava, porém, entre os intelectuais brasileiros da época, alguma coisa diferente. Trazia do estrangeiro, como universitário, uma nova mentalidade, trazia também essa extravagante condição de ser um sociólogo.

O "indivíduo-assunto" dá sua interpretação em linhas gerais do que falou Assis: compreensível, portanto, que, através dessa nova atitude, torna-se criador da perspectiva metarracial de interpretar-se o fenômeno biossociocultural brasileiro; do tempo tríbio; da concepção do afronegro como co-colonizador do Brasil, dada a sua por vezes participação na assimilação do ameríndio à convivência pré-nacional ou nacionalmente brasileira.

Mesmo considerando o conferencista admirável, não o considera ter sido o mesmo exaustivo. "Foi esplendidamente sugestivo". Poderia, para ser exaustivo, ter-se voltado então para rememoração, citando todas as suas inovações que o "indivíduo-assunto" faz questão de lembrar nos comentários com que pretende complementar os discursos de seus comentadores.

Só que é a reiteração do igual, do sempre igual, uma vez que repete o que ele mesmo já recordou. Daí a sugestão já registrada em páginas anteriores da elaboração de uma cartilha facilitadora.

A Gilberto Freyre não é suportável a ideia de não ter sido o introdutor de métodos ou métodos consagrados no exterior, fato atribuído a Gilberto Amado. *Primus enter pares* a utilizar expressões como ecologia, empatia, e criador de neologismos como cacogênico, autocolonização, co-colonização, tríbio, "metarraça", tropicalidade, regionalidade, mineiridade (no sentido antropológico), baianidade...

Como em um grande "slan", o "homem-assunto" consegue com raquetadas precisas vencer seus adversários, no caso seus "brilhantes" comentadores. As conferências prosseguem dentro do estabelecido, merecendo registro, entretanto, a diferenciada exposição proferida por Luiz Felipe Baeta Neves, cujo tema foi Gilberto Freyre sociólogo.

Fugindo de retrospectivos dos sucessos, das reiteirizações do sempre igual, Baeta Neves constrói seu elogio de forma crítica diferente.

A CAIXA DE PANDORA

Inicia declarando que o trabalho que vai expor é um início de um debate crítico, acadêmico, teórico, científico sobre o trabalho de Gilberto Freyre.

Selecionei alguns trechos dessa conferência, numa tentativa de demonstrar o porquê do expositor não ter agradado o indivíduo-assunto:

Prefiro acreditar que um autor não seja alguém assemelhado a um *pequeno deus humano, um demiurgo* que por suas singulares características nos *revelaria verdades*. E que faria com que seus críticos descobrissem qual a verdade de sua verdade – e assim indefinidamente, em um jogo que é de espelhos e finge ser de erudição ou inteligência.

Prossegue:

Não, não pretendo ver o "verdadeiro" Gilberto Freyre porque não creio que ele possa ser fertilmente analisado por qualquer hermenêutica que maniacamente procurasse suas relações com essências – e que o expulsaria da história. História que não acredita na existência de homens que escapem de sua humanidade irremediável para procurar se assemelhar a Deus.

E continua:

A obra de Gilberto Freyre é um universo em expansão que – como hoje, entre nós – repercute e repercutirá indomável entre os anônimos leitores e construtores do saber anônimo. Amanhã e, creio, por muito e muito. Reverência, não a farão os que querem imaginá-la finita e presa a si mesma para afagá-la e reverenciá-la. Não estarão prestando qualquer preito significativo: dizem apenas que são os guardiões de uma prisão. [...] *Não há livros sagrados* nem *enunciações definitivas*. Sejamos, pois, nós leitores, humildes e proclamemos a liberdade da invenção de outros leitores [...]. Chega de acreditar que somos capazes de dizer quem, onde e como se lerá Gilberto Freyre. E sigamos – aqui sim – a imensa lição gilbertiana a nos ensinar como transgredir a tradição da teoria social brasileira – como ele o fez – e a transgredir a pletórica tradição dos grandes centros exteriores de conhecimento – como ele o fez. Esta é a sua maior lição – substantivamente formal; posição de leitura radicalmente irreverente. [...]. É claro que Gilberto Freyre vai ter epígomos. Mas que tenha epígomos rebeldes, transgressores, não *epígomos tolos, bobos, infantilizados.* [...] E não ficar dizendo que *Casa-Grande* é uma maravilha. Isso todo mundo já sabe". (Grifo nosso)

O "indivíduo-assunto" não gostou de algumas colocações de Baeta Neves que colidem com as vozes do coro canettiano. Logo ele, personagem central de sua epopeia, que se autoproclamou gênio, que construiu seu próprio mito, escutar que não era um pequeno deus humano, um demiurgo, que destitui de sacralidade *Casa-Grande & Senzala*?

A "pessoa-assunto", apesar de declarar ter ficado feliz por Baeta Neves considerar *Casa-Grande & Senzala* "obra revolucionária", aconselha o que fazer com conferencistas que não obedecem à "cartilha" ou não seguem o "índice" dos sucessos freyrianos:

Deve haver, quando o conferencista é de fora, menos excessos de hospitalidade pernambucana [...]. Porque quando um conferencista é chamado a considerar um assunto, supõe-se que ele vem tratar daquele assunto, supõe-se que ele tem adquirido certo conhecimento do assunto para tratá-lo. Não podemos neste Seminário desprezar a qualidade [...]. Ele ou é um órgão de responsabilidade intelectual ou deve cessar suas atividades. Bem, mas nosso Baeta Neves é um homem de valor sem dúvida alguma [...]. E se tivesse havido assim um puxãozinho no paletó dele, "olha o assunto", ele talvez tivesse dito aquilo que depois disse no artigo do *Jornal do Brasil*.

Percebo que, ao que tudo indica, Baeta Neves reabilitou-se, rendendo-se ao coro.

Depois do exposto, quanto a Gilberto Freyre, lhe é reconhecido ou autorreconhecido os atributos de: antecipador, antropólogo, sociólogo, escritor literário, historiador social, pensador político, tropicólogo, humanista científico, maior microssociólogo, escritor convivente e universal, criador da anunciologia, lusotropicologia, lusotropicalismo, hispanotropicologia, criador de neologismo e muitas coisas mais.

Resta acrescentar que: "quando Deus criou o universo e disse: 'Fiat lux', Gilberto Freyre já brilhava num canto escuro como um pirilampo fidalgo vagando na eternidade"[240].

---

240 A. Claudino, *O Monstro Sagrado e o Amarelinho Comunista*, p. 133.

2. A Fúria de Éolo

> *O dom de despertar no passado as centelhas*
> *da esperança é privilégio exclusivo do historiador*
> *convencido de que também os mortos não estarão em*
> *segurança se o inimigo vencer. E esse inimigo*
> *não tem cessado de vencer.*
>
> WALTER BENJAMIN[1]

O VENDAVAL DE ÉOLO:
A CONGREGAÇÃO MARIANA

Em Pernambuco, os tempos de Casa-Grande seriam notadamente marcados pelos signos da demagogia, intolerância e fanatismo. Um vendaval se abateria com violência sobre o Estado após o golpe de novembro de 1937. Um conluio "clerical-fascista" delinearia um "reino cadaveroso", um "reino da estupidez"[2]: a interventoria Agamenon Magalhães.

Um dos artífices na formação deste "reinado da estupidez" foi o padre jesuíta Antonio Paulo Ciriaco Fernandes, natural de Goa. Inspirador de vários movimentos laicos católicos e diretor espiritual da Congregação Mariana da Mocidade Acadêmica do Colégio Nóbrega em sua fase *áurea* – anos 30 –, cumularia, por suas *atividades*, vários cognomes, como "uma espécie de

---

1 Sobre o Conceito de História, *Obras Escolhidas I*, p. 224-225.
2 A. Sérgio, *Ensaios*, t. 2, p. 28. "Somos o Reino Cadaveroso, somos o Reino da Estupidez", expressões de Antônio Sérgio, foram utilizadas por nós no sentido de enfatizar o clima de intolerância cultural e política que se instalou em Pernambuco durante a interventoria Agamenon Magalhães.

Savanarola"[3], "Governador de Pernambuco"[4]. Das atividades deste padre hindu a mais importante foi a de mentor da Congregação, pela perfomance dela nas esferas do poder. Mesmo antes da implantação do Estado-Novo em 1937, Pe. Fernandes pontificava como o corifeu das decisões de seus tutelados:

dirigindo por controle remoto as atividades do Estado, qual Rasputin sem barba, amedrontador em suas indigitações. Eram os tristes tempos do "quem não crê, brasileiro não é", a Igreja dócil aos poderosos do dia[5].

Mas os "tristes tempos" em que um laicato transforma-se em força política militante e fanática estava inserido em contexto diverso da gênese da associação.

As Congregações Marianas nasceram no seio da Ordem Jesuítica. Durante o Brasil colonial, marcavam sua presença de forma discreta, com uma ação norteada pela obediência às autoridades, quaisquer que fossem. A época não permitia contestações! Era um exército de leigos cujo lema *silêncio* e *obediência* traduz seus propósitos. Nada mais coerente com a ideologia da Companhia de Jesus no Brasil, fiel transmissora do discurso colonialista mesclado ao catequético.

Ao entardecer do Segundo Império, as Congregações Marianas sofreram mutações. Se o silêncio permanece como regra de ouro, a obediência vai estar direcionada a quem a Ordem deseja seguir e apoiar. Para a compreensão dessas mudanças, observamos que os novos papéis das Congregações Marianas no Brasil se inserem em um quadro muito amplo de ações da Igreja no sentido de legitimar seu poder temporal e espiritual – fase que denominamos de *rearmamento*[6].

A Santa Sé convive com momentos cruciais. É tempo de presságios. Está para ser proclamada a infalibilidade papal. É

---

3 Souza Barros, *A Década de 20 em Pernambuco*, p. 303.
4 D. Fernandes; M. S. F. S., *Pe. Antonio C. Fernandes S. J: Um Apóstolo Indiano no Brasil*. Não publicado e manuscrito, f. 182.
5 P. Cavalcanti, *O Caso Eu Conto como o Caso Fo*i, p. 179.
6 Denominamos de período de "rearmamento" as atitudes da Igreja no Brasil a partir da Questão Religiosa até o início da atuação de D. Sebastião Leme como arcebispo de Olinda e Recife, em 1916.

A FÚRIA DE ÉOLO 111

tempo de cuidados desvelados com o rebanho disperso pelo orbe, como também com os pastores.

Vive-se o clima da publicação da *Encíclica Quanto Cura* e do *Syllabus* (1864).

Segundo Roberto Romano:

Quando na primeira, Pio IX com esmero coloca o problema da legitimidade do poder, quando o mesmo afastou o altar da sociedade e do pensamento político. Ou, em outras palavras: lá, onde a religião é banida da sociedade civil, a doutrina e a autoridade da Revelação divina repudiadas, a verdadeira noção da justiça e do direito humano se obscurece e se perde, e a força material toma o lugar da justiça e do direito legítimo[7].

E complementa:

O arrazoado de Pio IX não se distancia demasiado das posturas antiburguesas e autoritárias de Bonald, De Maistre e Donoso Cortés. Desde que não há mais legitimidade e Deus não é reconhecido, só resta aos homens a ditadura e a força física[8].

Nessa percepção, os homens sem comando estariam todos na jangada do Medusa[9], sem quase nenhuma possibilidade de salvação. Ou, como disse Donoso Cortés: "nave sem meta, cheia de gente sediciosa, vulgar e recrutada pela força, que canta e dança até que o raio divino fulmine a plebe rebelde e torne a reinar o Silêncio"[10].

Faz parte do que conceituamos "rearmamento", medidas para fazer frente aos ventos da sedição, soprados da Europa, personificados principalmente pelo "liberalismo maçônico".

---

7 *Brasil: Igreja contra o Estado*, p. 86.
8 Idem, ibidem.
9 Usei o quadro de Géricault, *A Jangada do Medusa*, para reforçar as palavras de Donoso Cortés. Este quadro foi pioneiro ao trazer a arte para a polêmica área do protesto político. Ele representa o momento em que os sobreviventes de um navio naufragado veem as velas da nave que irá salvá-los. Esses tripulantes haviam sido abandonados por seu capitão e sua história escandalizou a nação francesa. A nave que traz a possibilidade de salvação é a Argus, navio irmão do Medusa, e Géricault o representa em tamanho diminuto na imensa tela, realçando o momento dramático vivido pelos náufragos.
10 Apud R. Romano, op. cit., p. 86

Assim, a Igreja resolve investir nos seminários, recrutando jovens promissores para serem cultivados em solo europeu.

O conflito que surgiria em 1873, entre os bispos e os políticos do Império, marcaria uma fase nova na história da Igreja no Brasil[11].

Esse embate teria como principais protagonistas aqueles que formaram sua erudição na Europa e que de lá trouxeram "o eco da intransigência que caracterizou a remoção das doutrinas neoescolásticas".

Ou melhor, aqueles que voltaram ao Brasil como paladinos da ortodoxia. Dom Antonio de Marcelo Costa, bispo do Pará, um antigo aluno de Saint Sulpice, tendo ali recebido ordens e continuado posteriormente seus estudos em Roma. Dom Vital Maria de Oliveira, que recebera o hábito franciscano em Versalhes e fizera sua formação sacerdotal em Tolosa. Esses dois sacerdotes, mais Francisco Cardoso Aires, antigo discípulo de Rosmini, traziam da Itália ainda bem vivos os traços da luta que ali a Igreja sustentara e sustentava contra as filosofias de tendências racionalistas.

Dom Francisco Cardoso Aires será bispo de Olinda (1868-1870) e mostrará o que vem fazer em Pernambuco. Pode-se considerar um teste de força entre Igreja e Estado.

Tiago Adão Lara oferece um relato significativo:

> A chegada de D. Francisco Cardoso Aires a Pernambuco marcou o ponto alto na renovação da Igreja Pernambucana. Era um novo tipo de clérigo: inteiramente "romano", fiel ao Papa, bem educado, austero e puritano. Era um grande contraste dos antigos padres pernambucanos[12].

Como um novo cruzado, Cardoso Aires, secundado por auxiliares poderosos, lazaristas e jesuítas, tenta levar a Província a Canossa, usando os conceitos contidos na *Quanto Cura* e no *Sylabus dos Erros*. A Província já contava com um grupo de ultramontanos aguerridos, dispostos a coadjuvar Cardoso, dispondo de um jornal: *A Esperança*.

---

11 C. Costa, *Contribuição à História das Idéias no Brasil*, p. 112
12 T. A. Lara, *Tradicionalismo Católico em Pernambuco*, p. 72.

A FÚRIA DE ÉOLO   113

Dois eventos confirmam a cruzada cardosiana: a questão da jurisdição aos advogados que trabalhavam no foro eclesiástico, que o bispo peremptoriamente reafirmou como direito seu; e a questão do veto de sepultura eclesiástica ao general José Inácio de Abreu e Lima.

Este último fato provocou imensa polêmica nos jornais. Irromperam manifestações populares de cunho liberal e maçônico, protestando contra a decisão episcopal. Segundo Vamireh Chacon, "quase houve uma 'Cimiterada', como há algum tempo na Bahia"[13]. Abreu e Lima recebeu abrigo no British Cemetery, conhecido vulgarmente como Cemitério dos Ingleses, consequentemente em solo extraterritorial. Uma lápide imortalizou o episódio:

Aqui jaz o cidadão brasileiro General José Ignácio de Abreu e Lima. Propugnador esforçado da liberdade de consciência. Faleceu em 8 de março de 1869.
Foi-lhe negada sepultura no Cemitério Público pelo Bispo D. Francisco Cardoso Aires. Lembrança de seus parentes[14].

O que cometeu o general para merecer o opróbio?

Em tempo de anátemas, Abreu e Lima recusou-se abjurar seu liberalismo religioso e político[15].

Quanto ao bispo, depois do curto pontificado, mas eficaz quanto a pôr em prática a diretriz de Pio IX: "é erro ímpio, tanto quanto 'moderno', dizer que a Igreja não tem o direito de empregar a força e enunciar que ela não possui nenhum poder temporal direto ou indireto"[16]. Regressa a Roma, onde vem a falecer.

Pode-se considerar dom Francisco Cardoso Aires precursor das atitudes que teria dom Vital Maria de Oliveira, "resolvido a restabelecer a disciplina e a autoridade no interior da Igreja, com o Ultramontanismo".

Para identificar esse período, bem como a constância das rememorações em torno de dom Vital, transformado em patrono da causa católica, se faz necessário um recuo no tempo

13 *Abreu e Lima: General de Bolívar*, p. 235.
14 Idem, p. 235-236.
15 Idem, p. 235.
16 R. Romano, op. cit., p. 88.

até a conhecida "questão dos bispos" ou a "Questão Religiosa" (1872-1875).

A querela entre os bispos dom Macedo (Pará) e dom Vital (Pernambuco) e a maçonaria não foi um simples conflito: representou uma atitude da Igreja em confronto com o mundo liberal. Segundo José Oscar Beozzo, "ela transcende, em seu significado último, os limites do episcopado brasileiro e da própria maçonaria no Brasil"[17]. A "Questão Religiosa" foi o epílogo de um enfrentamento entre Igreja e Estado, iniciado cerca de dez anos antes. A luta contra o pensamento liberal e o regalismo era o mote de uma Igreja ansiosa por sua independência para reconstruir-se como força hegemônica, pelo menos naquele momento, no domínio espiritual. O argumento jurídico para uma intervenção imperial em seus domínios seria propiciado pelos bispos envolvidos diretamente na "Questão Religiosa". Dom Vital e dom Macedo proibiram às irmandades e ordem terceiras de manterem em seus quadros membros maçons. A desobediência significava a interdição das capelas. As confrarias reagem por ser fato comum a presença de maçons entre seus congregados, inclusive grandes personalidades políticas. A reação culminaria com a condenação dos bispos a quatro anos de prisão com trabalhos forçados, sendo um ano depois anistiados.

Uma frase de dom Vital, pronunciada na ocasião, reflete a nova postura da Igreja no Brasil: "Importa obedecer antes a Deus que aos homens"[18].

Não que antes a obediência a Deus não fosse a primeira premissa para o cristão, mas existia uma forma de conciliar as duas vontades: a de Deus com a dos homens. E, no caso específico, o dogma da "infalibilidade pontifícia", estabelecido no Concílio Vaticano I (1869-1870), respalda a atitude do bispo.

A negação de dom Vital em aceitar o beneplácito imperial foi assim definida por ele: "em matéria religiosa o poder civil não é autoridade mas, pelo contrário, 'tem estrita obrigação de obedecer' à Igreja"[19].

---

17 A Igreja — Instituição, em J. F. Hauck et al., *História da Igreja no Brasil,* p. 186.
18 Idem, p. 187.
19 Idem, ibidem.

A FÚRIA DE ÉOLO   115

A rebeldia dos bispos brasileiros demarca a ruptura com o regalismo e a submissão absoluta à Santa Sé. Desvinculando-se do poder imperial, a Igreja no Brasil teria as vias abertas para atender os reclamos emanados do "centro da ortodoxia". Registramos um fator que ampliaria o sentimento de romanização do clero brasileiro um pouco antes da "Questão Religiosa". Referimo-nos aos acontecimentos ligados à formação da unidade italiana, quando os territórios pontifícios foram anexados ao Estado, gerando a "Questão Romana". O Sumo Pontifíce, Pio IX, foi apresentado ao mundo católico como vítima de injustiças dos patriotas italianos e do liberalismo maçônico. "Papa prisioneiro", "Papa despojado", "Papa vítima"[20] são expressões que provocaram a solidariedade do mundo católico ao seu *vilipendiado* mentor. Uma moção de indignação contra a invasão de Roma foi dirigida por Pedro II, em dezembro de 1871, em nome do episcopado brasileiro ao "Papa vítima"[21].

Dom Vital, como mencionamos, transformou-se em inspirador da causa católica. Seu caso possuía elementos propiciadores para sua metamorfose em paladino, em herói: desobediência ao poder temporal pela fidelidade ao poder religioso; apresentado como vítima das forças opositoras da Igreja, centradas na maçonaria, e assim recebendo a *coroa do martírio*. Dom Vital Maria de Pernambuco passou a representar a resistência, o baluarte contra os ataques às *Portas de São Pedro*, símbolo de *bispo mártir*, símbolo aguerrido, modelo de conduta do católico apostólico romano[22].

Ampliando sua aura de "bispo mártir", existiu um precedente que não deve ser relativizado:

Talvez apenas no México revolucionário, em toda a América Latina, tenha ocorrido algo mais drástico que os atos do Império aprisionando e condenando bispos a trabalhos forçados[23].

20 Idem, p. 183.
21 Idem, ibidem.
22 Em março de 1995 a Santa Sé concedeu o *nihil obstat* à introdução da causa da canonização de dom Vital. Atualmente existe uma comissão nomeada por dom José Cardoso Sobrinho, arcebispo da Arquidiocese de Olinda e Recife para reunir a documentação necessária para o processo de canonização. Um monumento sepulcral foi erigido a dom Vital pelos missionários da Igreja da Penha em Recife, em 1937.
23 R. Romano, op. cit., p. 94.

É também digno de registro a descrição da prisão de dom Vital, múltipla de significações. Ao se entregar às autoridades imperiais, o faz de forma solene, hierática. Portando mitra, báculo e a cruz peitoral, como fosse oficiar solene cerimônia. Não era réu comum que ali se apresentava, era um Príncipe da Igreja, reverberando a ofensa, em infinitamente maior. Foi esta a imagem que dom Vital deixou para o seu rebanho e para a posteridade.

Foi dentro dessa ótica que o Pe. Antonio Ciríaco Fernandes, S. J., registrou a atuação de dom Vital:

Do Palácio da Soledade partiu para todos os recantos do Brasil o primeiro movimento católico para se libertar do liberalismo e da tirania maçônica, com a reação enérgica do Bispo Mártir D. Vital, o qual fez causa comum com os jesuítas do Colégio de São Francisco Xavier de Recife, recebendo estes a mesma recompensa que aquele Prelado incomparável[24].

E acrescenta que o exemplo do prelado tornou-se "fonte inspiradora de novos surtos de defesa apostólica como o centro D. Vital, fundado por Jackson de Figueiredo"[25].

O vaticínio em breve se concretizaria. O jesuíta Pedro Américo Maia também refere-se a anos de esforço e luta identificando as Congregações Marianas como:

o ponto de apoio de todas as obras e "bureau" permanente onde se alistavam os voluntários da caridade, os *combatentes da pena* [...] foram a fortaleza em que se conservou a nata da mocidade cristã, saída das novas escolas[26].

Os anos de esforço e luta correspondem à década de 20, assinalados pela fundação da revista *A Ordem* (1921) e do Centro D. Vital (1922), órgãos que vão expressar o pensamento católico. Período em que as Congregações Marianas foram revitalizadas e os congregados preparados para o papel de *formadores de opinião*, em que o uso da pena foi estimulado em

---

24 *Arquivo da Congregação Mariana da Mocidade Acadêmica*, v. 1, p. 7.
25 Idem, ibidem.
26 *História das Congregações Marianas no Brasil*, p. 58-59. Grifo nosso.

A FÚRIA DE ÉOLO   117

defesa da ortodoxia. Delineia-se um projeto elitista em que só os *melhores* são recrutados.

Das várias Congregações Marianas existentes no Recife nos *Tempos de Casa-Grande*, a mais famosa pelo seu desempenho na cena política pernambucana viria a ser a do Colégio Nóbrega, denominada Congregação Mariana da Mocidade Acadêmica (CMMA), sediada, inicialmente, numa dependência do Palácio da Soledade de propriedade dos jesuítas. Fora fundada, em 1924, por iniciativa de dom Miguel de Lima Valverde, arcebispo de Olinda e Recife, inspirado na congênere baiana.

Trata-se de um fato capital a congregação iniciar suas reuniões no Palácio da Soledade, antiga sede do episcopado de onde partiu para a prisão o bispo dom Vital Maria: "o casarão vermelho que canta a coragem de D. Vital"[27].

A *chama da resistência* e o seu simbolismo foram utilizadas para a formação do imaginário do congregado: um legionário a serviço da ortodoxia. Os valores simbólicos foram ampliados quando do ingresso do neófito à congregação, numa cerimônia na qual ele foi consagrado, à moda da sagração de um cavalheiro medieval: a espada é trocada por um distintivo e a armadura por uma fita azul.

A proposta de atuação da CMMA era de conseguir prosélitos no seio das escolas superiores por acreditar que estas eram epicentro difusor de ideias liberais, maçônicas, comunistas, além de formar o *mau governante*, contrariando o modelo a ser seguido do *bom governante* – como Dolfuss e Salazar[28]. Por essa razão, os futuros *formadores de opinião* deveriam ser recrutados nas faculdades onde o *escol* da sociedade era preparada para desempenhos sociais mais variados: deputados, escritores, jornalistas, juízes, governadores, presidentes. Projeto ambicioso, mas que em Pernambuco obteve resultados práticos. A Interventoria Agamenon Magalhães usou como prepostos congregados marianos.

Já mencionei que o sucesso da Congregação Mariana da Mocidade Acadêmica estava intimamente ligado ao Pe. Antonio Ciríaco Fernandes, S. J., seu diretor espiritual. Como um Dédalo, construiu passo a passo o que idealizou como congregação modelar.

27 *Arquivo da Congregação Mariana...*, v. 1, p. 16.
28 Idem, p. 19.

Partindo da premissa de que Dolfuss e, principalmente, Salazar eram paradigmas do governante exemplar, imprimiu aos seus pupilos um ideário fascista facilmente observável nas leituras destinadas à formação dos congregados. A biblioteca da Congregação se constituiu num celeiro da ideologia fascista, racista e antissemita[29], em voga naqueles tempos.

Os congregados marianos formariam o que Canetti define como cristais de massa:

apresentam-se sob a forma de um grupo de pessoas que chama a atenção por sua coesão e unidade. Elas são concebidas como unidade, mas compõem-se sempre de pessoas efetivamente atuantes[30].

Na perspectiva do Pe. Fernandes, que nunca escondeu sua admiração, Salazar era um novo *Cinccinnatus,* e melhor ainda um *Cincinnatus católico*: "haja visto como ele resolveu a crise não só das finanças, considerada irremediável, mas também o problema agrícola, industrial, rodoviário, proletário e o da exportação"[31].

E justifica as qualidades políticas salazaristas pelo fato de ele ter estudado em Coimbra no Centro Acadêmico da Democracia Cristã.

Raoul Girardet analisa o papel desempenhado no imaginário político do "homem providencial, do Chefe, do Guia, do Salvador", afirmando que: "Em torno deles cristalizam-se poderosos impulsos de emoção, de espera, de esperança e de adesão"[32].

Uma ideia obsessiva povoava o imaginário do Pe. Fernandes: formar um homem providencial, se possível uma réplica de Salazar, para salvar o Brasil do comunismo ateu, da maçonaria, do protestantismo, do espiritismo. Para a ideia frutificar, as universidades deveriam ser saneadas a todo custo para sua transformação em centros da ortodoxia católica produtoras de lideranças. Nesse sentido o padre hindu afirmava:

---

29 A Biblioteca da Congregação Mariana da Mocidade Acadêmica será objeto de análise no item "A Torre dos Ventos a Biblioteca da Congregação Mariana da Mocidade Acadêmica", infra, p. 134.

30 *Massa e Poder*, p. 74.

31 *Arquivo da Congregação Mariana...*, p. 16.

32 *Mitos e Mitologias Políticas.* p. 70.

A FÚRIA DE ÉOLO   119

Assim formaríamos homens como Dolfuss e Salazar e, em volta deles, uma constelação de outros auxiliares, pois não basta haver um chefe competente, é necessário que os subordinados estejam possuídos das mesmas ideias, a fim de porem em execução as ordens com o mesmo espírito[33].

Essa assertiva do Pe. Fernandes é rica em significados. Evidencia mais uma vez sua admiração pelos regimes autoritários, corporativistas. Se Dolfuss no imaginário coletivo católico foi apresentado como um herói carlyliano[34] imolado pelas balas nazistas em defesa da causa cristã, em 1934 é um herói que lutou contra o comunismo, um ótimo símbolo na modelagem fascistizante dos congregados. Mas a admiração do padre hindu é devotada a Salazar. Em carta dirigida ao seu irmão Pe. Damião, em 1937, afirma que as maiores autoridades europeias consagram o governo de Salazar como o melhor e que suas ideias estavam sendo traduzidas em várias línguas[35]. Fica explícito também seu projeto pedagógico em formar não só chefes, mas coadjuvantes *fiéis e leais* para servirem com obediência.

Era tempo de plantar para uma colheita abundante. Com esse objetivo liderou a Liga para a Restauração dos Ideais, que recrutou adolescentes para a preparação de futuros congregados, tribunos destemidos capazes de manejar a palavra e a pena contra a ação das forças do mal – comunismo, maçonaria, protestantismo, espiritismo –, tendo como base a maquiavélica atuação judaica.

A Liga para a Restauração dos Ideais era definida como patriótica-religiosa. Para uma compreensão dos seus objetivos, interessa-nos o conceito de patriotismo tal como o subscreve a Igreja Católica: "o verdadeiro patriotismo deve estar, no Brasil, baseado na religião católica e nortear-se pelos seus princípios"[36].

O clima de incerteza política advindo com a revolução de 30 oferece também elementos explicativos deste *nacionalismo latente*. A Igreja, aspirando assegurar seu espaço político e

---

33 *Arquivo da Congregação Mariana...*, v. 1, p. 16.
34 E. Cassirer, *O Mito do Estado*, p. 267. Para Carlyle o herói é a soma de todas as figuras heroicas. Diferente do herói fantoche, o herói verdadeiro é distinguido por seu íntimo e sinceridade.
35 D. Fernandes, M.S.F.S., op. cit., f. 21.
36 *Arquivo da Congregação Mariana...*, v. 3, p. 20-78.

desejosa de concluir o seu *armamento,* transvestiu-se em "guardiã da Pátria". Mas esta deveria ser ao mesmo tempo a Santa Madre, capaz de livrar o Brasil do comunismo ateu, da maçonaria, do protestantismo e do espiritismo.

Na realidade, ao assumir um papel dual, a Igreja transferia para a esfera do Estado seus conceitos de perigos virtuais. Por exemplo, o protestantismo é considerado perigoso e espúrio, por abalar sua estabilidade espiritual e material, uma vez que crescia seu número de adeptos e se tornava concorrente na área do ensino.

Adicionando um inimigo comum, o bolchevismo – o único elemento desestabilizador político do Estado –, a Igreja torna-se fiadora dele. Assim, defendendo-se dos nomeados inimigos que são quase exclusivos seus, transforma-se na paladina da Pátria, o que confere ao seu patriotismo um grau de sacralidade. Sob essa ótica, considerava com mesmo valor patriótico uma peregrinação de jovens católicos ao Vaticano, uma romaria aos restos mortais de dom Vital e uma visita aos montes Guararapes[37], sítio histórico da 1ª batalha contra os holandeses. Observa-se a perfeita simbiose entre o *herói* da causa católica e os *heróis laicos,* com um denominador comum: dom Vital lutou contra a maçonaria; Fernandes Vieira, Vidal de Negreiros, Felipe Camarão, Henrique Dias, contra o invasor protestante.

Para ingressar na Liga, o neófito teria que aceitar a condição *sine qua non* imposta pelo Pe. Fernandes: a prática dos Exercícios Espirituais de Sto. Inácio de Loyola[38]. Max Weber considerava esta prática como uma das técnicas mais sofisticadas de disciplina religiosa[39], e o Pe. Fernandes conhecia muito bem a *arte de talhar pedras,* como poderemos observar nas atividades por ele desenvolvidas não só na Liga como na Congregação Mariana da Mocidade Acadêmica. A exigência do padre hindu tinha um objetivo claro: dotar seus pupilos de uma disciplina férrea que pudesse *domesticá-los* para atender às metas pretendidas em obediência. Michel Foucault define o poder disciplinar: "é com efeito um poder que, em vez de se

37 Idem, v. l, p. 45.
38 Idem. v. l, p. 43.
39 *Estruturas de Poder,* p. 86-87.

A FÚRIA DE ÉOLO 121

apropriar e de retirar, tem como função maior 'adestrar', ou sem dúvida adestrar para retirar e se apropriar ainda mais e melhor"[40].

O Pe. Camilo Torrend, S. J., considerado por seus pares como um dos mais conceituados palestrantes dos *retiros fechados*[41], oferece mais um dado para compreendermos a razão da exigência do Pe. Fernandes: nos Exercícios Espirituais também se treinava a *vontade*[42]. O controle da vontade exercitada fortalecia o indivíduo para uma submissão obediente aos desígnios do chefe. Munido dessa arma eficaz, o padre hindu sentia-se seguro na sua tarefa de escultor dos futuros *salazares*.

Num clima de mobilização radical, surgiu a União Nacional Católica por Deus e pela Pátria (UNCDP). Esta era mais uma associação leiga ligada à Congregação Mariana da Mocidade Acadêmica em defesa dos interesses da Igreja, fundada em 1931 com o propósito de conter "os desmandos do caos ideológico oriundo da revolução de 1930"[43]. O seu objetivo era fazer campanha para a adoção do ensino religioso nas escolas públicas. Era o momento em que o triunfo tinha que ser conquistado a qualquer preço, pois a derrota significaria

---

40   *Vigiar e Punir*, p. 135.

41   Os retiros fechados foram considerados de importância fundamental para a formação espiritual de sacerdotes e leigos. Para os leigos, assumiam uma proporção maior pela falta de conhecimentos teológicos destes e assumiam características de dura prova pela renúncia, silêncio e obediência que eram impostos a eles. Os temas a serem discutidos nos retiros atendiam às necessidades da Igreja no momento. Geralmente recrutavam um pregador de reconhecida competência entre seus pares. A tônica era a prática dos exercícios espirituais loyolanos, se não na íntegra, pelo menos em parte. Manuel Lubambo considerava os exercícios "miraculosos", reputando a eles a chave do sucesso de Pe. Fernandes na conversão dos pagãos. Segundo "o capanga de Deus": "Dir-se-ia que o método tem a virtude de desmentir a teoria da constância do quociente mental. Por ex. entra um pagão no retiro com Q/ digamos 70, que é o quociente dos débeis mentais. Três dias depois (tempo de duração do retiro), sai com Q/ 120 ou mais. [...] Hoje é um católico e ontem era um bicho", *Arquivo da Congregação Mariana...*, v. 2, p. 109. Também a respeito da eficácia dos retiros, vale registrar a opinião do Pe. Fernandes referindo-se aos retiros na época carnavalesca e à renúncia dos seus tutelados: "para se avaliar o heroísmo que envolve esta resolução destes admiráveis jovens, importa ter presente a fúria do brasileiro pelo Carnaval e, principalmente aqui no Recife, o frevo pernambucano", *Arquivo da Congregação Mariana...*, v. 1, p. 1I.

42   Idem. v. 3, p. 186.

43   Idem, v. 3, p. 188.

122   TEMPOS DE CASA-GRANDE

perder um espaço privilegiado. Canetti observa que os cristais de massa em épocas perigosas tendem a modificar-se:

nem sempre a Igreja pode permitir-se sustentar seu nobre retraimento, sua aversão à massa aberta, a proibição que impôs à sua formação. Há épocas nas quais inimigos externos a ameaçam, ou nas quais a apostasia propaga-se tão rapidamente que só se pode combatê-la com os meios oferecidos pela própria epidemia. Em épocas assim, a Igreja vê-se obrigada a contrapor massas próprias às inimigas[44].

Com discursos inflamados e numerosos comícios, a UNCDP movimentava não só Recife e Olinda como as cidades interioranas. Pernambuco reivindicará, em função da trajetória vitoriosa da UNCDP, o pioneirismo no movimento restaurador das tradições católicas no País promulgadas na Constituição de 1934.

Os estatutos dessa associação assemelhavam-se aos da Liga Eleitoral Católica, mas a UNCDP credita a sua força de pressão à inclusão da palavra Deus no preâmbulo da Constituição, assim como o casamento indissolúvel, matrimônio católico com direitos civis, assistência religiosa aos militares nos hospitais e em campanha[45].

Na análise dos estatutos da UNCDP, alguns aspectos elucidam seus propósitos como "associação de choque", denominação aferida pelos seus próprios associados[46]. No capítulo I, parágrafo 6, é preconizado que: "nenhuma medida de exceção política seja aplicada contra membros das associações religiosas em razão de seu estado". Leiam-se associações católicas apostólicas romanas. Ficava seu associado dotado de um prévio *sursis* para pregar, promover, divulgar seu pensamento protegido pelo manto da religião católica. Na alínea "e" do capítulo III, que trata das obrigações dos associados, o sectarismo está presente: "aconselha o boicote de jornais que discordem das aspirações católicas".

O capítulo IV revela as normas de organização para desenvolver suas atividades, possuindo um fichário atualizado com endereços residenciais e telefones dos associados. Assim,

44 Op. cit., p. 157.
45 *Arquivo da Congregação Mariana...*, v. 3, p. 191.
46 Idem, p. 188-189.

A FÚRIA DE ÉOLO 123

acionava a qualquer momento seus membros para as necessidades que fossem surgindo, como participações em comícios, distribuição de material de propaganda.

O capítulo v é demonstrativo da valorização da disciplina tão cara à "Congregação Mariana" e à Companhia de Jesus: "será eliminado todo aquele que revelar inaptidão para os rigores da disciplina"[47]. Uma "associação de choque", disciplinada, cujos membros eram saudados como "soldados de Cristo", tendo inclusive um "hino de guerra" – a *Marcha de Cristo Rei* – usado pelos católicos mexicanos e adaptado às circunstâncias brasileiras pelo congregado e professor Laurindo de Oliveira e Silva[48].

O clima dos comícios em prol das reivindicações católicas pode ser ilustrado por três frases de dom Gabriel Beltrão O. S. B:

- ◆ "O inferno vomitou as suas fezes", referindo-se à reação contra a imposição do ensino religioso;
- ◆ "movimentaram-se as hostes, os filhos da luz e os filhos das trevas. Comícios aqui, comícios acolá!", revelador do maniqueísmo que pontua o pensamento de dom Gabriel, no qual os comícios seriam a liça de enfrentamento entre o bem e o mal;
- ◆ "protestantes, maçons, espíritas, um conúbio dos inimigos ferrenhos da luz e da verdade"[49], nada mais representativo de uma mente fanatizada que a crença de uma aliança para qualquer fim entre protestantes, espíritas e maçons. Os tempos de ecumenismo estavam distantes.

A UNCDP estava em fase de organização, quando ocorreu o incidente da Loja Maçônica "Conciliação" envolvendo congregados e maçons. A análise do episódio é reveladora do comportamento desses "soldados de Cristo". Alimentados de ira, do sentido de provocação, desejosos de medir forças, estabeleceram um conflito. E foi a partir desse fato que a UNCDP tomou sua verdadeira forma quando:

47 Idem, v. 3, p. 190.
48 Idem, v. 3, p. 192.
49 Idem, v. 3, p. 193-194. Dom Gabriel Beltrão O. S. B. usava o pseudônimo de Pe. Tenório Canavieiras.

evidenciou-se aí a necessidade de constituir uma organização capaz de esmagar de uma vez por todas esses pruridos de inquietação maçônica dando uma lição de mestre aos "filhos da viúva"[50].

Manoel Lubambo, jornalista, congregado mariano, que seria conhecido pelos seus desafetos como "o capanga de Deus", descreve a organização como de "combate e de ação", sendo a disciplina absoluta e o espírito de sacrifício pessoal as condições de ingresso, acrescentando:

quando saíamos à rua era com um ar um tanto marcial [...]. O nosso objetivo era nos fazer respeitar pelo poder público como pelos inimigos da Igreja com exibições maciças de formações católicas[51].

É oportuno evocar o conceito canettiano de cristal de massa quanto ao comportamento tanto dos membros da UNCDP como da CMMA:

O cristal de massa é duradouro. Seu tamanho jamais se altera. Seus membros são treinados em sua atividade ou disposição. É possível que possuam funções distribuídas entre si, qual numa orquestra, mas é importante que se manifestem como um todo. Aquele que os vê ou vivencia tem de sentir, antes de mais nada, que eles jamais se dispersarão[52].

Criou-se assim uma força de pressão com o objetivo de demonstrar o poder de arregimentação capaz de transmitir temor pela sua representatividade: uma clara mensagem de intimidação não só às esferas do poder como aos discordantes do pensamento católico.

Como a UNDCP era ligada à CMMA, seus participantes mais aguerridos e inflamados eram os congregados, não estivessem eles conduzidos por um Savanarola ressurgido das cinzas de Florença. Pedro Américo Maia, descreve as passeatas e as concentrações como verdadeiros espetáculos fascistas:

constituíram-se num espetáculo que tinha seu décor, sua parafernália [...] Nada melhor para exprimir "o grupo de pressão". Neste

50 Idem, p. 19.
51 Idem, p. 211-212.
52 E. Canetti, op. cit., p. 73.

A FÚRIA DE ÉOLO   125

aspecto externo, tão ao gosto da época, as Congregações Marianas
seriam classificadas de "Movimento Fascista"[53].

Não seria apenas a sua estética exterior que personalizava
as Congregações Marianas como movimento fascista. Ao analisar especificamente a CMMA, constata-se que, internamente,
possuía nítidos componentes fascistoides: seu diretor espiritual era declaradamente salazarista; o acervo de sua biblioteca, que servia de base ao ideário intelectual da formação dos
congregados, era composta por livros racistas e expressivos do
pensamento de extrema direita e seus membros mais representativos participaram de uma interventoria demarcada por
contornos nazifascistas. E não seria necessário aprofundar seu
décor, ar marcial, uniformes, tochas ardentes, armas e rufar de
tambores para completar sua performance fascista.

Considero a UNCDP uma adestradora da CMMA para suas
lides futuras, como uma organização laica católica ratificadora
das ações propostas pelo Estado-Novo. Cessada a atividade
da UNCDP, com os resultados das eleições de 1934, favoráveis
à causa católica, dedicou-se o obstinado Pe. Fernandes à sua
maior realização: a continuidade da CMMA.

Manoel Lubambo traça um perfil do mentor espiritual da
congregação. Considerando-o um chefe autêntico, possuidor
de alma complexa envolta em aura de mistério – herança da
Índia, extraordinário conhecedor dos homens que fazem dele
um grande *meneur*. E acrescenta que:

ele tem aquela "folie" de que fala Jacques Reviére e seus atos todos
em função do sobrenatural são atos de um homem que perdeu o
equilíbrio terrestre. Atos de um excêntrico. Apenas essa excentrici-
dade é a suprema glória, porque excêntricos são os santos[54].

Pelo olhar de Lubambo, o Pe. Fernandes reunia as qualidades apontadas por Max Weber aos portadores de carisma:

Em períodos conflictivos, los dirigentes naturales han estado
dotados de atributos específicos del cuerpo y del espiritu; y estos

---

53 Op. cit., p. 73.
54 *Fronteiras*, ano 1, n. 6-7, p. 3, jan. 1933.

atributos han sido juzgados como dones sobrenaturales, inaccesibles a todo el mundo[55].

O Pe. Fernandes assumiu a Congregação Mariana da Mocidade Acadêmica em momento de crise política – a Revolução de 1930 – e de intensa movimentação católica em torno do ensino religioso e de campanha eleitoral para eleição de líderes laicos, futuros representantes da Igreja Católica. O poder carismático de Pe. Fernandes foi consolidado através de sua biografia, que registra a sua passagem pelos calabouços de Caxias, em Lisboa, e posterior expulsão de Portugal, plasmando a figura de herói cristão que sofreu a *glória do martírio*. Esta auréola de sofrimento conferia ao padre mais um atributo: homem destemido que enfrenta as vicissitudes da vida com coragem. E, como observa Max Weber, que "el jefe carismático sólo obtiene y conserva su autoridad si demuestra sua fuerza en la vida"[56].

O Pe. Fernandes era um *homem drapeau*, segundo seu fiel acólito Lubambo[57]. Este homem estandarte conduziu com pulso de ferro seus congregados à meta desejada: servir em obediência à Igreja e ao Estado. Agitando uma bandeira emblemática na qual maniqueísmo e salvacionismo se mesclam, tecidos com os fios do fascismo, o padre hindu marcou os tempos de Casa-Grande com o signo da intolerância, do conservadorismo e do fanatismo. Relembrado por um confrade "nos ótimos tempos do Pe. Fernandes"[58], alusão ao período em que nosso "Savanarola" configurou a CMMA como associação singular no destino político de Pernambuco. Tamanha foi a sua influência como mentor de congregados participantes na esfera política do poder que ficou conhecido como "Governador de Pernambuco"[59], sendo prestigiado pelo governo que até mesmo colocava à sua disposição carros oficiais. Sagazmente, Fernandes repudiava tal "título" por temer desagradar o interventor Agamenon Magalhães. Creditava a invenção do

55 Op. cit., p. 74.
56 Idem, p. 78.
57 *Arquivo da Congregação Mariana...*, v. 3, p. 109.
58 P. A. Maia, S. J, op. cit., p. 144.
59 D. Fernandes, M.S.F.S., op. cit., f. 181.

A FÚRIA DE ÉOLO   127

apelido a comunistas e maçons, seus inimigos figadais. Nas aparições públicas procurava manter-se na sombra[60].

Comentava-se, no período colonial, que existia em Pernambuco um "maligno vapor"[61], metáfora das aspirações libertárias dos brasileiros sob o jugo da Coroa portuguesa. O "maligno vapor" sempre representou, no imaginário pernambucano, um valor a ser rememorado como símbolo da luta pela liberdade, inclusive de expressão. Mas, nos tempos de Casa-Grande o "maligno vapor" jazia asfixiado pelos vapores da ortodoxia emanados de Roma e soprados pelos êmulos da CMMA, membros de uma *opera bufa* encenada em Pernambuco. E como assinala Paulo Cavalcanti: "Eram os tempos dos 'capangas de Deus', no esterismo de suas exorcizações, Igreja e Polícia confundindo-se num abraço de terríficas ameaças"[62].

O fato é que na interventoria de Agamenon Magalhães a polícia, influenciada por congregados e seu mentor, se arvorava no direito de investigar quaisquer atividades religiosas – protestantes, maçônicas, espíritas, afros –, tratando-as com o mesmo parâmetro que os contestadores da ditadura: como excomungados da Igreja[63]. Vivíamos uma fase em que "quem não era católico era animal". Ideias, religiões, seitas, quaisquer manifestações acatólicas eram encaradas como questão de vida e morte. Voltava-se ao Portugal do século XVI, onde um "cordão sanitário" impedia que ideias contrárias à ortodoxia pudessem circular tendo para isso o *olhar de Argos* – a Inquisição[64].

---

60 Idem, p. 182.
61 A expressão "maligno vapor pernambucano", encontrada na obra anônima *Revoluções no Brasil*, tornou-se sinônimo de rebeldia contra o jugo da Coroa. O "vapor" seria a alma estimuladora das múltiplas insurreições ocorridas em Pernambuco. Posteriormente teria um sucedâneo "abomináveis princípios franceses", instigador de desejos libertários. Utilizamos a primeira expressão para enfatizar o clima sufocante que se abateu em Pernambuco na interventoria Agamenon Magalhães. Essa expressão foi registrada por A. Quintas, *A Agitação Republicana no Nordeste*, em C. de B. Barreto et al, *O Brasil Monárquico*, v. 1, t. 2, p. 207.
62 P. Cavalcanti, *A Luta Clandestina*, p. 20.
63 Idem, p. 21.
64 S. C. Silva, *Cultura Tutelada*. p. 36-65, quando analisamos o "cordão sanitário" e a "censura inquisitorial".

128　　　　TEMPOS DE CASA-GRANDE

Antes, a heresia vinculava-se ao judeu e ao luterano; dessa vez o perigo estava somado à maçonaria, ao espiritismo, às seitas africanas e ao comunismo. Era a ressurreição de velhos temores revestidos de novas roupagens. Para isso, o congregado mariano, transformado em *cruzado* dos anos 30, vai dispor de novas armas para novas situações, meios de comunicação modernos e atuantes – jornais, revistas, rádio –, velhas armas: censura, *autos de fé* imoladores não de homens mas de ideias. *Casa-Grande & Senzala*, por exemplo, foi indicado para um *auto de fé purificador* no pátio do Colégio Nóbrega, sede da CMMA[65].

Na mente dos congregados era inculcada a ideia de que os judeus detinham o controle de um "cartel sinistro" no qual todos os elementos anatemizados pela Igreja Católica viviam mobilizados para ataques precisos[66]. Que os "diabólicos lacaios dos judeus" estavam prestes a "repetir perseguições e os atentados e sacrilégios levados a efeito naqueles negros anos da Questão Religiosa"[67].

Foi reativada a diabolização do judeu, corrente constante na Europa durante a Idade Média[68], e recuperada durante a "Questão Religiosa" no sentido de reforçar a imagem de uma Igreja perseguida e do *bispo mártir* dom Vital Maria, inspirador de movimentos reacionários e maniqueístas. É um *canto de sereias* para ouvidos que não usam cera!

Com a implantação do Estado Novo, amplia-se o clima de "histeria anticomunista". Através da Portaria n. 1.391, foi formada uma comissão com o objetivo de indicar livros e outras publicações para serem apreendidas pela Superintendência do Serviço de Repressão ao Comunismo. Da apreensão à queima de livros, o trajeto foi um passo. Copiava-se o modelo instituído na Alemanha nazista![69]

65　*Casa-Grande & Senzala* fez parte do "INDEX LIBRORUM PROHIBITORUM" da Congregação Mariana da Mocidade Acadêmica. A menção do "INDEX" é uma analogia em fução do livro ter sido condenado pela Instituição e sugerido um auto de fé.

66　*Arquivo da Congregação Mariana...*, v. 3, p. 60.

67　Idem, p. 61.

68　J. Trachtenberg, *El Diablo y los Judios*.

69　M. Eksteins, *A Sagração da Primavera*, p. 378-379. Eksteins, usando o exemplo da queima do livro de Erich Remarque, *Nada de Novo no Front*, como demonstrativo da prática nazista da intolerância. M. L. T. Carneiro informa sobre a queima dos livros heréticos em cidades na Alemanha nazista, *O Anti-semitismo na Era Vargas*, p. 32

A FÚRIA DE ÉOLO

Os elementos componentes dessa comissão são bem representativos dos tempos de Casa-Grande, irmanando integralistas e congregados:

jornalista Andrade Lima Filho, chefe provincial da AIB em Pernambuco; Arnóbio Graça, vereador integralista à Camara Municipal do Recife e Manuel Lubambo, José Maria Carneiro de Albuquerque e Arnóbio Tenório Wanderley, congregados marianos[70].

Na época de sua fundação, a CMMA contava com treze membros que se multiplicariam em breve tempo para trezentos e sessenta associados. Registrados por profissões, observamos que o maior número de congregados concentrava-se na área do Direito. Sessenta e seis eram advogados, seguidos por 41 médicos e um jornalista, o Manuel Lubambo. Agrônomos, engenheiros, professores, químicos e químicos industriais, comerciantes, senhores (sem profissão especificada) totalizavam 157. Havia ainda um banqueiro e dois padres[71]. Cumprindo seu objetivo de aliciar o escol da elite, sobretudo universitários, pode a CMMA oferecer à Igreja um braço político, um laicato disciplinado e obediente[72].

O Pe. Fernandes, S. J., o "Governador de Pernambuco", em carta a seu irmão Pe. Damião, externa sua satisfação em ter conseguido tornar realidade sua obsessão, ou seja, a multiplicação de salazares, fruto de suas atividades junto à "menina dos seus olhos", a CMMA:

Durante o ano de 1938 o meu trabalho foi muito enfadonho, devido ao fato de que o governo de Pernambuco está praticamente nas mãos dos membros da Congregação [...]. Estes homens são estadistas de alta envergadura. Nas finanças, agricultura, educação [...] cada um deles é *um Salazar* em tamanho microscópico[73].

---

70 P. Cavalcanti, op. cit., p. 22.

71 P. A. Maia, S. J., op. cit., p. 73.

72 As Congregações Marianas sobreviveram na TFP e esta, como lembranças congeladas do século XIX e inícios do XX, possui todos os elementos daquelas, como o antissemitismo. José Antônio Pedriali, autor de *Guerreiros da Virgem*, dissidente da TFP, revela que o livro norteador dela é *Os Protocolos dos Sábios do Sião*. Trata do assunto em capítulo de nome sugestivo: Demônios, Forças Secretas — os "Pombos" e os "Falcões". O livro de Pedriali encontra-se citado na bibliografia.

73 D. Fernandes; M. S. F. S., op. cit., f. 183. Grifo nosso.

Torna-se a CMMA. porta-voz de uma ideologia autoritária, nacionalista, conservadora, integrista, acolitando o interventor Agamenon Magalhães na edificação fascistizante do "Reino Cadaveroso" do reinado da estupidez em que foi sufocado o "maligno vapor pernambucano".

Agamenon Magalhães
Ano: 1938

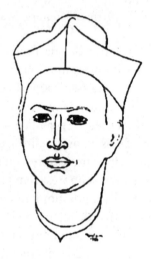

Pe. Fernandes
Ano: 1938

Pe. Serafim Leite
Ano: 1938

Getúlio Vargas
Ano: 1938

A HEGEMONIA DOS FILHOS DE ÉOLO:
O *STAFF* DE AGAMENON MAGALHÃES

Na construção do "Reino Cadaveroso" em que se transformou Pernambuco (1937-1945), o interventor Agamenon Sérgio de Godoi Magalhães recrutou uma elite intelectual para execução de seus projetos políticos. A escolha de seu *staff* foi rigorosa. Competência e lealdade para servir ao chefe em obediência era um dos requisitos necessários. Vassalos obedientes, disciplinados, se possível já *adestrados* e fanáticos na execução de ordens, imbuídos de um projeto salvacionista.

Agamenon Magalhães, um legítimo déspota oriental, precisava de servidores *especiais* para pôr em prática sua política autoritária. Não necessitou da lanterna de Diógenes nem de consultas ao oráculo de Delfos!

Numa situação rara na história do País, Pernambuco possuía uma elite de intelectuais que preenchiam os requisitos almejados por Magalhães. Não precisava ser uma Cassandra para antever os rumos da política brasileira pós 1935, em direção do drama autoritário. Padre Fernandes S. J., que acompanhava de perto a cena política e sonhava com o "homem providencial", pôde oferecer seus *salazares* para o exercício do poder. Era o momento propício para uma aliança Estado-Igreja por meio dos jovens congregados marianos – a Igreja saía fortalecida, pois se instalava nas esferas do poder civil. O que poderia ser utópico poucos anos atrás, quando o *homem drapeau* semeava os *dentes de dragão*, era agora uma realidade.

Agamenon Magalhães possuía a argúcia suficiente para saber selecionar seus assessores treinados por *sábias mãos*, daí recrutá-los quase que todos nos quadros da CMMA. do Colégio Nóbrega. Esta elite composta de intelectuais orgânicos na perspectiva gramsciana[74] estava apta para desempenhar seus variados papéis no drama trágico não delineado

---

74 Intelectuais orgânicos, segundo Gramsci, exercem função de mediadores entre a classe dominante e as subalternas. O intelectual orgânico organiza a função econômica; unifica as diversas concepções da classe dominante e do corpo social, numa "visão de mundo" coerente e homogênea; como "funcionários" da sociedade política, procura obter legalmente a disciplina social. Cf. D. Grisoni; R. Maggiori, *Ler Gramsci*, p. 29.

pelos clássicos da tragédia grega. Tragédia da autoria de Agamenon Magalhães, que interpretava de forma realista o ideário estadonovista. Assim, foram escolhidos do seio da congregação: Manoel Lubambo – Fazenda; Etelvino Lins – Segurança; Apolônio Sales – Agricultura; Arnóbio Tenório Wanderley – Secretaria do Governo; Nilo Pereira – Educação; Artur de Moura – Justiça; e a exceção do grupo mariano, Gercino de Pontes – Viação – e Novaes Filho – Prefeitura[75]. Para outras funções de menor representatividade, recrutou também católicos, como foi o caso de Vicente do Rego Monteiro, delegado do Patrimônio Histórico e Artístico Nacional e membro da Seção de Ensino Técnico Profissional e Educação Cívica[76]. Uma rede católica ortodoxa urdida na disciplina da vontade, na arte de obedecer em silêncio, nos Exercícios Espirituais, recobria e sufocava Pernambuco, o antigo "arrecifes dos corais".

Não está nos limites do nosso trabalho enveredar pelas tramas que se redundaram transformar Pernambuco no "Reino Cadaveroso", "Reinado da Estupidez". Apenas acrescentaríamos que os *salazares* liliputianos mereceram do seu *mestre e guru* o mérito das lições bem aprendidas.

Entretanto, interessou-me, de modo particular, dois integrantes da tragédia agamenonsiana, pelo desempenho de ambos na revista *Fronteiras*: Manoel Lubambo e Vicente do Rego Monteiro. Manoel Lubambo, "o capanga de Deus", autor de *Capitais e Grandeza Nacional*, era o mais fiel defensor do ideário do seu orientador espiritual, diretor e redator da revista *Fronteiras*, na qual despejava sua verve contra seus adversários. Seguidor de Jackson de Figueiredo, adotou, inclusive, seu estilo polêmico e cáustico. Lubambo foi a *alma* de *Fronteiras*, parecendo uma metralhadora giratória, atirava em seus desafetos em nome da moral, bons costumes ou ao menor sintoma de veiculação comunista. Comandou campanha de descrédito contra Gilberto Freyre. Pode ser considerado um dos homens mais representativo dos "tempos de Casa-Grande" nas terras de Pernambuco, por ser uma verdadeira enciclopédia dos valores reacionários.

75 *Arquivo da Congregação Mariana...*, v. 1, p. 138-151.
76 D. C. Pandolfi, *Pernambuco de Agamenon Magalhães*, p. 49.

A FÚRIA DE ÉOLO   133

Registramos a opinião de Agamenon a respeito do seu Secretário da Fazenda, publicada em *Fronteiras* em dezembro de 1938: "Manoel Lubambo em *Fronteiras* realiza a luta contra as trevas, quebrando arestas, agredindo, convencendo sem transigências nem receios"[77].

O outro personagem é Vicente do Rego Monteiro, pintor pernambucano de formação parisiense. Residiu 14 anos em Paris, tendo participado do movimento pós-guerra (1914-1918), ao lado de grandes nomes da pintura europeia. Alguns de seus quadros figuraram em museus, como o de Grenoble ao lado de Chirico, Picasso, Leger, Braque etc. Foi redator de *Fronteiras* de dezembro de 1935 a agosto de 1938.

Ofereceu nas páginas da revista – julho, 1938 – depoimento em que saudou Manoel Lubambo como "o sociólogo da Contra-Revolução", ampliando o perfil já delineado por Agamenon. Percebemos que o pintor encarava o golpe de 1937 – implantação do Estado Novo – como uma contrarrevolução e seu amigo, um sociólogo:

Habituado à falsa sociologia brasileira, há anos guiada pelos antolhos do ensino histórico-maçônico: história truncada e finalmente deformada pelas lentes dos pseudopsicanalistas – freudianos – pornográficos foi para mim uma impressão de bem-estar e saúde as revisões históricas que Manoel Lubambo vem fazendo, indo de encontro aos tabus, sem receio, em busca da verdade[78].

O pintor, monarquista e antissemita convicto, foi crítico mordaz de Gilberto Freyre. Ilustrou, com variada temática, vários números de *Fronteiras*. Com arte, retratou para a revista os colaboradores ilustres, assim como personalidades políticas e religiosas.

---

77 *Fronteiras*, ano 7, n. 12, p. 13, dez. 1938.
78 Idem, ano 7, n. 7, p. 2, jul. 1938.

A TORRE DOS VENTOS:
A BIBLIOTECA DA CONGREGAÇÃO MARIANA
DA MOCIDADE ACADÊMICA

Umberto Eco, em *O Nome da Rosa*, refere-se a uma biblioteca medieval onde um livro em especial era inacessível ao leitor comum: *A Poética* de Aristóteles. Por conta desse livro ocorriam misteriosos assassinatos.

A Biblioteca da Congregação Mariana da Mocidade Acadêmica, um dos nossos objetos de estudo, nem de longe assemelhava-se àquela descrita por Eco. Muito pelo contrário, seu acervo encontrava-se aberto para que seus segredos fossem desvendados.

Analisando os objetivos e os títulos da coleção, percebemos que estes se coadunavam com as metas propostas. Tratava-se de uma biblioteca de cultura católica cuja fonte de inspiração provinha, em grande parte, de pensadores franceses e da elite intelectual jesuíta como era o caso do Leonel Franca. A ampliação de seu acervo nos anos 30 deu-se graças à atuação do Pe. Fernandes, S. J., que deixou registrada para a posteridade qual a missão que delegou à biblioteca da Congregação:

- suprir a lacuna de estudos superiores na área de Religião e Filosofia;
- formar excelentes intelectuais católicos que pudessem ombrear-se com os materialistas ou mesmo superá-los;
- deter os comunistas que tentavam conquistar para o seu ideário os intelectuais, usando-os como semeadores do credo vermelho por todo o Brasil;
- ser um chamariz de acadêmicos para a Congregação e para a Ação Universitária Católica[79].

A revista *Fronteiras* é um testemunho convincente a favor dos frutos dessa biblioteca. Quando se examina uma biblioteca já extinta, um dos primeiros cuidados é, justamente, inseri-la no tempo e no espaço. Trata-se de uma instituição pertinente aos "tempos de Casa-Grande", reveladora dos preconceitos e

---

79 *Arquivo da Congregação Mariana...*, v. 2, p. 76.

A FÚRIA DE ÉOLO 135

das intolerâncias desta época ainda tão pouco estudada. Para a investigação histórica, sobraram os títulos componentes do seu acervo listados em um livro[80].

Robert Darnton ressalta, como já dissemos, o valor enquanto fonte histórica de um catálogo bibliográfico para o conhecimento do perfil do usuário[81]. Amplio sua afirmação, asseverando a importância do catálogo do arquivo da Congregação para a formação do perfil daquela biblioteca que nem sempre coincide com a orientação ideológica adotada pela instituição a que ela serve. No caso em questão, quando a biblioteca começou a ser formada, em 1929, já pré-existia a imposição de uma condição: sobre quem seriam os seus usuários iniciais e qual a amoldagem pretendida pelas leituras; daí optarmos pela análise do catálogo.

A coleção de 1.830 títulos encontrava-se subdividida em 47 assuntos:

Apologética	Espanha
Arte	Espiritismo
Ascética	Eucaristia
Biografias	Exercícios Espirituais
Castidade	Feminismo
Catecismo	Hagiografia
Comunismo	História
Congregação Mariana	Jackson de Figueiredo
Coração de Jesus	Jesuítas
Dicionários	Juventude
Direito	Linguística
Dom Vital	Literatura
Educação Intelectual	Liturgia
Educação da Vontade	Maçonaria
Educação Física	Maria
Encíclicas	Matrimônio

---

80 *Arquivo da Congregação Mariana...*, v. 2, cap. 12, p. 24-78. Contém a relação de todas as obras da Biblioteca, inclusive revistas e jornais. Os livros são apresentados em ordem alfabética: contando título e autor, não sendo registrado nem editora nem data de publicação. Os dados omitidos dificultam a localização de cada obra no tempo. Alguns títulos, pela temática apresentada, podem ser identificados como impressos na década de 30, como, por exemplo, os assuntos ligados à guerra civil espanhola, e os livros antissemitas de Gustavo Barroso.

81 História da Leitura, em P. Burke (org.), *A Escrita da História*, p. 208.

Medicina	Protestantismo
Missões Católicas	Religião
Oratória	Romances
Ordens Religiosas	Sociologia
Pastorais	Teologia
Pedagogia	Viagens
Filosofia	Vocações
Poesia	

Em quadro anexo, ofereço, para uma melhor visualização, todas as epígrafes totalizando os assuntos específicos e gerais. A porcentagem dos títulos em francês era de 43%, quantificação expressiva não só pelo uso da língua francesa, mas também do endosso ao pensamento dos teóricos franceses da década de 30. Com o objetivo de caracterizarmos a biblioteca dos "tempos de Casa-Grande", destacamos alguns assuntos que consideramos relevantes para o nosso tema.

Na epígrafe Ação Católica, sobressaem-se os livros de Tristão de Atayde e D. Sebastião Leme, ambos empenhados na difusão do movimento católico laico. Enquanto no item "Modelos de Ação Católica" encontramos biografias e títulos díspares, mas que elucidam os modelos que a biblioteca deseja difundir:

- Garcia Moreno: presidente do Equador, assassinado pela causa católica, tornando-se "vítima do martírio";
- A Epopeia Mexicana: uma abordagem da revolução mexicana pela ótica católica;
- Oliveira Salazar, o homem e o ditador; e
- Salazar, o homem do momento: temas instrutivos para a formação do "ideário fascistizante";
- Frederico Ozanam: inspirador dos círculos operários católicos;
- Louis Veuillot: escritor católico francês de posição ortodoxa, fonte de inspiração do catolicismo brasileiro, pelo menos a partir de Jackson de Figueirdo.
- General Franco: católico praticante, homem símbolo, apresentado como o homem que *salvou* a Espanha das garras comunistas;
- Engelbert Dolfuss: um dos *mártires* da causa católica, assassinado pelos nazistas.

A FÚRIA DE ÉOLO 137

Apologética é assunto que agrupa oitenta e nove títulos, ocupando o terceiro lugar no catálogo geral. Considerada matéria básica para congregados e intelectuais católicos, fornecia elementos necessários para a defesa dos dogmas, justificando, defendendo ou atacando diferentes pontos de vista. Nos "tempos de Casa-Grande", a Apologética inflamaria os debates em torno dos temas que a Igreja desejava exorcizar. No rol apresentado neste item, encontramos três expoentes da ortodoxia: *O Homem Eterno* de G. K. Chesterton, um dos maiores pensadores católicos inglêses. *A Psicologia da Fé* do Pe. Leonel Franca S. J. ; e *As Repercussões do Catolicismo* de Tristão de Atayde.

Ascética ocupa o segundo lugar em número de títulos – cento e quarenta e três. Seu uso pode ser genericamente definido como a técnica do domínio da vontade. Os exercícios ascéticos conduzem à repressão dos sentidos, postura moral e ideal incentivada pela Igreja, mas nem sempre atingida.

As cinquenta e duas biografias merecem destaque pelo seu simbolismo ou por darem ênfase à história daqueles que morreram tragicamente pela Igreja ou por tributarem glórias aos ditadores:

+ Garcia Moreno de A. Veloso Rabelo, já apresentado como modelo de ação católica;
+ O Pe. Pró, outro mártir da causa católica fuzilado no México, da autoria do jesuíta Antonio Dragon;
+ Colóquios com Mussolini, de E. Ludwig;
+ Perfil de Salazar, de Luiz Teixeira.

As epígrafes Comunismo e Maçonaria têm um tratamento especial junto ao catálogo, sendo apresentadas em separado, obedecendo à ordem alfabética. Na realidade, deveriam estar juntas, confirmando sua classificação sob a égide dos *Protocolos*. Era, sob esse aspecto, rigorosamente dentro do mesmo assunto, que o imaginário antissemita projetava o comunismo e a maçonaria como sinônimos da conspiração judaica mundial.

O quadro abaixo é expressivo do que expomos, apontando clássicos da literatura antissemita que foram sucesso no Brasil e que faziam parte do acervo da Biblioteca da Congregação:

COMUNISMO	MAÇONARIA
Brasil, Colônia de Banqueiros (G. BARROSO)	*A Sinagoga Paulista* (G. BARROSO)
História Secreta do Brasil (G. BARROSO)	*História Secreta do Brasil* (G. BARROSO)
Judaísmo, Maçonaria e Comunismo (G. BARROSO)	*Judaísmo, Maçonaria e Comunismo* (G. BARROSO)
Protocolos dos Sábios de Sião (apócrifa)	*Protocolos dos Sábios de Sião* (apócrifa)
A Questão Judaica (Pe. G. BARROSO)	*Les Forces secrets de la revolution* (LÉON DE PONCINS)
O Judeu Internacional (HENRY FORD)	*La Franco maçonerie* (LÉON DE PONCINS)
As Forças Secretas da Revolução (LÉON DE PONCINS)	*Societé des nations* (LÉON DE PONCINS)

As obras sobre Comunismo e Maçonaria não se esgotam com os títulos apresentados como exemplo. Chamamos a atenção para a inclusão em Comunismo da obra *Espanha em Sangue*, de Soares D'Azevedo.

Soares D'Azevedo esteve na Espanha. Assistiu parte do conflito como jornalista do matutino carioca *Correio da Manhã*. Suas observações transformaram-se no livro *Espanha em Sangue*, publicado pela Cruzada da Boa Imprensa em 1937. A obra, repleta de metáforas médicas, inseridas no discurso católico, caracterizado por Roberto Romano como "fantasmagoria orgânica"[82]. Como exemplo, alguns trechos do livro: "Não é só a política que está contaminada, é o povo na grande maioria. A Espanha enferma de um mal grave"; "Massas ébrias de sangue". "Uma ditadura fascista na Espanha, como a portuguesa, a alemã ou a italiana, evidentemente que afastaria o fantasma bolchevista da Europa"; "O povo andaluz é grandemente católico. Libertado agora do pesadelo bolchevista pelas tropas do general Franco, vem para as ruas em procissão, com as filhas de Maria, as Damas do Apostolado, e cantam hinos religiosos a plenos pulmões"[83].

---

82 *Corpo e Cristal: Marx Romântico*, p. 119-122.
83 Os trechos citados foram retirados do livro de Soares D'Azevedo *A Espanha em Sangue*, p. 52, 37, 42, 57, respectivamente. A capa da obra é bem representativa da "fantasmagoria orgânica" definida por Roberto Romano.

A FÚRIA DE ÉOLO   139

Eis a questão, a Espanha se salvará da grande enfermidade que é o comunismo e o remédio é o general Francisco Franco, o católico.

O livro expõe a guerra civil sob o ângulo franquista e, consequentemente, a República como uma criação comunista.

A seção Direito registra alguns títulos intimamente relacionados aos embates da época, como:

- *O Divórcio*, de Pe. Leonel Franca S. J;
- *Política e Introdução ao Direito Moderno*, de Tristão de Atayde;
- *Discursos e Notas Políticas*, de Oliveira Salazar;
- *Discursos*, de Oliveira Salazar.

Em Espanha, apenas seis obras compõem a epígrafe. Apesar do número reduzido, servem como instrumento para reforçar a ideia de que o comunismo, enquanto ideologia, havia sido o promotor do conflito. Reforçando a ideia, o livro de Soares de Azevedo, *Espanha em Sangue*, além de:

- *Alma da Espanha*, de V. Munckermann, S. J;
- *Espanha Mártir*, de Pe. Feliz Restrepo;
- *O Caso Espanhol*, de Pe. Antônio Fernandes, S. J;
- *A Perseguição Religiosa na Espanha*, de autoria do Secretariado Geral das Congregações Marianas;
- *La Persecution religieuse en Espagne*, de François de Miomande.

Jackson de Figueiredo tornou-se nome de seção, dominando 80% dos títulos. Honrado, foi colocado em separado pelo seu papel doutrinário e inspirador do movimento católico reacionário.

Em Oratória, os 15 volumes dos *Sermões* do Padre Antônio Vieira fazem companhia às obras de autoria de Salazar já citadas em outras seções. Acreditamos ser esta uma das técnicas da biblioteca: oferecer obras duplicadas com o objetivo de chamar a atenção dos leitores para a mesma temática alocada em diferentes locais no fichário.

Pedagogia, por seus títulos, oferece um diagnóstico da luta da Igreja Católica para a implantação do ensino religioso obrigatório nas Escolas oficiais no Brasil; enquanto na seção *Filosofia*, as obras de Jacques Maritain se sobressaem, com dez títulos. Só não encontramos o *livro herético*, *Humanismo Integral*, na ótica de Pe. Antonio Paulo Ciríaco Fernandes, S. J. Quem sabe sofreu o mesmo destino da *Poética* de Aristóteles...

Sociologia é seção campeã de títulos, 260; e bem que poderia ser classificada como Coletânea pela abrangência e variedade de assuntos. Selecionamos aqueles que, ao nosso ver, seriam representativos, ideologicamente, da proposta da biblioteca. Por uma questão de didática, agrupamos as obras segundo autor/assunto:

Gustavo Barroso:
- *A Palavra e o Pensamento Integralista*;
- *O Quarto Império*;
- *O Que o Integralista Deve Saber*;
- *Brasil, Colônia de Banqueiros*;
- *O Espírito do Século xx*;
- *Integralismo e Catolicismo*.

Miguel Reale:
- *O Capitalismo Internacional*;
- *Perspectivas Integralistas*;
- *O Estado Moderno*;
- *Formação da Política Burguesa*;
- *A Actualidade Brasileira*.

Plínio Salgado:
- *Psicologia da Revolução*;
- *O Sofrimento Universal*;
- *A Quarta Humanidade*;
- *A Doutrina do Sigma*;
- *O Estrangeiro*;
- *Despertando a Nação*.

Oliveira Salazar:
- *Salazar, o Homem e a Obra*, de António Ferro;
- *Salazar, o Homem do Momento*, de António Guimarães;

A FÚRIA DE ÉOLO 141

- *E se Há mais Atentados? Pois, Senhores, Nesse Dia Continuamos*, de Salazar, também incluído na seção Oratória;
- *Dez Anos na Pasta das Finanças*, de Salazar;
- *L'Oeuvre du Professeur Salazar*;
- *Discursos*, de Oliveira Salazar já incluído em Oratória e Direito;
- *Discursos e Notas Políticas*, de Oliveira Salazar;
- *Perfil de Salazar.*

Tristão de Atayde:
- *Introdução à Economia Moderna*;
- *Preparação à Sociologia*;
- *O Problema da Burguesia*;
- *Economia Prepolítica*;
- *Contra a Revolução Espiritual*;
- *No Limiar da Idade Nova*;
- *As Repercussões do Catolicismo.*

Severino Sombra:
- *O Ideal Legionário*;
- *Nicolas Berdiaeff*, autor francês importante para o catolicismo brasileiro na fase de 30, um dos responsáveis pela "nostalgia" da Idade Média que será *leitmotiv* de muitos dos nossos pensadores católicos;
- *Christianisme et realité sociale*;
- *Un Nouveau Moyen Age.*

Corporativismo:
- *O Regime Corporativo*, de G. de Pascal;
- *Lições de Direito Corporativo*, de Marcelo Caetano;
- *Aperçu General du Corporativisme Portugais*, de Pinto da Costa-Leite;
- *Princípios Fundamentais da Economia Corporativa*, de Hugo Spirito.

Itália fascista:
- *Assistenza e Previdenza in Italia*, de Fernando Gazzetti[84].

---

84 Para a identificação de grande parte dos títulos encontrados no acervo, contamos com as análises dos seguintes autores: M. L. T. Carneiro, O *Anti-semitismo na Era Vargas* (notadamente para a temática antissemita); W. Martins, *História*

142   TEMPOS DE CASA-GRANDE

Analisando os temas do acervo da biblioteca, concluímos que nada mais são que uma projeção da "visão de mundo" do seu maior patrono e incentivador, o Pe. Antônio Paulo Ciríaco Fernandes, S. J. Além dos assuntos modeladores da mentalidade dos congregados e líderes católicos sob a perspectiva moral dos valores da Igreja, estão outros temas que, certamente, marcaram os "tempos de Casa-Grande": antissemitismo, integralismo, salazarismo, autoritarismo, conservadorismo, corporativismo etc. No sentido doutrinário, foi uma excelente biblioteca, que, enquanto "repartição" de uma associação católica militante, soube utilizar recursos inusitados para difundir, principalmente, as ideias antissemitas. Inseriam-se as obras barrosianas em várias epígrafes, tornando-as acessíveis e, por que não, mais visíveis aos olhos de seus leitores, induzindo-os a servir à Igreja e à Pátria.

No julgamento de Pe. Fernandes, S. J., a biblioteca foi um sucesso, visto fornecer suporte (bibliografia de apoio) para artigos; réplicas e tréplicas em jornais e revistas; conferências; defesa de interesses católicos na área legislativa; campanha contra o comunismo; e contra "a incrível ideia da celebração do centenário nassoviano"[85].

A biblioteca desenvolveu também um setor de propaganda, incentivando o hábito de leitura e aquisição de livros, artifício empregado como forma de alargar o campo de ação e conversão. Segundo Andrade Bezerra, um dos diretores da Congregação, "esta prática rendeu dividendos"[86].

---

da Inteligência Brasileira, v. 7; F. Iglésias, *História e Ideologia* (para a temática católica); M. P. Velloso, *A Ordem*: Uma Revista de Doutrina, Política e Cultura Católica, *Ciência Política*, v. 21, n. 3, p. 117-160 (para a temática católica). Professor Maltanir Noronha, que identificou títulos e tendências de muitos autores católicos.

85 *Arquivo da Congregação Mariana...*, v. 2, p. 76.
86 Idem, p. 87.

ACERVO DA BIBLIOTECA DA
CONGREGAÇÃO MARIANA DA MOCIDADE ACADÊMICA
Tabela de títulos de assuntos e número de exemplares

AÇÃO CATÓLICA	CATECISMO	EDUCAÇÃO INTELECTUAL	EXERC. ESPIRITUAL	JUVENTUDE	MATRIMÔNIO	FILOSOFIA
41	29	13	24	30	29	76
MODELOS DE AÇÃO CATÓLICA	COMUNISMO	EDUCAÇÃO DA VONTADE	FEMINISMO	LINGUÍSTICA	MEDICINA	POESIA
27	66	19	23	11	29	18
APOLOGÉTICA	CONGREGAÇÃO MARIANA	EDUCAÇÃO FÍSICA	HAGIOGRAFIA	LITERATURA	MISSÕES CATÓLICAS	PROTESTAN-TISMO
89	24	14	63	26	08	41
ARTE	CORAÇÃO DE JESUS	ENCÍCLICAS	HISTÓRIA	LITURGIA	ORATÓRIA	RELIGIÃO
13	38	17	37	19	29	32
ASCÉTICA	DICIONÁRIOS	ESPANHA	JACKSON FIGUEIREDO	MAÇONARIA	ORDENS RELIGIOSAS	ROMANCES
143	14	06	20	33	09	71
BIOGRAFIAS	DIREITO	ESPIRITISMO	JESUÍTAS	MARIA	PASTORAIS	SOCIOLOGIA
52	84	18	27	39	10	260
CASTIDADE	D. VITAL	EUCARISTIA	TEOLOGIA	VIAGENS	PEDAGOGIA	VOCAÇÕES
39	08	11	04	09	66	22

Títulos em francês = 787 (43% do acervo) – Total do acervo = 1.830 exemplares.
Fonte: Arquivo Congregação Mariana da Mocidade Acadêmica. *v. 2, p. 24-68.*

3. A Tempestade de Éolo

> *Sem dúvida, somente a humanidade redimida*
> *poderá apropriar-se totalmente do seu passado.*
> *Isso quer dizer: somente para a humanidade redimida*
> *o passado é citável, em cada um dos seus momentos.*
>
> WALTER BENJAMIN[1]

OS FILHOS DE ÉOLO:
A REVISTA *FRONTEIRAS*

Fronteiras, revista editada em Recife, circulou de maio de 1932 a março de 1933, retornando em dezembro de 1935 a junho de 1940. Típico monumento/documento, *Fronteiras*, apesar de ser um "foco de história" ligada extraoficialmente à Congregação Mariana da Mocidade Acadêmica, difundiu discursos extremamente simbólicos dos "tempos de Casa-Grande".

Seu aparecimento junto à imprensa pernambucana deve ser inserido no esforço, a nível nacional, da Igreja Católica em reforçar seus mecanismos de dominação político-espiritual. Localmente, foi coadjuvante de outros órgãos da imprensa católica de paróquias e associações como *A Tribuna*, *Maria*, *A Gazeta*, entre outros[2].

Foi mais um órgão de eficaz diligência no sentido de *conservar* o *conservado* e, se possível, ampliando seu campo de doutrinação dentro da máxima: *Roma locuta, causa finita*.

---

1 Sobre o Conceito de História, *Obras Escolhidas I*, p. 223.
2 A. X. Pedroza, *Letras Católicas em Pernambuco*, p. 111.

146   TEMPOS DE CASA-GRANDE

Fronteiras, como monumento/documento, é de fundamental relevância não só por oferecer um painel ideológico de um grupo católico, como porque alguns de seus colaboradores fariam parte do *staff* de Agamenon Magalhães, contribuindo de forma conclusiva para fortalecer o ideário estadonovista em Pernambuco.

Reuniu em seus quadros a elite intelectual católica de extrema-direita, a maioria congregados. Publicou matérias oriundas de vários Estados do Brasil e do exterior, adequadas às diretrizes doutrinárias da revista. Artigos escritos por G. H. Chersterton, Pierre Gaxotte, Pe. Serafim S. J., Hilaire Belloc e Adolphe de Falgairolle, dentre outros, ganharam espaço em *Fronteiras*.

Destaco o sectarismo da revista quando, a partir de dezembro de 1935, imprimiu em seu cabeçalho a informação: "Só se aceitam trabalhos de colaboradores expressamente convidados". Sabe-se que em tempos de crise política as revistas e os jornais só publicam textos que se coadunem com seu ideário. Sob a mesma ótica vale ressaltar a campanha desenvolvida contra intelectuais católicos contrários às atrocidades da Espanha franquista, assunto que abordarei posteriormente.

Fronteiras publicava artigos ou destacava notícias relativas à *Action Française*, integralismo lusitano, salazarismo, integralismo, integrismo, monarquismo, fascismo. Tais temas reforçavam seu ideário, oferecendo elementos para a configuração da sua linha de doutrinação: antissemita, racista, conservadora, integrista, anticomunista, antimaçônica.

Durante toda a sua existência, a revista contou com Manuel Lubambo como diretor e redator-chefe, "o capanga de Deus", de nítidas influências jacksonianas, pelas suas posições extremadas e pelo gosto pela polêmica. Considerado pelo Pe. Pedro Américo, S. J., "o jornalista mais original dos nossos tempos"[3]. Integrista, defensor extremado da causa católica, ferrenho opositor de Gilberto Freyre, demonstrou em seus escritos uma sólida formação intelectual.

O chamado "Grupo Fronteiras" era formado por congregados marianos do Colégio Nóbrega: Manuel Lubambo, Arnóbio

---

3 *História das Congregações Marianas no Brasil*, p. 145.

A TEMPESTADE DE ÉOLO

Tenório Wanderley, Willy Levin, Nilo Pereira, Guilherme Auler e Vicente do Rego Monteiro, a exceção por não ser congregado. Outro aspecto a destacar é a influência marcante do Pe. Fernandes no "Grupo Fronteiras". Cabe também considerar que a revista era um ramo da CMMA e o seu mentor espiritual fazia parte dela, seja nos seus escritos, seja nos artigos dos seus tutelados: neste caso, as nuances do fascismo são por demais evidentes. E, após o lançamento de *Casa-Grande & Senzala*, Gilberto Freyre e sua obra se transformaram em alvos prediletos do periódico.

Seu primeiro editorial é revelador da senda que desejava trilhar: "delimitar o seu campo e o campo dos hereges"; não defender novas ideias, e sim as que já eram defendidas por outros órgãos católicos pernambucanos, como a *A Gazeta* e *A Tribuna*; tornar-se imune às mudanças ideológicas que possam vir ocorrer no universo que atuará, assumindo o compromisso de convertê-lo ao seu ideário, e manter-se afastada da "burguesia cômoda e usurária, os velhos rançosos que amealham dinheiro para os que sonham vir a ser Stalines brasileiros"[4]. Percebe-se, nas metáforas utilizadas, a constante ligação do judeu com o comunismo, tônica permanente dos antissemitas

O racismo aflorará nos artigos, apesar de não estar explicitado nesse primeiro editorial. Seu público-alvo era anunciado com clareza: "a mocidade generosa das escolas, das fábricas e das casernas"[5]. Mas o direcionamento do seu discurso é, quase sempre, dedicado a uma elite intelectual, a qual deseja cooptar dentro das diretrizes da Santa Sé.

Justificando seu reaparecimento em dezembro de 1935, *Fronteiras* alegou a necessidade de o Estado possuir um veículo de defesa das ideias de direita. Referiu-se à Intentona Comunista como "o golpe extremista", acentuando sua utilidade ao combate ao comunismo. Assim, em 1936, autoproclamou-se: "a revista dos intelectuais da direita"[6].

Não satisfeita em ser arauto do antissemitismo através de artigos, citações, reprodução de matérias nacionais e internacionais, ressuscitou uma expressão que pontificou na socie-

4 *Fronteiras*, p. 1, mai. 1932. Optamos por transcrever todas as citações utilizando a ortografia oficial ora em vigor.
5 Idem, ibidem.
6 Idem, p. 10, jan. 1936.

148 TEMPOS DE CASA-GRANDE

dade espanhola e portuguesa durante o período inquisitorial, definindo-se, em dezembro de 1939, no auge do antissemitismo nazista, como: "*Fronteiras* é a revista dos 'cristãos-velhos' brasileiros"[7], em dicotomia com "cristãos-novos", estigma acionado pelas sociedades ibéricas como também no próprio Brasil-colonial.

Em editorial comemorativo do primeiro aniversário da segunda fase, em janeiro de 1937, exarcerbou seu ideário nacionalista, católico e antigilbertiano. Destacou temas do interesse freyriano como macumba, pais-de-santo e a campanha em homenagem a Nassau, da qual o sociólogo participou apenas de uma das inúmeras comissões, afirmando que:

> Não alimentamos outra ambição senão a de servir à ideia de Pernambuco – mas não de um Pernambuco de macumbas africanas, de sociologia carnavalesca, de poderes públicos batavófilos, do Pai Adão, do Pai Anselmo, do sociólogo Gilberto, de gringos e de esquerdistas, senão de um Pernambuco nobre, austero, galhardo e digno do seu passado hispânico e católico[8].

Transcreveu alguns testemunhos recebidos na redação por ocasião do aniversário, como o *Boletim de Ariel* que, ao felicitá-la, demonstrou conhecimento de *Fronteiras* com assuntos europeus, assim como a sua despreocupação em despertar ira, em defesa das ideias que defendia:

> *Fronteiras* é escrita e sempre bem escrita, por gente que leu e meditou antes de escrever, que conhece tudo que ocorre de significativo no espírito europeu e não receia inspirar longos rancores provincianos em se tratando de defender os postulados que a apaixonam[9].

Certamente as iras decorreram da forma de encaminhar certas matérias, empregando estilo polêmico e muitas vezes fanático.

7 Idem, p. 1, mai. 1939.
8 Idem, p. 1, jan. 1937.
9 Idem, ibidem.

A Barca de Caronte

O nacionalismo sempre foi tema constante de *Fronteiras*. Um exemplo significativo foi a campanha incendiária que transpôs as fronteiras de Pernambuco, encetada contra as comemorações nassovianas. No editorial de janeiro de 1937, repudiou os "poderes públicos batavófilos".

A Intentona Comunista de 1935 exacerbou, ainda mais, a fobia anticomunista, servindo para alimentar as forjas de Hefaístos de um nacionalismo à outrance, servindo para aquecer, com seu calor, as ideologias de direita, como forjando os mais ferinos argumentos contra Nassau e o grupo de homenageadores. As faíscas mais ardentes caíram em Recife; outras chegaram a outros Estados, fulgurando até a capital federal.

Tudo se iniciou em 1936 com a ideia do governador Carlos de Lima Cavalcanti de promover eventos culturais para o mês de janeiro de 1937. Entre estes estava o de comemorar o tricentenário da chegada a Pernambuco do Conde Maurício de Nassau.

Gilberto Osório de Andrade, testemunha contemporânea do fato, afirmou com acuidade: "Os tempos naquele 1936 estavam grávidos de presságios inquietadores"[10]. Relembrou que, no mesmo dia em que a comissão se instalava no Recife, Addis Abeba caía nas mãos do exército fascista, enquanto na Espanha começavam os preâmbulos da Guerra Civil.

Carlos de Lima Cavalcanti, que desfrutava de prestígio político legitimado pela sua atuação frente à Revolução de 1930, contava com muitos admiradores nos círculos intelectuais do Rio de Janeiro, que foram recrutados para participar da comissão[11]. Gilberto Freyre e Olegário Mariano constituíam a parcela pernambucana convidada para o evento. Tudo fora planejado em sentido eminentemente cultural: homenagear aquele que tinha conseguido ordenar "um confuso amontoado de armazéns de açúcar e cabanas de pescadores, uma

---

10 Nassau, Quarenta Anos Depois, *Ciência & Trópico*, v. 8, n. 2, p. 169.
11 Faziam parte da comissão, entre outros, historiadores e pensadores: Pedro Calmon; Barbosa Lima Sobrinho; Rodolfo Garcia; Max Fleuiss; Monso de Taunay; Gastão Cruls; José Carlos de Macedo Soares.

condição urbana, a da Mauriciópolis"[12], origem remota do Recife atual. Os parâmetros das comemorações eram múltiplos: exposição bibliográfica na Biblioteca Nacional; uma edição de Barleus em português; tradução dos livros de Piso e de Marcgrave, exposições, conferências, prêmio para a melhor monografia sobre Nassau, entre outros. Em nenhum momento foi cogitado celebrar a dominação holandesa; apenas reverenciar o homem que marcou de forma singular sua passagem pela História de Pernambuco: Maurício de Nassau.

Recife transformou-se, em termos editoriais, em um campo de batalha, tendo *Fronteiras* como principal e engajada atiradora, agitando a bandeira nacionalista da ocasião. Os fragores da batalha também ecoaram em outras cidades, concentrando-se, porém, no Rio de Janeiro em função do número de intelectuais envolvidos. Ressalte-se que o poder de penetração de *Fronteiras* nos meios mais conservadores de Pernambuco e do País, inclusive, nos círculos militares, esteve intimamente ligado ao seu apelo nacionalista e sua sistemática pregação anticomunista. Apesar de ser mensal, a revista conseguia descarregar toda a sua munição panfletária em páginas sucessivas de contestação, que podem ser medidas através do que era pretendido fazer: a legitimidade das comemorações. Lembraríamos que, nesta época, o corpo redacional de *Fronteiras* era composto por Manuel Lubambo, Guilherme Auler, monarquista, principal representante do patrianovismo em Pernambuco, e o também monarquista Vicente do Rego Monteiro. Percebe-se, com este triunvirato, qual era o tom da campanha, como já se pode observar na primeira notícia em torno do assunto, em maio de 1936:

A tradição pernambucana é hispânica e católica. Homenegear o calvinista holandês é um ultraje não só a nossa cultura como à memória dos heróis, glórias militares do nosso país, que se ergueram contra o jugo dos invasores aos gritos de "viva liberdade"! "viva a nossa Fé"! "viva o nosso Rei"![13]

---

12 G. O. de Andrade, op. cit., p. 164.
13 *Fronteiras*, p. 5, mai. 1936.

A TEMPESTADE DE ÉOLO

Afirmou também que o Governo do Estado, ignorando vozes autorizadas da elite pernambucana, insistia em comemorar o tricentenário. Acrescentou que, para a revista, os holandeses não passam de "hereges invasores"[14].

Na ira contra as comemorações, chegou a comparar o Brasil a um prostíbulo, em mais uma nota, ainda em maio de 1936:

Depois de homenagear o holandês Maurício de Nassau, por uma questão de coerência, é preciso homenagear também o francês Villegaignon [...] o inglês Lancaster [...] e os Filipes espanhóis. Mas resta-nos o direito de perguntar: isto aqui é uma pátria ou uma casa de rendez-vous?[15]

Com uma pregação nacionalista exacerbada, *a voz reprovadora* conseguiu ampliar suas fileiras arregimentando intelectuais e instituições, como deixa claro em matéria da primeira página, em junho de 1936: O Almirantado Brasileiro, a Liga de Defesa Nacional, a Sociedade dos Amigos de Alberto Torres, o Conde Affonso Celso, Tristão de Athayde, Jonathas Serrano, almirantes Raul Tavares e Silvado, generais Góes Monteiro, Meira de Vasconcellos, Paiva Rodrigues, Newton Cavalcanti, Pantaleão Pessoa, srs. Lindolpho Collor, Darcy Azambuja, Geraldo Rocha e Pedro Vergara. Dentre os periódicos estavam *A Nação*, *A Gazeta de Notícias*, *Nota* etc.[16] Com um grupo de pressão tão representativo de vários *matizes* da direita, pôde *Fronteiras* continuar sua campanha até conseguir seu intento.

Reações e contrarreações emergiram por todos os cantos acadêmicos de Pernambuco. Ironia, ataques pessoais e revanches deram o tom aos artigos publicados.

Vicente do Rego Monteiro, repudiando as comemorações nassovianas, as comparava à época em que os etíopes lutavam contra Mussolini e seus camisas negras, razão pela qual considerava que estas transformariam Pernambuco em "Nova Abissínia Escrava Branca voluntária"[17].

14 Idem, p. 12, mai. 1936.
15 Idem, p. 11, mai. 1936.
16 Idem, p. 1, jun. 1936.
17 Idem, p. 16, jun. 1936.

Plínio Salgado reagiu através da publicação de um artigo, em julho de 1936, considerando: "crime de Alta Traição [...] toda e qualquer homenagem ao falecido Maurício de Nassau"[18].

Manoel Lubambo se pronunciou em um extenso artigo de quase sete páginas, em junho de 1936, um verdadeiro libelo: "Contra Nassau". Fundamentou suas palavras em Rocha Pombo e Frei Manoel Calado, autor do *Valeroso Lucideno*, obra dedicada a João Fernandes Vieira. E, com seu habitual estilo polêmico, ironizou aqueles que se posicionaram a favor de Nassau. Viriato Correa, apelidado de "Calabar Maranhense", "o cretino Viriato"; Pedro Calmon, acusado de fazer História "escrita com frocados". Para Lubambo, todas as realizações de Nassau foram lendas e que Nassau não passou de "um pirata, um invasor ilustre, um negreiro, um especulador de quadros, um traficante, um herege"[19].

Tristão de Athayde, em entrevista concedida a *A Nação*, transcrita em *Fronteiras* em junho de 1936, também se referiu à inconveniência das comemorações:

Um povo só deve comemorar coletivamente aqueles feitos e aquelas personagens que concorreram efetivamente para formar a nacionalidade. Não temos o direito de considerar o nosso passado como um simples museu e sim como uma tradição nova[20].

Já em carta ao governador Carlos de Lima Cavalcanti, publicada em *O Globo* e transcrita em *Fronteiras*, em junho de 1936, o almirante Raul Tavares exprimia sua revolta e ojeriza, afirmando, entre outras coisas: "Considero como falta de pudonor nacional glorificar-se inimigos patifes, cruéis aves de rapina"[21].

Em julho de 1936, Carlos de Lima Cavalcanti capitulava. Mandou silenciar seus jornais *Diário da Manhã* e *Diário da Tarde* sobre assunto tão polêmico. O capítulo "Comemorações Nassovianas" estava encerrado. Vitória de Manuel Lubambo ou pressões militares? Acreditamos que a campanha iniciada por *Fronteiras* foi o estopim – o nacionalismo exacerbado já andava

18 Idem, p. 15, jun. 1936.
19 Idem, p. 1, 9-14, jun. 1936.
20 Idem, p. 14, jun. 1936.
21 Idem, p. 16, jul. 1936.

a galope –, despertando os foros nacionalistas dos militares. As forças conjugadas colocaram ponto final na questão. Pelo viés do contexto político, 1937 estava próximo e o prestígio do governador Carlos de Lima Cavalcanti entrava no ocaso.

Mesmo com a causa ganha, *Fronteiras* resolveu, em janeiro de 1937, proferir o golpe de misericórdia, oferecendo aos seus leitores uma edição especial, ampliando o número de páginas para mais de vinte e dedicando 90% da edição aos artigos contra a extinta campanha nassoviana. Era como se desejasse demonstrar a sua penetração nas esferas do poder, e sua força de deter qualquer assunto que fosse de encontro ao seu ideário. Essa edição desperta atenção pelas ilustrações feitas pelo premiado pintor e redator da revista, Vicente do Rego Monteiro, retratando os envolvidos no fato histórico: *Restauração Pernambucana*. No entanto, uma ausência se faz notar na galeria dos heróis: o negro Henrique Dias. Distração do pintor ou seu racismo foi mais forte que escamoteou o comandante do terço dos Henriques? Ilustramos a nossa dedução reproduzindo os desenhos de Vicente do R. Monteiro[22].

Nassau visto por Monteiro.
Fonte: Revista Fronteiras.
Ano: Janeiro, 1937

Mathias de Albuquerque

---

22 Idem, p. 1-2 e 5, jan. 1937.

Felipe Camarão

João Fernandes Vieira *André Vidal de Negreiros*
Fonte: Revista Fronteiras
Ano: Janeiro, 1937

O número de janeiro de 1937 pode ser considerado como a *concretização da vitória*. Foi composto com uma série de artigos novos e outros reeditados. Entre estes, estavam os de Manoel Lubambo, Tristão de Athayde, Serafim Leite e notas divulgadas nas edições de 1936. Como inéditos, incluía: "Os Holandeses no Brasil", do cônego Xavier Pedrosa reprisando assuntos anteriores[23]; "Comemoração Indesejável", de dom do

---

23 Idem, p. 11-13 e 26, jan. 1937.

A TEMPESTADE DE ÉOLO

Rego Monteiro[24]; "Domínio Holandês no Rio Grande do Norte", de Luiz da Câmara Cascudo[25]; "Obra de Negação que nos Deprime", de Alberto Rego Lins[26]. De um modo geral, os artigos transformaram Nassau em um homem sem qualidades: pirata, luterano, verdugo. Apenas em uma matéria sem autoria encontramos algo novo ao tema abordado, visto que em "tempos de antissemitismo" não poderia faltar uma afirmação estabelecendo a ligação de Nassau com os judeus: "Nassau foi o representante de uma expedição comercial de piratas, armada e financiada pelos judeus em luta contra a Ibéria"[27].

Numa clara apropriação da memória para expressão do seu nacionalismo, *Fronteiras*, vitoriosa na campanha contra Nassau, voltou sua atenção para duas datas de significado histórico, principalmente para Pernambuco: a Revolução de 1817 e a Concessão do Foral de Olinda em 12 de março de 1537. A primeira foi considerada como uma revolução libertária, repudiada por ser veículo de ideias maçônicas e seus chamados mártires foram tratados como homens "que só prestaram desserviço ao Brasil". Na ótica da revista, antes de qualquer sentimento nativista estava a *ordem* e o respeito às autoridades constituídas que subjugavam o país. A outra data, 12 de março de 1537 – concessão do Foral de Olinda –, merecia ser rememorada por estar associada às "tradições positivas do país"[28]. Em torno da segunda, está o eterno preito de gratidão a El Rey por sua *magnanimidade*, a permanente obediência e respeito pelo favor recebido.

Reforçando sua argumentação sobre a revolução *repudiada*, a de 1817, em setembro de 1937 a revista publicou um artigo de Sebastião Pagano, "O Conde dos Arcos e o seu Tempo"[29]. Esse artigo é parte do livro *O Conde dos Arcos e a Revolução de 1817*, publicado em 1938[30]. Consonante com a ideologia patrinovista do autor, o Conde dos Arcos foi metamorfoseado em herói e a causa primeira da revolução transformada em

24 Idem, p. 17, jan. 1937.
25 Idem, p. 18-20, jan. 1937.
26 Idem, p. 25, jan. 1937.
27 Idem, p. 20, jan. 1937.
28 Idem, p. 2, fev./mar. 1937.
29 Idem, p. 11, set. 1937.
30 Idem, p. 11, out. 1937.

conluio da maçonaria irmanada com os judeus. Estas conclusões enquadram-se dentro de propostas da revista: antimaçônica e antissemita.

O Tribunal das Fúrias

O sectarismo, uma das faces de *Fronteiras*, pode ser observado no tratamento atribuído aos intelectuais franceses, Jacques Maritain, Georges Bernanos e François Mauriac, em face dos acontecimentos na Espanha.

Maritain, particularmente, era considerado um ícone perante o mundo católico, que admirava e endossava seu pensamento até a guerra civil espanhola (1936-1939). Este acontecimento se constituiu em um divisor de águas em relação ao respeito tributado ao filósofo e professor da Universidade Católica de Paris.

É relevante registrar um detalhe: a origem judaica de Raïssa Maritain. Com certeza esse fato será levado em consideração pelos antissemitas "que orquestraram os ataques ao filósofo tomista".

Em Pernambuco, a reação partiria do mentor espiritual da CMMA., o Pe. Fernandes, que, numa verdadeira campanha, transformou *Fronteiras* numa tribuna[31]. Posteriormente, esses artigos foram reunidos no livro *Jacques Maritain: As Sombras de sua Obra*[32]. Os títulos atribuídos aos artigos elucidam o teor da argumentação que tinha como objetivo desmoralizar a obra "maritainiana" e insuflar o mundo católico contra o intelectual francês. Ironicamente, vários livros de Maritain serviram de base filosófica para cursos ministrados pelo sacerdote hindu à elite intelectual católica. *As Sombras* só emergem em função do momento político, para a confessada frustração do padre que se autonomeava profundo admirador de Maritain. Em setembro de 1932, a revista, em resenha de Nilo Pereira, não poupava elogios ao filósofo pela sua obra *Religion et Culture*.

Não está nos limites do nosso trabalho a análise do pensamento filosófico "maritainiano". O que desejo ressaltar é a

---

31 Idem, p. 1, 3-4, 14-14b, mai. 1937; Idem, p. 1, out. 1937.
32 Impresso em 1941, tudo indica ter sido edição do autor.

A TEMPESTADE DE ÉOLO

posição sectária e fascista do Pe. Fernandes e de *Fronteiras* no julgamento de Maritain e de outros intelectuais que abraçaram a mesma causa. Era em nome do fanatismo religioso, que se apoiava a sentença. Revolvendo os trabalhos do filósofo – já alertado pelo "capanga de Deus" desde 1936 –, identificava em *Humanismo Integral* as sombras heréticas de que precisava para a incriminação. Observamos que o Pe. Fernandes, ardilosamente, e em primeira instância, se dispôs a refutar alguns aspectos teológicos para depois pôr em *xeque mate* o homem católico perante o momento político. Só que, inversamente, foi necessário o acontecimento político para que *as sombras* fossem geradas no campo teológico. Assim, Maritain surgiria aos olhos do mundo católico envolto em duplo manto: o herético e o comunista, cessando, ou pelo menos diminuindo, sua performance de influenciador dos católicos, principalmente dos jovens. Perante a teologia, segundo testemunho do padre, eram nas críticas ao molinismo[33] que estava localizada a heresia; e sendo Molina jesuíta, a honra da Campanha de Jesus foi ultrajada. Quanto ao aspecto político, Pe. Fernandes apegou-se a uma declaração de Maritain: "Acho que não cabe a um estrangeiro tomar partido nesta guerra civil"[34]. A neutralidade para o padre hindu tinha outra leitura: significava apoio à república considerada comunista e um ato de desobediência frontal ao Papado. Ser indiferente ou neutro em momentos decisórios tinha *odores de traição*... principalmente para o desenvolvido olfato do Pe. Fernandes. Os artigos e manifestos de Maritain relativos à paz, às atrocidades de Badajoz[35], à tragédia de Guernica[36] ampliariam os termos da sentença. O exorcismo

33 Teoria da Graça desenvolvida pelo teólogo jesuíta Luiz de Molina e discutida por Jacques Maritain em *Humanismo Integral*, p. 16-18.
34 Esta citação *atribuída* a Maritain encontra-se em *Fronteiras*, junho de 1937, p. 1. Digo atribuída em função da vigilância do Pe. Fernandes em tentar incriminar Maritain.
35 A conquista de Badajoz pelas tropas de Franco mostrou ao mundo, pela primeira vez, a forma cruel como a guerra civil estava sendo travada. Na praça de touros, cerca de dois mil milicianos e civis desarmados foram encurralados e massacrados. Ver H. L. Matthews, *Metade da Espanha Morreu*, p. 3; H. Thomas, *La Guerra Civil Española*.
36 Em 26 de abril de 1937, Guernica, a capital religiosa e cultural dos bascos, foi reduzida a ruínas. Simbolizou o horror da guerra e foi imortalizada por Pablo Picasso em imenso painel que se encontra na ONU. Guernica foi campo de experiência para aviões da Legião Condor enviados por Hitler como ajuda de guerra a

158 TEMPOS DE CASA-GRANDE

teria que ser aplicado incontinentemente, e era dentro desta perspectiva que o Pe. Fernandes se posicionava:

que arrastando após si pela autoridade de que goza muitíssimos outros, tanto na Europa como aqui no Brasil e concorrendo para que se forme uma corrente de opinião menos favorável à campanha nacionalista, defensora da civilização cristã, tornando menos execranda a ação monstruosa e satânica dos comunistas[37].

Tentando deter a corrente de opinião formada por Maritain, fez um alerta aos *homens sensatos*, aqueles que a seu ver não tinham a vista anuviada pelas paixões e que viam esse horrível duelo como:

- "uma guerra mais internacional do que civil ou puramente internacional, isto é, em que a Rússia soviética conseguiu lançar espanhóis contra espanhóis";
- "uma luta entre duas ideologias [...] entre a materialista, mais radical e grosseira, e a cristã";
- uma "guerra satânica ao Cristianismo";
- o fato de "que Franco veio a tempo de salvar parte da Espanha"[38].

Em nenhum momento o padre indiano fez referências ao apoio nazi-fascista oferecido a Francisco Franco. Na sua *miopia* política, o que interessava era apresentar o conflito da forma mais maniqueísta possível. Essa atitude do Pe. Fernandes não é desproposital, pois também estavam em jogo os interesses da Companhia de Jesus na Espanha. Herbert L. Matthews informou que, antes da revolução republicana de 1931, "a ordem jesuíta controlava um terço da riqueza da Espanha" e era considerada "a maior capitalista deste país"[39].

Francisco Franco. A versão "oficial" divulgada por Franco é que Guernica "foi destruída com fogo e gasolina pelos próprios bascos". A revista *Fronteiras*, ao se referir ao episódio, transmite, como era de se esperar, a "verdade franquista": o incêndio de Guernica. Ver G. Thomas; M. Morgan-Witts, *Guernica: A Morte Inútil de uma Cidade.* Os autores tratam o assunto em forma de reportagem, identificando os personagens envolvidos, acompanhando cada passo da operação bélica.
37 *Fronteiras*, p. 1, out. 1937.
38 Idem, p. 10, out. 1937.
39 *Metade da Espanha Morreu*, p. 36.

A campanha iniciada por Pe. Fernandes contra Maritain prosseguiu de forma intermitente em *Fronteiras*. As *Fúrias* foram conclamadas. A revista ora transcrevia notícias internacionais, ora publicava as de seus colaboradores nacionais. Assim, em junho de 1937, um mês após a descoberta das *sombras,* transcreveu uma notícia publicada pelo *Serviço Mundial,* número 7, em que questionou o apoio dado por Maritain aos chamados "católicos" comunistas da Espanha, exterminadores de bispos, da metade do clero espanhol e dinamitadores de igrejas. É um libelo contra: "o bolchevisante Maritain & Cia"[40]. Comentando uma notícia publicada na *Vozes* de Petrópolis, *deplora* a inclusão do nome de Maritain entre os simpatizantes dos nacionalistas bascos. Reclamou a prioridade de ter sido no Brasil a primeira *voz reprovadora*. Alude a periódicos católicos lisboetas – *Novidades* e *Voz* – à *Accion Española*, além de jornais franceses, como sendo *companheiros de jornada*. Faz notar que a influência maritainiana está conduzindo alguns a vizualizar o comunismo com menos horror, sugerindo que até considerassem-no como um mal menor frente ao integralismo. Atribuiu como causa a "demasiada" e injustificada admiração tributada ao filósofo. Clamou pela urgência em demolir tão *funesto culto,* informando que o Pe. Fernandes, através de suas conferências no Centro dom Vital, era o "remédio esclarecedor"[41].

Em outubro de 1937, o padre hindu finalizou e apresentou a última *sombra,* acrescentando mais um dado para a compreensão de sua ira contra Maritain. O filósofo francês, ao expor suas ideias político-religiosas sobre o totalitarismo, comunismo e totalitarismos fascistas, inclui neste o salazarismo, ressalvando que este era um fascismo "atenuado"[42]. Para um apologista do salazarismo, que transformou congregados marianos em pequenos salazares, esta observação de Maritain o torna um maldito[43].

Em setembro de 1937, *Fronteiras* oferece aos seus leitores um poema-prefácio de Paul Claudel, autor admirado pelo público brasileiro.

---

40 *Fronteiras*, p. 13, jun. 1937.
41 Idem, p. 14b, jul. 1937.
42 *Humanismo Integral*, p. 220.
43 *Fronteiras*, p. l, out. 1937.

TEMPOS DE CASA-GRANDE

Nada mais oportuno para a ocasião: Claudel reunia duas grandes virtudes, era católico e admirador do franquismo.

"Ode aos Mártires Espanhóis" abria o livro *Persecution Religieuse en Espagne*, de autor anônimo, segundo a revista. O anonimato providencial escondia Joan Estelrich que, apesar de catalão, era agente diplomático de Franco em Paris[44].

O poema-prefácio ocupa estrategicamente duas páginas inteiras da revista. Primeira e segunda páginas, ilustradas com a figura do poeta pelo traço do sempre colaborador Vicente do Rego Monteiro. Em nota final, exibe uma dedicatória, destilada do eficiente Tribunal de Fúrias: "nos dedicamos aos admiradores do filósofo Maritain e aos católicos que mandam mensagens de solidariedade do Governo de Valência"[45].

O exorcismo de Maritain continua. A convite da Acción Española, o filósofo José Desclausais, apresentado como conhecedor profundo das doutrinas e dos escritos maritainianos, é instado a emitir juízo crítico sobre as doutrinas políticas de Maritain.

Vale ressaltar o preâmbulo do longo artigo, de quatro páginas, intitulado "Religião e Política ou a Primazia do Ser": "de há muito, vinha sentindo-se a necessidade de chamar à atenção das classes cultas da Espanha e da América Hispânica sobre perigos e sombras que ofereciam as concepções políticas do conhecido escritor e professor Jacques Maritain".

Selecionei um trecho do artigo onde se configura um dos muitos erros do filósofo tomista, segundo seu abalizado intérprete:

Maritain pôs-se a caminho para assistir à epifania social do proletariado, porque acaba de descobrir sua estrela entre as constelações inteligíveis do nosso tempo. Não há melhor maneira de ser admirável e acritativamente atual no plano político como não ter pensamento e amor que não para o santo povo de Deus, não para o que construiu as Catedrais, mas para o que vai destruí-las. Parece como se para ser verdadeiramente social não consistisse em interessar-se por todos os homens, mas, exclusivamente, por esta classe que chega hoje a sua maioridade política[46].

44 H. Thomas, *La Guerra Civil Española*, v. 2, p. 751,
45 *Fronteiras*, p. 1-2, set. 1937.
46 Idem, p. 9-12, jun. 1938.

A campanha se radicaliza! *Fronteiras*, em julho de 1938, publicava em negrito e em lugar de destaque a matéria:

Católicos indiferentes, maritainianos defensores dos verme-lhos, pseudocristãos que fazem o jogo dos judeus, é preciso que vos seja dito e repetido que em Barcelona as Igrejas de Cristo fo-ram destruídas, as missas e ofícios proibidos, mas [...] as sinagogas funcionam livremente[47].

Difícil acreditar que sinagogas funcionassem na Espa-nha em plena guerra civil. As informações refutando tal fato foram inúmeras. Escolhemos a de Herbert L. Matthews, por ser correspondente de guerra e ter acompanhado de perto os acontecimentos: "em 1959, a primeira sinagoga desde 1449 foi consagrada em Madri"[48]. Acrescentando que, mesmo assim, sem sinais físicos exteriores reveladores de um templo judaico.

Guilherme Auler, congregado mariano, transformou Ma-ritain em "o judeu Jacó Maritain", portador de "tendências psicopatas" extensivas a outros intelectuais, como Mauriac e Bernanos[49]. A metamorfose de Maritain se completava: judeu e comunista.

Contrariando a posição de Pe. Fernandes e de *Fronteiras*, Sílvio Elia publica um artigo elogiando o filósofo, inclusive ci-tando o *livro herético* como uma das suas melhores obras[50]. *A Ordem*, na pessoa de Tristão de Athayde, lamentava o sectaris-mo que se havia apossado da elite católica no *caso* Maritain[51]. O próprio filósofo francês defendeu-se das acusações no campo teológico, inserindo um anexo, na edição brasileira de *Humanis-mo Integral*, no qual é apresentado trecho da carta divulga-da no Brasil, em que ele responde às críticas formuladas em 1937[52].

---

47 Idem, p. 3, jul. 1938.
48 Op. cit., p. 262.
49 *Fronteiras*, p. 7, out. 1938.
50 Jacques Maritain: Mensageiro da Idade Nova, *A Ordem*, p. 151-158, fev. 1937.
51 M. P. Velloso, *A Ordem*: Uma Revista de Doutrina, Política e Cultura Católi-ca, *Ciência Política*, v. 21, n. 3, p. 156.
52 "Os esforços tentados pelo Pe. Fernandes, para ressuscitar a discussão 'de au-xílüs' e me incompatibilizar com a Companhia de Jesus (no seio da qual tenho diversos amigos que me são muitos caros) e com a Teologia (da qual, em todo caso, apesar de leigo, e apesar de não partidário do 'golpe de força' conheço os

162 TEMPOS DE CASA-GRANDE

Todavia o sectarismo de *Fronteiras* não tem fronteiras. Assim como conduziu campanha desmoralizante contra Maritain, estendeu seus libelos contra outros intelectuais que endossavam a posição maritainiana diante dos acontecimentos da Espanha.

Olhos atentos espreitavam a posição política de intelectuais católicos de projeção, identificando os fariseus.

A revista pretendeu ser Medusa, na medida em que percebia escapar-lhe do controle os grandes formadores de opinião. Importa lembrar o prestígio desfrutado pelo pensamento francês entre nós.

Assim, voltou-se para George Bernanos (1888–1948), que antes de 1938 era cultuado pela crítica e possuidor de prontuário digno de pertencer à elite católica mais conservadora. De há muito Bernanos demonstrava sua inquietude e desaprovação em relação aos rumos políticos europeus e notadamente francês. Sua produção literária é grande testemunha dessa angústia que o fazia também cada vez mais distante da Igreja. Abandonou a Action Française[53] nos idos de 1918 e os Camelots du Rois[54], cujos valores não mais se adequam ao seu perfil.

Como observou Roberto Romano:

O escritor, que realizou em cada um dos seus livros a descida aos infernos (termo de Jean Starobinski), publicou em 1926 o tremendo *Sob o Sol de Satã*. O sinal de lúcifer marca o desgraçado sé-

rudimentos) não me parecem, ouso dizê-lo, muito eficazes. Ele assegura que o *Humanismo Integral* cai numa heresia ao afirmar que 'por si só' o homem não pode senão o mal e o erro, e cita um texto do Concílio do Vaticano que eu mesmo citei em outro trabalho (*Refléxions sur l'intelligencé*. 96) e onde digo que Deus pode ser conhecido com certeza, por meio das coisas erradas, à luz da razão. Não compreendeu que a expressão 'por si só' significa 'sem o socorro de Deus' (tanto na ordem da natureza e da razão como na ordem da graça e da fé). E talvez acusará de heresia ao próprio Senhor que disse: 'Sine me nihil potestis facere', 'sem mim nada podeis fazer' (*João*, xv, 5) ou a Sequência da Missa de Pentecostes que põe em nossa boca as palavras: 'Sine tuo numine, nihil est in homine, nihil est innoxium' ". Post-scriptum, op. cit., p. 245.

53 Movimento surgido na França liderado por Charles Maurras quando do caso Dreyfus (1898). Monarquista, conservadora e católica, a associação passou a ter suas ideias difundidas através de um jornal do mesmo nome. Influencia, em Portugal, o Integralismo Lusitano. Apoia Pétain ao governo de Vichy. Maurras foi condenado à prisão perpétua em janeiro de 1945.

54 Partidários da monarquia entre as duas guerras mundiais; defensores de posições de extrema direita

A TEMPESTADE DE ÉOLO

culo XX. Em 1928, veio *A Impostura*. Em 1931, quando boa parte dos católicos flertou com os fascismos, surgiu *O Grande Medo dos Bem-Pensantes*. Na hora em que o nazismo inaugurava sua fábrica de horrores, Bernanos publicou o *Diário de um Padre do Interior* (1936)[55].

Em Palma de Maiorca (1937), o escritor testemunha as atrocidades da Guerra Civil Espanhola. A sensibilidade do autor fragiliza-se ainda mais ao perceber a violência usada por Franco, utilizando o estandarte de Cristo. *Os Grandes Cemitérios sob a Lua* é documento desse horror. E foi, talvez, pioneiro ao denunciar a barbárie espanhola[56].

No Brasil, Medusa não lhe dará paz. A paz que sabe perdida no horizonte europeu. Exilado, estará sempre presente nos acontecimentos da cena mundial. Vichi, por exemplo, foi uma das suas grandes decepções.

Escudada em "fontes" acima de qualquer suspeita, a revista recorre à psicologia para, em seus desvarios, justificar a mudança de rumo dos "seus intelectuais". No mesmo número em que acusa Bernanos de "indesejável", cita o professor Vallejo Nagera; apresentado como cientista de fama mundial, num estudo dos *mais oportunos*, publicado em *Acción Española*, diz que:

um condutor de multidões imoral, sanguinário, egolátrico e cínico atrai facilmente todos os indivíduos de tendências psicopáticas semelhantes pelo que certos partidos políticos se caracterizam pela imoralidade, a crueldade, a egolatria e o cinismo.

Guilherme Auler, autor do artigo, complementa a citação: "essa observação do mestre da psiquiatria espanhola vem a propósito de certas atitudes dos chamados 'Católicos' [?] da esquerda". E prossegue:

De acordo com a ciência, é lógico e até mesmo natural, que o judeu Jacó Maritain seja acompanhado, na sua suspeitíssima conduta de apoio aos comunistas espanhoes, pelos de 'tendências psicopáticas semelhantes' como Mauriac, Bernanos e os inquietos discípulos indígenas da aldeia.

55 Fascismo e Pecados Sexuais, *O Desafio do Islã e Outros Desafios*, p. 96.
56 O livro foi proibido durante décadas em Portugal.

164 TEMPOS DE CASA-GRANDE

Um leitor desavisado, ao ler a citação do professor Nagera, vai pensar que está diante do perfil psicológico de Francisco Franco e não de Jacques Maritain.

Auler indaga "por que George Bernanos, escritor de relativa fama, abandona a França, a Europa, enfim, para vir residir no Brasil?" E Auler responde: "motivo de simpatia intelectual com os brasileiros é argumento de caça-níqueis". O que realmente o articulista deseja informar é a opinião divulgada pela revista *América*, órgão dos jesuítas na América do Norte: "Bernanos é um difamador, é um espião comunista. Não são palavras nossas. É o Arcebispo de Maiorca, D. José Miralles Sbert, quem afirma publicamente". Auler acredita que suas transcrições não são suficientes para o auto de fé que *Fronteiras* resolve aplicar em Bernanos. Propõe-se a reconstituir a história do *apóstata* Bernanos:

num dos números de julho da conceituada revista inglesa Nevo Statesman, Georges publicou um odioso artigo contra o generalíssimo Franco e o clero espanhol. Ao ler o amontoado de calúnias, o Arcebispo de Westminster pediu informações ao de Maiorca, uma das vítimas das difamações do escritor francês.

Em seguida, Auler transcreve a resposta do Arcebispo de Maiorca, Don José Miralles Sbert:

Ilustre Senhor […], somente depois do dia 7 é que tive conhecimento do livro do Sr. Georges Bernanos, um francês hostil a Espanha, que agradeceu a hospitalidade recebida em Maiorca Caluniando Os Bons Maiorquinos E A Mim Próprio particularmente. *The New Statesman* tornou público. Os Insultos e as Mentiras de Bernanos, e suas Ideias Suspeitas do ponto de vista ortodoxo[57].

Observe-se que na citação acima algumas palavras merecem destaque, grafadas em caixa alta. Como também aplicam-se as acusações com inclusão de suspeição no campo teológico. Duvidando não ter sido convincente para transformar Bernanos em impenitente, volta a mencionar o escritor em fevereiro de 1939.

Alude o recebimento de cartas, parabenizando-o pelos oportunos avisos sobre a pessoa do "católico da esquerda", autor de um "nojento livro", *Les Grands cimitieres sous la lune*, no qual

---

57 *Fronteiras*, p. 7, out. 1938.

A TEMPESTADE DE ÉOLO

são "caluniados as mais altas autoridades eclesiásticas até os simples e heroicos voluntários da Falange".

Mas Auler não deseja estar sozinho nessas catilinárias. Arrola opiniões, segundo ele documentais, publicadas em revistas de grande autoridade, *Razón y Fé* e *Etudes*:

- Pe. Constantino Bayle, diretor do Centro de Informação Católica, diz que: Bernanos possui um "caráter atrabiliário" e que "morde pelo gosto de morder";
- Pe. Du Passage, em artigo em *Etudes*, classifica-o de anticlerical raivoso;
- Pe. José Marzo, superior dos Jesuítas em Maiorca, julga-o: "um verdadeiro indesejável" e um "nécio" ou um malvado. Quanto ao livro publicado, diz que "revela ignorância supina ou malícia refinada"[58].

Auler finaliza sua cruzada envolvendo Bernanos em *fraternal abraço* com Largo Caballero, conhecido entre seus pares como o "Lenine espanhol" e Dolores Ibarruri, a Passionaria. O que mais desejava Medusa?

Para completar sua campanha contra a *trindade* maldita, volta-se para François Mauriac (1885-1970). Novelista, ensaísta, poeta, dramaturgo, jornalista e que em 1952 seria Nobel da Literatura.

Protestou vigorosamente em 1930, condenando o totalitarismo em todas as suas formas e denunciando o fascismo na Itália e Espanha. Com Maritain, assinou manifesto pró-bascos.

Escreveu artigos a favor da República espanhola, o que lhe valeria, entre outras formas de repulsa, uma réplica de Charles Maurras, através da Action Française, proclamando que "a Igreja era a única autêntica Internacional".

Em outubro de 1937, *Fronteiras* transcreve artigo publicado em *Novidades*, órgão oficioso do episcopado português. Pelo título "O Desnorteado Sr. Mauriac", pode-se antever o tema a ser tratado.

Enfatiza que crises violentas são oportunas para apreciar o valor dos caracteres. Traz como exemplo a crise espanhola:

---

58 Idem, p. 11, fev. 1939.

A tragédia espanhola, uma das grandes tragédias da História, fez sossobrar não poucos caráteres que a não souberam ver no seu verdadeiro significado de assalto dado a civilização cristã. O cristão, o católico sr. Mauriac é um dos náufragos desta tremenda convulsão [...]. Saudado pelos católicos – não por todos pois muitos o consideram sempre suspeito – como glória digna de figurar na rica florescência das letras de espírito cristão, em nossos dias, o sr. Mauriac entendeu, que as homenagens recebidas o guindavam a etéreo trono donde podia julgar tudo e todos.

Não é surpresa o teor do artigo. Todos os discordantes do pensamento da Igreja, no tocante ao conflito espanhol, mereciam exorcismo. A Espanha sempre representou, aos olhos do Vaticano, uma fortaleza do ultracatolicismo e, naquele momento, era nau de rumo incerto.

Vale distorcer, truncar palavras, opiniões, em nome da fé. Assim, segundo o articulista, Mauriac:

Olhou para a tragédia espanhola com olhos vesgos e convenceu-se, no seu orgulho doentio, que todos os católicos, sem exclusão dos bispos e do próprio Papa, a deviam ver como ele a via. [...]. No mundo só vê traições, pois professa a rilhafolesca filosofia de que "excetuando Deus, só a natureza não deixa de trair!"

Afirma o articulista que, segundo Mauriac, até o Papa trairá a sua missão perante os acontecimentos espanhóis. "O desnorteado e irritado acadêmico não chega a afirmá-lo [...], mas insinua-o de maneira vergonhosa, ridícula e petulante". E conclui:

Eis como naufraga um acadêmico orgulhoso que, no seu naufrágio, se poderá agarrar aos elogios calorosos com que "Humanité" saúda o seu desabafo desnorteado, depois de ter atacado soezmente o cardeal Goma y Tomas, arcebispo de Toledo[59].

O que fica evidente no exorcismo aos intelectuais católicos é observar em seus discursos algo que possa unir o político ao teológico, para assim ampliar suas culpas.

Se compararmos as metamorfoses sofridas pelos intelectuais em questão no *tribunal das Fúrias*, observamos que a pena

---

59 Idem, p. 11, mai. 1939.

A TEMPESTADE DE ÉOLO

atribuída a Mauriac foi a mais suave. Dentro da linha doutrinária da revista, a posição correta seria aceitar Francisco Franco não como o *anjo exterminador* mas como o *anjo salvador* de uma Espanha católica, não importando o preço do resgate. Este *anjo* em que a ortodoxia católica transforma Franco não deve ser confundido com o "anjo da História".

Cérbero

A Espanha era tema constante em *Fronteiras* desde seu aparecimento em 1932. Dentro da sua perspectiva ideológica, os assuntos eram tratados pela ótica do sectarismo que animava seus articulistas e colaboradores. Em nenhum momento apresentou uma análise que permitisse a compreensão do que ocorria na Espanha. O aparecimento de Franco em cena era apontado como se ele fosse "O santo guerreiro contra o dragão da maldade"[60].

A Constituição republicana era apresentada como "A horrível Constituição espanhola"[61]. Sob a forma de manchete destaca: "Sábios dos Estados Unidos oferecem cátedras aos jesuítas da Espanha"[62]. "Arriba España!"[63], frase que se repete por várias vezes na revista, chama a atenção dos leitores para as notícias da guerra civil, ou melhor, *Fronteiras* dá a sua versão sobre os acontecimentos e a celebração de Franco. Quando não usam "Arriba España!", inserem as notícias no *Boletim Internacional*.

No sentido de insuflar a opinião pública contra os republicanos, editou em novembro de 1936: Diário da obra dos "pistolleros" na Espanha, nos meses que precederam a Revolução"[64]. Pelo título e pela *inclinação* da revista, já podemos perceber o teor: "destruição de igrejas, assassinatos de religiosos [...].

---

60 Nos apropriamos do título do filme de Glauber Rocha *O Dragão da Maldade contra o Santo Guerreiro*, invertendo a posição das palavras. O santo guerreiro e o dragão da maldade, analogia a Franco e à República espanhola, respectivamente, na concepção de *Fronteiras*.
61 *Fronteiras*, p. 8, jul. 1932.
62 Idem, p. 2, mai. 1932.
63 Idem, p. 16, ago. 1936. A frase "Arriba Espanã" será usada com frequência por *Fronteiras*, grito de guerra do exército franquista.
64 Idem, p. 14, nov. 1936.

168 TEMPOS DE CASA-GRANDE

Hilaire Belloc opinou dos Estados Unidos sobre a guerra:

Na luta espanhola a questão religiosa não é matéria secundária. Ao contrário, é a causa principal. Nego que a rebelião chefiada pelo generalíssimo Franco tenha caráter fascista[65].

A opinião do novelista e líder católico H. Belloc exprimiu a visão do maniqueísmo pertinente ao catolicismo. A crença de que a guerra civil foi um conflito religioso – ateus x católicos – e que Franco não era fascista era partilhada quase que unanimamente pelo mundo católico.

O dragão da maldade tem dois aliados fortes. Notícia inserida no *Boletim Internacional*: "A maçonaria e o judaísmo – os mais perigosos micróbios sociais – são a base da república, coisa que ninguém discute mais"[66].

Com a epígrafe "A Maçonaria aliada ao comunismo", *Fronteiras* transcreveu uma notícia publicada no semanário francês *Gringoire*, número 427, segundo o qual jornais maçons emprestavam solidariedade aos comunistas espanhóis. Complementou afirmando a utilidade dessas publicações no sentido de desmascarar a seita judaica que, ao seu ver, se apresentava como filantrópica quando deseja destruir o cristianismo[67]. Na sua coerência doutrinária, a revista localizava qualquer notícia, mesmo que não fosse verdadeira, em se tratando de divulgar o antissemitismo, a união do judaísmo com a maçonaria.

Satanismo e apostasia na guerra civil espanhola é o que *Fronteiras* desejava divulgar quando publicou notícia inserida no "Boletim Internacional" de junho de 1937:

Já por diversas vezes, temos chamado a atenção desta revista para a atitude satânica, incompreensível, que alguns padres apóstatas e católicos, os 'comunizantes' católicos de esquerda, tomaram defendendo os legalistas (sic) espanhoes. Os constantes apelos, por exemplo, de um Francisco Zay, de um Jacques Maritain e gente mais importante ainda, a favor da cessação da guerra [...][68].

---

65 Idem, p. 9, fev./mar. 1937.
66 Idem, p. 9, fev./mar. 1937.
67 Idem, p. 13, jun. 1937.
68 Idem, p. 14, jun. 1937.

A TEMPESTADE DE ÉOLO   169

Charles Maurras classificou a obra de Franco como: "La force au service du bien"[69].

A psicose anticomunista no Brasil tatuou Dewey como *vermelho*. E era neste sentido que o usavam para fazer suas associações. Uma, como "patrono da pedagogia 'oficial'", antes do Estado Novo, alusão à influência das ideias educacionais do professor norte-americano na "Escola Nova" e seu maior representante Anísio Teixeira. A outra, remetia para a Espanha, apontando Dewey como padroeiro dos bolchevistas espanhóis, aprovando com seu humanismo a "violação das sepulturas e a sevícia em crianças como 'meios' de reação doutrinária"[70].

De seu colaborador Victor de la Fortelle[71], a revista publicou artigo em francês sobre a temática da guerra civil, "Machiavelisme Rouge"[72], cujo teor revelava a identidade do autor com o franquismo e demonstrava como a língua francesa era o idioma das elites antes da 2ª Guerra Mundial, não somente por causa do artigo de Fortelle, mas também por outros artigos e livros do acervo da Biblioteca da Congregação Mariana também serem em grande número escritos em francês. Sobre o mesmo tema, Fortelle havia escrito *L'Espagne de Demain*[73].

Habitantes do Tártaro

Os regimes autoritários e seus chefes eram celebrados em *Fronteiras*.

O entusiasmo por Mussolini é moderado se comparado ao dedicado a Salazar. Admiram a previdência e a assistência no Estado fascista, afirmando que o regime não destruiu nenhum dos princípios formadores do povo italiano[74]. Que o regime

---

69   Idem, p. 9, jul. 1938.
70   Idem, p. 12, ago. 1938.
71   Oficial da reserva do exército francês, escritor nacionalista, fascista, anticomunista e antissemita. Membro fundador da sociedade Chréternté Occident. Correspondia-se com Vicente do Rego Monteiro.
72   *Fronteiras*, p. 6, jun. 1938.
73   Idem, p. 13, mar. 1938.
74   Idem, p. 7, mai. 1937.

fascista desde seus primórdios zelou de forma especial pelos problemas ligados ao espírito e à cultura[75].

O Duce mereceu uma manchete em negrito em dezembro de 1939: "A aproximação de Mussolini com o Papa é o melhor presente para o mundo civilizado"[76]. Com o catolicismo banido da Alemanha nazista, *este presente* representava segurança para a Santa Sé, que estabelecia um *modus vivendi* com a Itália fascista.

O tratamento dado pela revista a Oliveira Salazar é bem outro. Salazar é o "homem providencial"[77], o salvador do Estado português, formador de pátria forte, nacional e anti-bolchevista[78]. Acrescentaríamos católico. Todos os atos do ditador eram registrados em *Fronteiras* fossem estes políticos, econômicos ou sociais. Sob o enfoque daquele periódico, Salazar reunia todas as virtudes possíveis a um estadista: era um novo "*Cincinnatus*". Só que um "*Cincinnatus*" diferente do modelo de ditador perfeito que foi símbolo da austeridade na República romana e que, resolvida a crise, voltou para seu arado. O "*Cincinnatus*" português no entanto...

O precursor de Salazar, o fundador do "Intregalismo lusitano", António Sardinha, foi também reverenciado pela revista[79]. Hitler era, por sua vez, tratado como "o aventureiro Hitler"[80] pelo motivo de sustentar uma posição anticatólica.

Antecipando-se ao ideário do Estado Novo, *Fronteiras*, em 1932, já fazia apologia à ditadura. Não identificava Getúlio Vargas como portador de "virtú", considerado "cidadão afável e sutil" e, consequentemente, sem as condições necessárias para ser uma solução para o Brasil; "precisamos de um homem duro que não faça apenas se manter no poder, mas seja um poder"[81]. Lúcia Lippi de Oliveira explicita que um dos aspectos comuns do fascismo com o Estado Novo "é a crença

---

75   Idem, p. 10, nov. 1939.
76   Idem, p. l, dez. 1939.
77   Idem, p. 3, ago. 1932.
78   Idem, p. 6, jan. 1939; p. 4-5 e 15, abr./mai. 1938; p. 7, out. 1937; p. 5, jun. 1940.
79   Idem, p. 19, abr. 1937; p. 2, jan./fev. 1938.
80   Idem, p. 2, ago. 1932.
81   Idem, p. l, jul. 1932.

A TEMPESTADE DE ÉOLO 171

no homem excepcional, portador de 'virtú' como o único capaz de expressar e de construir a nova ordem"[82].

No entanto, a partir de 1935, a revista mudou sua opinião em relação a Getúlio Vargas, passando a glorificá-lo depois de novembro de 1937. Vargas havia conseguido modificar seu perfil, enquadrando-se no modelo que *Fronteiras* pregava em 1932.

Desculpando-se pelo atraso com que havia publicado seu número de novembro/dezembro, *Fronteiras* demonstrava seu entusiasmo pelo novo regime, afirmando que a "Revista hoje sai em pleno clima autoritário", justamente aquele que Jackson de Figueredo sonhava[83].

Em julho de 1932, a revista, fiel ao seu ideário de extrema-direita, divulgava o Programa da Legião Cearense do Trabalho[84]. Severino Sombra, fundador da Legião, movimento de inspiração fascista, encontrou em *Fronteiras* espaço para publicar seus artigos. Assim foi divulgado "Apontamentos para a História Colonial"[85], "Trabalho e Propriedade"[86], "Os Moedeiros no Brasil Colonial"[87], "Decálogo da Propriedade"[88], "Os Ensaiadores de Ouro e Prata em Portugal e no Brasil Colonial"[89] e "Numismática História Monetária"[90], entre outros.

A Ação Integralista Brasileira tinha também seu espaço garantido em *Fronteiras*. Plínio Salgado, em várias ocasiões, comungou de posições assumidas pelo periódico como no caso da campanha contra Nassau. Por outro ângulo, *Fronteiras* transcrevia matérias publicadas na revista integralista *Panorama*, além de fazer publicidade de obras de autores integralistas, como Gustavo Barroso; assim como editava artigos especialmente escritos para ela, como no caso de Luiz da Câmara Cascudo. Um dado esclarecedor das simpatias pela AIB e seu chefe é que, em julho de 1937, Plínio Salgado

82 Introdução, em L. L. Oliveira et al., *Estado Novo: Ideologia e Poder*, p. 24.
83 *Fronteiras*, p. l, nov./dez. 1937.
84 Idem, p. 4, jul. 1932.
85 Idem, p. 5, dez. 1935.
86 Idem, p. 6, fev. 1936.
87 Idem, p. 12, fev. 1936.
88 Idem, p. 2, ago. 1936.
89 Idem, p. 4, set. 1936.
90 Idem, p. 6, mai. 1937.

apareceu desenhado por Monteiro, ilustrando a capa do periódico.

Plínio Salgado, visto por Vicente Monteiro
Fonte: *Revista Fronteiras*
Ano: 1937

Pode parecer detalhe insignificante a inserção do desenho de Salgado como demonstrativo da admiração pela ideologia integralista. Conhecendo, porém, os meandros da revista, podemos afirmar que só foram retratados por Vicente do Rego Monteiro aqueles que se afinavam com a proposta do periódico. Rego é autor de uma única caricatura, a de Léon Blum, chefe do Gabinete francês do "Front Populaire". Blum foi caricaturado por ter sido judeu e socialista, e o autor da caricatura era antissemita declarado.

Como representante dos "tempos de Casa-Grande", *Fronteiras* incorporou em seu discurso o tema *eugenia*. Luiz da Câmara Cascudo, em artigo publicado em maio de 1939, intitulado "Pela Liberdade da Imigração Portuguesa", comentou a resolução do Conselho Nacional de Imigração de 8 de abril de 1939, que indicava "novos rumos à política imigratória impondo a entrada de estrangeiros *assimiláveis*". O articulista endossou as razões apresentadas na resolução para incluir os portugueses nas cotas de imigração, tais como:

- "os portugueses são força cooperante, a mais idônea com a formação dos brasileiros";
- "os portugueses são de incontestável valor eugênico".

Conclui Cascudo que "todos os portugueses são dignos de viver no Brasil".

Embasando sua defesa, afirmava ter Portugal enviado para o Brasil seus elementos étnicos mais representativos, seja no "sangue mais forte", seja na "coragem mais arrojada". E que o português não havia sido "um assimilado" e sim "um formador, determinando a constante *arianização*". Reivindicou para o fundador de Natal, Jerônimo de Albuquerque, uma genealogia ilustre: filho de português e de uma índia tabajara, qualificando-a de "senhora das aldeias"[91].

Três pontos afloram no artigo de Cascudo: a qualidade da cooperação lusa para com o Brasil; sua defesa da eugenia portuguesa; e o merecimento de todos os portugueses morarem no Brasil, colocando o português como capaz de arianizar o Brasil, acrescentando a *dignificação* da união entre um branco e uma índia, por esta índia pertencer à nobreza Tabajara. Uma índia eugênica, sem dúvida.

A Inquisição era sempre relembrada, atitude compreensível pela declarada posição antissemita assumida pela revista.

No número de junho de 1938, publicou tradução de matéria de um articulista francês identificado pelas letras DOC, que afirmou não compreender o direito de os judeus contestarem a Inquisição, se eles mesmos a praticaram, usando como exemplo a crucificação de Cristo. Retoma, assim, a acusação de deicídio que pesou sobre os judeus na Idade Média, afirmando que era sempre preciso relembrar que eles crucificaram Nosso Senhor Jesus sob o pretexto de defender a unidade de sua Fé. Os autos de fé foram descritos como "cenas extraordinárias" por ele. Justificou a ação inquisitorial como defensora dos espanhóis contra os judeus: "a velha inquisição espanhola que existiu contra eles para preservar, sabiamente, o povo espanhol contra a ação dos judeus"[92].

Na ótica de DOC, o comunismo se apresentava como uma contrainquisição em favor dos judeus na Rússia e na Espanha. Recomendou aos judeus o silêncio, como regra de sobrevivência, porque senão "os povos cristãos vencedores do comunismo poderiam compreender a necessidade de restabelecer a

91 Idem, p. 8, mai. 1931.
92 Idem, p. 5, jun. 1938.

174   TEMPOS DE CASA-GRANDE

Inquisição". Acreditava que os horrores causados pelo comunismo seriam suficientes "para tornar simpática a instituição tão desacreditada"[93].

Em tom nostálgico, Mário Pinto de Campos, em dezembro de 1939, referiu-se ao tribunal inquisitorial como "o benemérito e saudoso tribunal do Santo Ofício", em artigo sobre os judeus no Brasil-holandês[94]. A interpretação do discurso de *Fronteiras* não é conclusiva, dada a multiplicidade de assuntos que a compõe. Alguns temas nem sequer foram examinados; outros foram apenas tangenciados. Tentei apresentar com maior profundidade aqueles que melhor caracterizaram o ideário da revista. Foram também assuntos constantes: a maçonaria, a resistência católica à maçonaria, o lusitanismo, educação, costumes, problemas agrícolas da região, críticas literárias e cinematográficas.

Por sua persistência, dois temas merecem nossa atenção e são, aqui, apresentados à parte: "O Leito de Procusto", que trata das "catilinárias" contra Gilberto Freyre, e "Revisitando o Hades", que aborda a questão do antissemitismo.

REVISITANDO O HADES:
O ANTISSEMITISMO EM *FRONTEIRAS*

A análise de artigos, citações e transcrições de inspiração antissemita localizados em *Fronteiras* demonstra que esses textos, em sua grande maioria, gravitam em torno das *verdades* encerradas nos *Protocolos dos Sábios de Sião*, procurando induzir o leitor a acreditar no plano judaico para a dominação mundial. *Os Protocolos* foram introduzidos e divulgados no Brasil em 1936 por Gustavo Barroso, maior arauto do antissemitismo brasileiro. Constitui-se o documento de uma mistificação, é um documento apócrifo, cuja autencidade foi refutada desde 1921[95] sem que nenhum antissemita se apresentasse aos tribunais para defendê-lo[96].

93 Idem, p. 5, jun. 1938.
94 Idem, p. 4, dez. 1939.
95 M. L. T. Carneiro, op. cit., p. 29.
96 A. Rosenfeld, *Mistificações Literárias*, p. 54.

A TEMPESTADE DE ÉOLO

Nos "tempos de Casa-grande", essa obra circulou com roupagem científica, sem contestatações. Sopravam no Brasil ventos conduzidos *pessoalmente* por Éolo, ventos fortes carregados de antissemitismo.

Hoje, no Brasil, a tiragem média de uma primeira edição é de quatro mil exemplares. Um autor referendado pelo sucesso de uma obra anterior, alicerçado por uma boa propaganda, pode duplicar e talvez triplicar a tiragem. A primeira edição é sempre um balão de ensaio, que o digam os nossos editores. Não incluí nesse caso os *livros de ocasião*[97], que exploram temas que despertam a curiosidade do grande público e se constituem um caso à parte no mercado editorial não só brasileiro como mundial. Não foi o caso dos *Protocolos dos Sábios de Sião!* Se por um lado a obra em questão apresenta certo aspecto de *livro de ocasião* pelo tema explorado – o antissemitismo praticado difusamente no Brasil no meio intelectual –, por outro viés já era um *best-seller* consagrado no período entre as guerras mundiais. O assunto não era inédito nem apenas peculiar ao Brasil.

Esse preâmbulo se faz necessário para enfatizar o que representou editorialmente a publicação dos *Protocolos* no Brasil. E foi sob esta ótica que a obra apócrifa, traduzida e apostilada por Gustavo Barroso, se transformou em um estrondoso sucesso em 1936. Sucesso comprovado por duas edições, quase simultâneas: a primeira, de 10 mil exemplares, lançada no final de setembro, e a segunda, na primeira quinzena de outubro[98]. Não podemos afirmar que todos os exemplares foram vendidos ou se houve muitas doações. O que importa constatar é o sucesso editorial de um blefe, privilégio de mito político moderno: o tema da conspiração judaica mundial.

Na versão brasileira, os *Protocolos* foram apresentados em 24 capítulos, sendo os nove primeiros explicativos da metodologia utilizada para a dominação mundial e os demais detalhes, em minúcias, da implementação do domínio em face da vitória. O livro encontra-se organizado em quatro partes. As

97 Denomino livros de ocasião os que exploram momentos políticos recentes, escândalos etc. Esses livros na maioria dos casos têm vida efêmera.

98 *Os Protocolos dos Sábios de Sião*. Texto completo e apostilado por Gustavo Barroso. Esta informação encontra-se no cólon da obra.

três primeiras são preparatórias para a leitura dos *Protocolos* em si. Essas preliminares já dispõem o leitor incauto, desprovido de senso crítico, para um pré-julgamento do judeu como a maior praga do mundo.

Outro ângulo a ser inferido é o do leitor que já possui no seu imaginário animosidade contra o judeu; nesse caso ele será mais um convertido à causa do antissemitismo. Não deve ser ignorado o forte apelo sensacionalista inserido nas capas dos *Protocolos* – sinistras e simbólicas com raras exceções, induzindo o leitor a, no mínimo, folhear suas páginas. Fica explícita a intenção das editoras, de seus tradutores e comentadores no mundo inteiro[99]. Hitler percebeu com muita acuidade todos esses aspectos, quando disseminou os *Protocolos* como veículo da propaganda contra a população judaica. Em última análise, os *Protocolos* é, ainda hoje, um livro de *conversão perversa...*

Observando a diversidade de seus usos e múltiplos trajetos, uma verdadeira *panaceia de alerta* contra os judeus, verificamos que os *Protocolos* possuem uma propriedade de adaptação infinita. Podem ser utilizados nas mais diversas circunstâncias, não importando tempo e lugar, desde o seu lançamento, em 1905[100]. E como observa Pierre-André Taguieff, no estudo sobre os *Protocolos*, o mito da conspiração judaica está estruturado no maniqueísmo, indicando claramente a encarnação do mal na figura do judeu internacional. E a crença de que a conspiração judaica arruinará e dominará todos os povos transforma-se em fanatismo alimentado não mais por um antissemitismo construído por pré-julgamentos, de estereótipos negativos ou de rumores desfavoráveis. O mito tem o poder de desumanizar o judeu, satanizando-o e, em se tratando de um inimigo diabólico, não há espaço para quaisquer negociação, a não ser uma cruzada mortal, uma peleja em que o mal é o judeu e o bem, o antissemitismo[101].

No momento em que o antissemitismo inverte sua posição apresentando-se como paladino do bem, passa a justificar

---

99 M. L. T. Carneiro, op. cit.p. 28; P.-A. Taguieff, *Les Protocoles des Sages de Sion.* Apresentam em seus livros várias capas demonstrativas de como as editoras exploram o tema.

100 M. L. T. Carneiro, op. cit., p. 29.

101 P. A. Taguieff, op. cit., p. 12; p. 15.

A TEMPESTADE DE ÉOLO

toda e qualquer atitude contra o judeu. Ainda sob o prisma do sucesso editorial dos *Protocolos*, no caso brasileiro, não concordamos com Laurence Hallewell, que justifica a difusão da literatura antissemita incluindo os *Protocolos* como um simples modismo. Para o autor, sempre foi "uma característica nacional brasileira"[102] a importação, sem questionamentos, de tudo que estivesse em moda na Europa e nos Estados Unidos. Ou Hallewel não aprofundou sua pesquisa ou relegou a um plano inferior a longa tradição luso-brasileira de racismo e antissemitismo.

Ocorreu que, no após-guerra e interlúdio para a 2ª Guerra Mundial, recrudesceu o antissemitismo na Alemanha, espalhando-se como nuvem mortífera por toda a Europa. O Brasil não estava à margem dos acontecimentos europeus e norte-americanos e tinha conhecimento da difusão dos *Protocolos* e do *Judeu Internacional*, de Henry Ford. Inclusive já registramos a influência fordiana nos escritos de Freyre, redigidos nos Estados Unidos e publicados no *Diário de Pernambuco* em 1921 e 1923. Mas a "Grande Mãe" era a França, onde proliferavam obras antijudaicas. Não era modismo. A França até Vichy – divisor de águas na opinião pública brasileira – era o protótipo a ser seguido, o espelho. Nós éramos o reflexo da imagem do espelho. Abandonando sua matriz portuguesa, o Brasil via-se através da França: falava-se, lia-se, pensava-se em francês.

O antissemitismo, no entanto, não era uma questão de simples importação de valores; este já existia como *fogo de monturo*[103] apenas esperando o *sopro* para a reanimação das labaredas. No caso específico dos *Protocolos*, este fazia parte, nos anos 30 e 40, do acervo de inúmeras bibliotecas de renomados intelectuais brasileiros, conforme constatou Maria Luiza Tucci Carneiro[104]. Da mesma forma fazia parte da Biblioteca da Congregação Mariana da Mocidade Acadêmica como elemento de *conversão*[105].

102 O *Livro no Brasil*, p. 302.
103 Expressão regionalista que significa brasas encobertas de cinzas, podendo ser reavivadas a qualquer momento.
104 Op. cit, p. 27.
105 Considero os *Protocolos dos Sábios de Sião* como livro de conversão. Recentemente tivemos oportunidade de constatar uma conversão. Discutindo com celebrado médico oriundo da classe média alta a questão judaica, ele, não

178 TEMPOS DE CASA-GRANDE

Fronteiras utilizou-se das ideias pregadas pelos *Protocolos* coadjuvadas por mais uma série de estereótipos antissemitas que circulavam mundialmente. Referendando a prática nazista, *Fronteiras* utilizou-o para *sensibilizar* os seus leitores. A revista não só publicou artigos de autores nacionais e internacionais, como foi o caso de Victor de La Fortelle, como transcreveu matérias de jornais católicos franceses antissemitas. Em 1939, lançou uma coluna intitulada "Fronteiras Ginasial", aliciando jovens do tradicional Ginásio Pernambucano: uma oferta de oportunidades para o exercício do antissemitismo. A face antissemita da revista passou a ser delineada com mais *cor* a partir de 1936. O uso do negrito em manchetes ou em pequenas notas inseridas no meio das páginas foi um dos artifícios explorados por *Fronteiras* para dar à matéria o destaque pretendido.

Apenas a título de ilustração, agrupamos em epígrafes os artigos que remetem o leitor à temática dos *Protocolos*:

- política judaica mundial;
- o caráter do judeu;
- a invasão judaica;
- libelo acusatório contra o judeu: velhos estereótipos;
- novas roupagens;
- finança judaica;
- e o judeu corruptor dos costumes.

Com a epígrafe "A Internacional das Artes", Vicente do Rego Monteiro acusou os *marchands* internacionais de serem 99% judeus: "Simons, Rosenbergs, Cohens, Aschers, Bergers".

Consequentemente, dentro de sua visão antissemita, estes *marchands* foram os responsáveis pela transformação dos artistas em "chocadeiras artificiais, ou melhor, poedeiras selecionadas para a alta postura". Fez analogia com uma granja-modelo, "os artistas foram submetidos ao mais rigoroso controle, a fim de obter do tipo standard", para reproduzir quadros em série. Como consequência, a capacidade *criadora* é substituída

---

aceitando nossos argumentos, exibiu vitorioso a contraprova, um exemplar dos *Protocolos* editado em 1991. O sentimento antijudaico continua forte. E os *Protocolos* continuam a sua caminhada...

A TEMPESTADE DE ÉOLO

pela *reprodutora*. Considerou que a arte moderna não possuía "uma tendência, apenas uma receita agressiva mil vezes reproduzida: Compoteira, Jornal e Guitarra". Afirmou que "L'École de Paris não passava de uma sucursal da Grande Internacional, onde artistas cristãos eram substituídos por ateus e livres pensadores". As sensibilidades artísticas, os talentos de real valor morriam pobres, servindo de "florões na parada do *trust* internacional judeu". O vasto plano político dos *marchands* foi o de lançar, na bolsa de valores artísticos, um novo critério: o especulativo ou de agiotagem[106].

Monteiro não percebeu que os tempos mudaram, preso a "sua visão de mundo" aristocrática e elitista, induzido por seus valores antissemitas, atribuiu aos *marchands* – na sua ótica quase todos judeus – as mudanças ocorridas no mercado de arte. No entanto, nos anos 30 constituiu-se um novo público, um novo mercado consumidor ávido de novos padrões estéticos. Monteiro, que se integrou ao modernismo, vê com repugnância a representação de naturezas mortas. Para ele, *marchand* é sinônimo de especulador e agiota, e, consequentemente, judeu nos cânones não da arte, mas do antissemitismo.

Fronteiras transcreveu, em agosto de 1938, artigo publicado pelo jornal católico francês *La Nouvelle Voix*, que denunciou ao mundo o perigo do sionismo. *Os Protocolos dos Sábios de Sião* serviu de base ao teor do texto que enfatizou o domínio dos judeus nos meios de comunicação. A B'nai B'rith, organização filantrópica judaica, era apresentada como "Ordem Maçônica Internacional", fundada em Nova York, em 1843. Usou números astronômicos para demonstrar o crescimento da organização e suas ramificações por diversos países. Para conferir à B'nai B'rith tendências comunistas tão caras aos antissemitas, incluíram Léon Blum e Trótski como seus membros. A organização era considerada como o agrupamento mais poderoso do judaísmo internacional e se tornou, nos Estados Unidos, um Estado dentro do Estado. Segundo a versão francesa, a opinião pública mundial era controlada pela organização pelo fato de todas as agências de informação

106 *Fronteiras*, p. l, ago. 1938.

180 TEMPOS DE CASA-GRANDE

estarem nas mãos dos judeus, sendo as notícias manipuladas dentro das necessidades da política judaica. Essa política se exprimia na "cruzada das democracias, contra Hitler, contra Franco pelo sucesso do comunismo e a dominação judaica". A organização era apresentada como "tão poderosa" que dos Estados Unidos promovia e comandava as revoluções na Rússia, no México, na Espanha, na Hungria etc. O artigo é concluído com uma sombria advertência:"O Judeu-comunista, como o Mississippi, é um rio que tem suas nascentes na América. Cuidado com as grandes enchentes!"[107]

Usando a metáfora do articulista, afirmo que o antissemitismo é como o Mississippi. Cada vez mais a torrente é engrossada por novos atributos negativos. A pena do antissemita é mágica, consegue transformar uma organização filantrópica numa central de revoluções e todos os judeus em ativistas comunistas. O quadro pintado é, realmente, desolador: a desordem estava na ordem do dia comandada pelo judaísmo internacional.

Em "Notas sobre os Judeus no Brasil Holandês"[108], Mário Pinto de Campos apoia-se, para a construção do artigo, nas ideias de dois antissemitas: Solidônio Leite Filho e João Lúcio D'Azevedo, além dos *Protocolos dos Sábios de Sião*. Ao longo da exposição, é possível identificar vários estereótipos já consagrados, como o do *complô universal*:

1. O Judaísmo nos oferece um impressionante caráter de permanência nos seus propósitos terríveis de domínio universal pela escravização lenta dos povos cristãos. Todos os seus atos têm um profundo significado racista, visam sempre à destruição da civilização cristã, sobre cujos escombros pretendem levantar o Estado de Israel.

E retomou a questão da *pureza de sangue* ao afirmar:

2. Para cumprir fielmente a missão extraordinária a que se julgam eleitos, os judeus evitaram sempre a contaminação de seu sangue por outras raças, praticando um severo cruzamento intersemítico – a endogamia.

---

107 Idem, p. 10, ago. 1938.
108 Idem, p. 4, dez. 1939.

A TEMPESTADE DE ÉOLO 181

3. Explorar o velho filão do "ideal semítico", utilizado também por Freyre em *Casa-Grande & Senzala*, é outra proposta evidente: "as perspectivas de grandes riquezas [...] atraíam os judeus ávidos de ouro".

4. Recorreu a Solidônio Leite Filho para afirmar que os judeus haviam sido *colaboracionistas*: "o almirante holandês recebia largas informações sobre as coisas do Brasil". Reforçando a imagem do *judeu traidor*, apela para J. Lúcio D'Azevedo, elogiando de *esplêndida* a obra do autor português *História dos Cristãos-Novos Portugueses*. Desse estudo recupera a ideia de que os judeus em Pernambuco receberam "de braços abertos o invasor". Para demonstrar o domínio judaico na capitania, afirmou ter existido "rua, cais e bolsa" exclusivos dos judeus. Acreditando não ter sido suficientemente claro na sua descrição do judeu como criatura vil, enumerou vários outros estereótipos já conhecidos – "Contrabando generalizado, agiotagem, *trusts* peculiares, rapacidade, perfídia, inclinação a enganos e falências, astúcia judaica". Relembrou também *a marca da infâmia* que os judeus foram obrigados a usar, principalmente na Alemanha nazista: "distintivo, chapéus vermelhos ou insígnias amarelas"[109].

Para o autor, aquele sinal infamante servia para identificar não o judeu em si, mas o judeu ladrão, partindo da premissa de que todos os judeus eram ladrões. Lamentou não mais existir o Tribunal do Santo Ofício e acrescentou: "tão necessário naqueles tempos como o é hoje – seria o melhor penhor para a segurança nacional".

Esta última assertiva de Campos nos remete para os "tempos de Casa-Grande". A matéria foi escrita em 1939, momento em que se vivia o brilho do Estado Novo. Por que ressuscitar o Tribunal da Inquisição? Para perseguir os descontentes com o regime ou os judeus seriam o alvo? Dado as evidências do antissemitismo professado pelo autor, seria um instrumento para infligir medo aos judeus que aqui viviam e aos que aqui

---

109 As citações numeradas de 1 a 4 são de autoria de Mario Pinto de Campos, retiradas de "Notas sobre os Judeus no Brasil Holandês".

pudessem aportar, enfrentando todos os entraves burocráticos da "elite Rio Branco"[110].

Em tabela de fonte não identificada, a revista chamou atenção, em maio de 1937, para a percentagem de judeus na administração russa, enfatizando pelos números como uma minoria domina a maioria, se instalando no aparelho do Estado: "De 558 funcionários, 540 são judeus ocupando assim 97,8% dos empregos públicos. Percentagem da população judaica na Rússia, 1,7%"[111].

Sérgio Higino apresentou a lista dos participantes do Gabinete de Léon Blum, a maioria judeus. Reforçou, assim, em junho de 1937, a notícia anterior em que ficou explícita a ideia de que é próprio do judeu dominar politicamente o país que o acolhe[112].

Dando continuidade a sua pregação antissemita e usando alunos do curso pré-universitário do Ginásio Pernambucano, *Fronteiras* publicou, em maio de 1939, "Três Motivos da Condenação Judaica", de Raul Teixeira. Utilizando um termo muito em voga nos anos 30 – o "parasitismo judaico", ao qual credita o êxito financeiro dos filhos de Israel –, Teixeira enumerou os motivos mais importantes que justificam a condenação judaica. *Em primeiro* lugar, "os judeus são messiânicos" e pretendem dominar o universo, possuindo lastro monetário suficiente para influenciar nas decisões financeiras das nações. *Segundo motivo*: os judeus dominam as comunicações e as usam para a ruína do mundo. Afirmou: "a imprensa e as agências telegráficas, como em 1914, são a pólvora que os judeus fazem inflamar para a destruição do mundo não judeu".

O terceiro seria o ódio mortal que o judaísmo sente pelo catolicismo que, por ser "doutrina de moral e de justiça, de paz e de amor, será sempre um obstáculo formidável ao sonho messiânico de Israel". Citou os *Protocolos dos Sábios de Sião* como "*documento autenticíssimo*, inspirador dos planos judaicos de domínio do mundo"[113].

---

110 M. L. T. Carneiro, op. cit., p. 224. A historiadora utiliza a expressão, quando o Itamarati tornou-se, no período em questão – era Vargas –, um reduto do antissemitismo na pessoa de muitos diplomatas.
111 *Fronteiras*, p. 14, mai. 1937.
112 Idem, p. 15, jun. 1937.
113 Idem, p. 7, mai. 1939.

A TEMPESTADE DE ÉOLO 183

Mais uma vez os *Protocolos* se prestam como fonte inspiradora da propagação do antissemitismo. Raul Teixeira não acrescentou nada de novo aos estereótipos antijudaicos; apenas reproduziu *as verdades* ditadas pelos *Protocolos*. Cabe aqui uma reflexão de Hannah Arendt, que afirmou que "o mais importante não é questionar o blefe e sim o porquê de milhares de pessoas lhe darem credibilidade"[114].

Ressalto que um outro libelo, também fraude, *Os Jesuítas e a Monita Secreta*, de Francisco Rodrigues, teve seu ciclo de influência, depois cessando. Os *Protocolos*, no entanto, são como a "Fênix do mito": ressurgem sempre das cinzas, demonstrativo da força do preconceito.

O Caráter do Judeu

Escrevendo "de Paris", Vicente do Rego Monteiro, em julho de 1937, a propósito do livro *Le Mariage*, de Léon Blum, traçou um perfil do primeiro Ministro do Front Populaire:

como um exemplar raro [...], francês por eleição e aclimação – é o resultado da infiltração semita no meio das classes dirigentes de um país sem defesa, minado pelo liberalismo e o ouro soviético.

Monteiro arrolou para seus leitores vários estereótipos antissemitas identificados em Blum:

partidário da socialização dos capitais, grande capitalizador dos bens terrestres, tem suas reservas garantidas no estrangeiro. Fino colecionador de baixelas de prata [...]. Este chrisólatra e inimigo do capital alheio é uma das idiossincrasias das mais curiosas a estudar[115].

Vicente sabe manejar as palavras como os pincéis! Sua assumida posição de monarquista e antissemita jamais aceitaria a posição desfrutada por Blum por ser judeu e ministro de um regime político detestável. Observa-se a ironia com que

---

114 *Origens do Totalitarismo*, p. 27.
115 *Fronteiras*, p. 7, jul. 1937.

definiu a cidadania de Léon: "francês por eleição e aclimação". Blum era um judeu "assimilado", como muitos, tal como Disraelli. Aos olhos do pintor, Blum nada mais era que um judeu com um corolário explosivo, representante do pensamento da esquerda. A compulsão por capitais e metais preciosos é digna de registro, como parte do infinito arsenal usado pelos antissemitas preocupados em apontar as características exclusivas do judeu. Monteiro enfatizou não ser preciso usar Freud para descobrir a incógnita desse idiossincrásico.

Blum, visto por Monteiro
Fonte: *Revista* Fronteiras, *1937*

Recomendou ao leitor algumas passagens de *Le Mariage* que permitem enquadrar o escritor "no seu justo meio". Comparou a obra de Blum a "um arado monstruoso que, sulcando a terra, vai preparando a futura mocidade socialista-erótico-pecaminosa".

A Invasão Judaica

"A Invasão Judaica de Pernambuco" é título de outro artigo assinado por Vicente do Rego Monteiro, em agosto de 1938, que denunciou a presença cada vez maior de judeus em Recife. Enfatizou que a grande maioria possui fortuna muito superior aos nativos. Suas atividades comerciais, as mais diversificadas possíveis, "vão aos poucos drenando toda a pequena economia local". Além disso, são proprietários de grande número de imóveis no centro urbano: "em breve senhores absolutos

A TEMPESTADE DE ÉOLO

do comércio recifense, nada impedirá a ascensão de Israel às classes sociais e à magistratura".

Outra preocupação sua: "a juventude sionista, aqui nascida e que frequenta e vai se formando em nossas escolas superiores". Denunciou: "não obstante a interdição da HITCHIA (Organização da Juventude Sionista), os clubes israelitas funcionavam livremente no Brasil", campo por excelência de atuação dos B'nai B'rith (Os Filhos do Testamento) que "atuam e invisivelmente orientam o liberalismo maçônico indígena". Acrescentou que:

O judeu-polvo do comércio e dreno do capital já não quer emprestar seu ouro aos Bancos regionais: um Banco israelita no Recife garante aos iniciados o segredo dos bons negócios.

Finalizou afirmando que "a invasão judaica em Pernambuco não é uma lenda para uso dos antissemitas [...] é uma triste realidade"[116].

O título do artigo é sugestivo e revelador da posição assumida pelo pintor. A palavra *invasão* tem a conotação de: *entrar à força* e, ao que se sabe, Pernambuco jamais foi invadido por judeus; a não ser que, através do mimetismo, os holandeses na fase colonial tenham todos se metamorfoseado em israelitas. A preocupação de Vicente assemelhou-se à de Gilberto Freyre, tratando do mesmo assunto em 1923, em artigo escrito nos Estados Unidos e publicado no *Diário de Pernambuco*, conforme já mencionei.

É um filho da terra, aristocrata, descendente da açucarocracia, de formação plástica no exterior, que reage à presença da colônia judaica em Pernambuco. Rego Monteiro tem o mesmo pensamento que norteava a sociedade lusa perante a ascensão social do judeu e o ingresso na magistratura na fase inquisitorial. Não existe no pensamento de Vicente uma ruptura, mas sim uma permanência de valores antissemitas do passado, acrescidos de modernos estereótipos como *judeu-polvo, judeu dreno de capital, liberalismo maçônico*. Registrou como se fosse um delito o ingresso de jovens judeus nas escolas superiores. Presumimos que, para Monteiro, a solução para deter

116 Idem, p. 4, ago. 1938.

os judeus em Recife seria confiná-los em um *gueto* tão em voga nos "tempos de Casa-Grande".

Victor de La Fortelle é o autor do artigo "O Balanço do Marxismo"[117]. Na realidade, a proposta do articulista é difundir a ideia da pseudotrilogia maçons-judeus-marxistas, tão cara aos antissemitas. Ao analisá-la, apresenta-a em "fase de adormecimento" por contabilizar "a primeira falência dos inimigos da civilização": a vitória de Franco na Espanha, e na Itália a ação de Mussolini, criando uma "potência colonial". Credita ao Front Populaire francês grande parcela de culpa na *Anchluss* da Áustria e Tchecoslováquia. Afirmou que o "Comitê para a defesa dos israelitas na Europa Central e Oriental se agita e procura aliados". Visualizou nessa busca o surgimento de novas organizações maçônicas batizadas por *ejusdem farinae*. Referendou essa afirmação citando o artigo de Vicente do Rego Monteiro, "A Invasão Judaica em Pernambuco", quando o autor referiu-se à ação das B'nai B'rith. La Fortelle ressaltou também, com satisfação, o progresso cada vez maior do antissemitismo francês e que a Inglaterra, apesar dos pesares, também começa a compartilhar do mesmo sentimento. E que os judeus, sentindo-se ameaçados na Europa, procuravam cada vez mais refúgio nas Américas. Prova disso eram os Estados Unidos, cuja maior cidade chama-se "Jew-York". Ao seu ver, o mesmo destino estava reservado à América do Sul "cada vez mais invadida por uma massa crescente de imigrantes indesejáveis". Retomou o artigo de Rego Monteiro qualificando-o de "extremamente instrutivo e exato", enfatizando que:

> Os judeus querem a riqueza para com ela possuir o poder, e o poder para conseguir a riqueza; assim pouco a pouco esperam eles reduzir os povos ao seu domínio [...] eles esperam eternamente, e eis que suas trapaças reveladas pelo mundo inteiro graças à velocidade crescente das comunicações não podem mais se dissimular no segredo!

O artigo de La Fortelle não era só "instrutivo", tal como ele afirmou em relação ao de Vicente do Rego Monteiro. Acrescenta-se mais um atributo: o de *oportuno*, pois foi publicado em outubro de 1938, quando o Estado brasileiro posicionava-se

117 Idem, p. 6, out. 1938.

contra a entrada do imigrante judeu, como demonstrou Tucci Carneiro em O Anti-Semitismo na Era Vargas e, mais recentemente, Jeffrey Lesser em O Brasil e a Questão Judaica.

A ideia de uma "indissolúvel" trindade, maçonaria/judaísmo/comunismo, potencializa o medo ao "judeu indesejável". Em Pernambuco, desde a "Questão Religiosa" envolvendo dom Vital, o combate à maçonaria, vista como força do mal, inimiga da Igreja Católica Romana, tinha foros de "guerra santa". Associá-la ao elemento judeu e, posteriormente, ao comunismo, não era difícil, pois os três elementos, por si só, simbolizavam a conjunção da maldade. La Fortelle, ao expor suas ideias, referendou o que já transitava nos "tempos de Casa-Grande". E Fronteiras desempenhou bem o seu papel de veiculador de ideias antissemitas ao difundir discursos locais e internacionais, visando conquistar corações e mentes para sua causa.

Gerson Romário, aluno do Ginásio Pernambucano, no seu artigo "O Sentido de Nossa Reação"[118], expôs de forma meridiana seus pontos de vista sobre a questão da emigração judaica para o Brasil. Emprega, num verdadeiro arremedo, terminologia e justificativas semelhantes, às vezes iguais, às dos diplomatas brasileiros que negavam visto de entrada aos judeus que fugiam da inclemência nazista. É como se Fronteiras fosse uma sucursal do Itamarati nesses "tempos de intolerância". Romário trouxe a público estereótipos comuns à retórica antissemita dos anos 30:

- "a invasão judaica no Brasil caminha a passos gigantescos";
- "breve teremos 'perigosos quistos' no seio da nação brasileira";
- "ao Brasil só interessa uma imigração de 'povos facilmente assimiláveis'";
- "'raça espúria' sempre a vegetar num nomadismo intérmino, justo castigo por seu crime nefando"; e
- "isolados, trancados nos 'ghettos' viveram e eles sempre vivem alheios à vida nacional dos povos que lhe dão abrigo".

118   Idem, p. 13 e 14B, abr. 1939.

188 TEMPOS DE CASA-GRANDE

Para justificar suas ideias, baseou-se em dados estatísticos de 1900 a 1933, que apontavam o aumento sempre crescente da população judaica no Brasil. Com base nesse pressuposto, traça diretrizes de como fazer frente ao problema: primeiro, deveríamos *eliminar* todo e qualquer "sentimentalismo idiota e inútil" de acreditar que a onda de antissemitismo que assola o mundo é "consequência de uma reação injusta e fora de propósitos". Segundo: enfatizar que "devemos combater o judeu, pois este faz parte do povo mais racista que existe na humanidade". Terceiro: que toda a insegurança mundial era gerada pelo racismo judaico – denominado de "racismo messiânico" –, que monopoliza bancos, imprensa, publicidade, influindo em todos os setores da vida, nunca se nacionalizando. Quarto: comunismo e maçonaria eram aliados naturais do judeu, que tinha como objetivo a destruição da cristandade.

Romário explicou também que "o nosso antijudaísmo deve ser acima de tudo, uma atitude de defesa…, sem tocar contudo as raias de uma campanha racista", porque o "racismo é o emprego da violência". Advertiu, nesse sentido, que o uso da violência só beneficiava o judeu, pois ele era hábil suficiente em vestir "a túnica da inocência" para se fazer de "vítima das injustiças". Citando o exemplo da Alemanha, sugeriu que não deveríamos fazer uso da violência para que não se erguesse contra nós o mesmo "vozerio". Preconizou que a reação deveria estar lastreada no conhecimento profundo da ação judaica e dos "mistérios das sinagogas". E que depois da posse de todas as verdades, "falar aos amigos", para conquistá-los para a causa. Escrever, transmitir todas as informações sobre os judeus numa ação coordenada. Conclamou que todos se congreguem em torno de *Fronteiras* e que a ação ideal seria aquela que esclarecesse os perigos que habitavam a "sombra das sinagogas". A seu ver, a ação ideal seria mais eficaz que "um mata-galego"[119]: criando um clima adverso, o judeu seria o primeiro a fugir.

Esse *aprendiz* de antissemita[120], como se pode observar, estava atualizado com relação às ideias antissemitas que cir-

---

119 Alusão a explosões xenófobas, ocorridas em Pernambuco, principalmente pouco antes da Revolução Praieira com nome de mata-mata marinheiro.
120 Batizamos de aprendiz de antissemita pelo fato de Gerson Romário não ter ainda ingressado no curso superior.

A TEMPESTADE DE ÉOLO   189

culavam em âmbito nacional e internacional. Não é sem razão que a Biblioteca da Congregação Mariana da Mocidade Acadêmica oferecia um acervo adequado ao exercício intelectual de um antissemita dedicado a se especializar: a começar pelas *Forças Secretas da Revolução* de Léon de Poncis, *Protocolos dos Sábios de Sião* e as obras de Gustavo Barroso, dentre outras do mesmo teor.

A migração judaica regional já havia sido motivo de preocupação de Gilberto Freyre em 1923, de Vicente do Rego Monteiro em 1938 a nível local e, em 1939, tema de Gerson Romário em termos nacionais. Nosso articulista era *inovador*: oferecia soluções para a questão. Além de usar os costumeiros estereótipos, transitava nas suas afirmações entre o antissemitismo tradicional – como é o caso da acusação de deicídio – e o antissemitismo moderno, apelando para a ideia do complô internacional. Observa-se como o *aprendiz* banaliza a crescente e ingovernável onda do antissemitismo, induzindo os leitores, como pré-requisito de combate aos judeus, a se despirem de "sentimentalismos idiotas e inúteis". Tendo *Fronteiras* como força aglutinadora, pregou como reação à hostilidade a ponto do ar tornar-se *irrespirável* para o elemento judeu: nas entrelinhas um ato simbólico de repulsa, ódio e expulsão.

Libelo Acusatório contra o Judeu:
Velhos Estereótipos, Novas Roupagens

Uma das maiores autoridades da Igreja, doutor em filosofia e base do pensamento filosófico católico apostólico romano, foi convocado para persuadir os leitores, ampliando as fileiras de antissemitas. Em negrito e em letras garrafais, destacou a manchete: "S. Thomaz de Aquino é Fascista", em matéria não assinada[121]. Apresentou em seguida três trechos de textos de S. Tomás para provar "o seu horror aos judeus":

> Não os frequentes senão em caso de necessidade e se estiverdes, além disso, firmes em vossa fé. Evitar de ter com eles relações de

---

121 *Fronteiras*, p. 10, mar. 1939.

190 TEMPOS DE CASA-GRANDE

familiaridade se vossa religião vacila e se nada vos obriga a vê-los (Summa II-II, q. 10, art 10).

É preciso que em todo o reino cristão e em todos os tempos sejam os judeus de ambos os sexos diferenciados dos nacionais por um sinal exterior (Carta à duqueza de Brabante).

Os senhores (a duquesa de Brabante consultou o Grande Doutor sobre suas finanças) estão perfeitamente no direito de exigir dos judeus, não importa que fôra, porque em princípio os bens mesmo dos judeus lhes pertencem (Recomenda-lhes, entretanto, não irritá-los por represálias excessivas).

Finalizou indagando: "Que pensa o tomista Maritain destes textos?".

Nada como recorrer a uma fonte de indiscutível valor para justificar determinado pensamento, principalmente se este manancial for para o mundo católico perene de inspiração. E se o dr. Angélico, como ficou conhecido Tomás de Aquino, era antissemita, melhor ainda. Só que Tomás de Aquino viveu a época da cristandade em que pesava sobre todos os judeus a acusação de deicídio. Apelando para o conteúdo de textos medievais, a revista demonstrou a atualidade deles em face da pregação antissemita hitlerista: a segregação do judeu, o uso do sinal distintivo e a apropriação dos bens judaicos.

Tucci Carneiro aponta como conceitos e ideias medievais foram sabiamente reaproveitados pela sensibilidade intuitiva de Hitler[122]. *Fronteiras* fez o mesmo. Jacques Maritain é citado no último dos textos acima apresentados, pela posição assumida pelo filósofo tomista frente à Guerra Civil espanhola, fato já analisado.

Dalmo Belfort de Mattos, da Sociedade de Etnografia e Folklore de São Paulo, escreveu um artigo em que defendeu a origem nobre dos primeiros povoadores de Piratininga. Reagiu contra as conclusões da presença de sangue judaico nos primórdios da colonização, além de insurgir-se contra o que chamou de "mania dos sociólogos brasileiros": a influência hebraica em Piratininga. Ressaltou o vicentino transvestido de judeu: "nariz adunco, pernas finas, gestos de aves de rapina, alma tortuosa

---

122 Op. cit., p. 19.

A TEMPESTADE DE ÉOLO

dos que judaízam em segredo, afivelando no rosto a máscara de 'cristãos-velhos'"[123].

Mattos creditou tais informações do *vicentino deformado* em judeu a Capistrano de Abreu e Paulo Prado e que foram citados por Gilberto Freyre e Gustavo Barroso que o retrataram do mesmo modo em suas obras. Freyre, para ele, analisou "a civilização paulista através do prisma exclusivamente nordestino", e afirmou que "os hebreus buscaram em Piratininga não a riqueza, mas a impunidade" e que São Paulo "foi, provavelmente, o núcleo brasileiro de população mais colorida pelo sangue semita"[124].

Gustavo Barroso a "retratou através de um preconceito pessoal", apelando para uma afirmação de Paulo Prado em *Paulística*: "a capitania de Martin Afonso oferecia melhor acolhida para a imigração judia". Citou-a na sua *História Secreta do Brasil*, consignando considerações julgadas por Matos como espantosas: "As duas capitanias que prosperam chamaram logo a judiaria"[125].

Belfort de Mattos, ao fazer a defesa dos nobres antepassados paulistas, não escondeu seu pensamento antissemita. As condenações a Freyre e, principalmente, a Barroso são pelas assertivas que vinculam o "sangue infecto" ao vicentino das melhores famílias portuguesas. Ao judeu em si a deformação é aceita como verdadeira, pois, em nenhum momento, a refuta, e, ao formular a contestação, alicerçou-a em estereótipos antissemitas, apelando para metáforas:

- ◆ "a pobreza da Capitania era incapaz de atrair capitais";
- ◆ "as atividades agrícolas desenvolvidas por todas as famílias excluindo a possibilidade da participação judaica por seu 'horror litúrgico' à terra";
- ◆ "pela toponímia católica atribuída pelos sertanistas aos seus descobrimentos";
- ◆ "as doações generosas feitas aos carmelitas por Domingos Jorge Velho"; e

123 *Fronteiras*, p. 2, dez. 1938.
124 Idem, ibidem.
125 Idem, ibidem.

192 TEMPOS DE CASA-GRANDE

- "o financiamento por particulares da abertura do caminho de São Paulo e Cuiabá"[126].

Em resumo, são nos seus argumentos de defesa que percebemos quase uma síntese do ideário antissemita postulado nos anos 30: o judeu só era atraído para onde existia riqueza, tinha horror ao trabalho agrícola e era incapaz de distribuir benesses porque só sabe amealhar.

Finança Judaica

Os fundadores do protestantismo, Lutero e Calvino, considerados inimigos figadais da Igreja Católica, foram também aproveitados e reinterpretados para esta campanha de propaganda antissemita. Sempre em negrito para melhor destacar a forma:

Martin Lutero cedeu à influência de seus amigos judeus e, graças à finança e auxílio da autoridade judaica, o seu "complô" contra a Igreja Católica logrou êxito. "Catholic Gazahe", Inglaterra, Fevereiro de 1936.

E acrescenta: "Calvino era de descendência judaica, a autoridade e a finança judaica o auxiliaram no seu plano de Reforma"[127].

Que melhor estandarte que aliar a Reforma à obra de inspiração judaica, inclusive financiada por capital judeu? Momento adequado em que a Igreja Católica se rearmava e se fortalecia, tentando por todos os meios deter o proselitismo protestante. Em duplo exorcismo, combatia o protestantismo e fortalecia seu ideário antissemita em pleno 1938.

Victor de La Fortelle, colaborador de *Fronteiras*, comentou também sobre esta temática – a das finanças –, relacionando os judeus não só com as empreitadas comunistas mas também como os fomentadores do racismo no mundo:

Quanto aos hebreus, são também os seus atos políticos que merecem ser considerados, especialmente o apoio proporcionado pela

126 Idem, p. 2-3.
127 Idem, p. 12, ago. 1938.

A TEMPESTADE DE ÉOLO

sua finança às empreitadas comunistas, sua vontade de hegemonia, objetivo deste povo eleito cujo racismo é o mais velho do mundo[128].

Para La Fortelle, a finança judaica era sempre a sócia majoritária dos empreendimentos considerados danosos para a ordem tradicional, como, por exemplo, a Revolução Russa de 1917 e a Guerra Civil Espanhola, desde que atendesse aos propósitos hegemônicos. O tema da exogamia judaica praticada, inicialmente, como fator de sobrevivência do grupo, era também outro tema acionado pelo autor para contrapor ao antissemitismo.

Nesse mesmo número de abril de 1938 a revista insere uma frase, reafirmando o pensamento de La Fortelle: "O racismo antijudaico não é mais do que uma réplica ao racismo judaico".

O Judeu, Corruptor dos Costumes

Gerson Romário, *o aprendiz de antissemita*, apontava o judeu como líder corruptor da humanidade, conduzindo-a para o "repugnante charco da desonra". A seu ver, o plano judaico, executado de forma odiosa e sutil, tinha como objetivo a perversão da criança, mudando seus hábitos através de suplementos infantis e filmes. Segundo Romário: "A imaginação doentia e nociva de Israel, inspiradora de filmes violentos e revistas, tem a finalidade de aguçar a curiosidade para o fantástico".

Repetindo velhos slogans como "o judaísmo sem pátria é tão vil", o jovem autor arrola coeficientes dos temas de filmes distribuídos em 1936 – furtos e assassinatos ocupam os primeiros lugares – como "verdadeira forja de futuros sequazes do crime". Preconiza, para o futuro, que as crianças, como autômatos, "realizariam o que Israel elaborou à sombra das sinagogas"[129].

Publicações infantis e o cinema eram os veículos corruptores da criança habilmente manejados pelo judeu. A nível doutrinário, a preocupação era alertar os pais contra o *malefício judaico*.

Em junho de 1938, em páginas diferentes e sempre em negrito, *Fronteiras* relacionava a educação sexual ao comunismo

128 Idem, p. 5, out. 1939.
129 Idem, p. 11, abr. 1939.

e Freud à pornografia, todos como frutos da política judaica mundial. A primeira notícia compara a educação sexual com o comunismo, ambos considerados atentados contra a sociedade cristã e propagados pela "política judaica mundial". A segunda notícia era antecipada pelo seguinte *lembrete*: "com vistas aos pioneiros da Escola Sociologia Pornográfica Brasileira". Transcrevia também notícia de Viena quando Sigmund Freud refugiou-se em Londres. Endossam o texto vienense qualificando a escola psicanalista freudiana "como movimento pornográfico do tipo judaico", acrescentando que a escola não foi mais que um centro de propaganda contra o Reich[130].

A educação sexual era encarada como elemento de dissolução dos costumes, tabu no Brasil até os idos de 50. Imagine nos anos 30. Era simplesmente aberração tocar no assunto, principalmente numa sociedade repressora, conservadora e católica como a nossa. Sob a ótica antissemita da revista, a união – educação sexual e comunismo – tornava mais contundente a sua denúncia, fortalecendo e difundindo a crença da existência de uma política judaica internacional. Nesse caso, os *Protocolos dos Sábios de Sião* estavam certos...

Na segunda notícia, o lembrete remetia a Gilberto Freyre. O sexo em *Casa-Grande & Senzala* era interpretado pela *voz reprovadora* como sinônimo de pornografia inspirada em Freud. O "pai da psicanálise" era apresentado como "pai da pornografia" pelo seu pioneirismo em tratar a sexualidade infantil. Era estigmatizado por dois motivos: ser judeu e tratar de um assunto polêmico.

Como revista bem informada, *Fronteiras*, com o objetivo de reforçar a *novicidade* de Freud e defender suas inclinações antissemitas, acrescentou a informação de que os nazistas, em 1933, haviam incinerado as obras freudianas em Berlim. E que Mussolini, com todo seu fascismo, e Roosevelt, com todo o seu *judaísmo*, interviram a favor de Freud quando este refugiou-se em Londres em 1938[131].

Como revista dos "cristãos-velhos", *Fronteiras* não deixou de registrar tudo que enfatizasse sua prédica antissemita, mesmo que fosse mera repetição de estereótipos já consagrados no

---

130 Idem, p. 10, jun. 1938; idem, p. 6; p. 2, jun. 1938.
131 Idem, p. 9, abr. 1938.

A TEMPESTADE DE ÉOLO

meio racista. Foi sob essa ótica que Raul Teixeira comentou o livro *Problemas do Tempo Presente*, de Augusto Costa[132]. Afirmando ser uma obra para ser discutida e pensada, recomendava-a principalmente aos jovens. Não resistindo ao desejo de transcrever algumas afirmações sobre os judeus, por considerá-las *indispensáveis,* comentou:

> por instinto e por interesse muitos dos seus elementos aparecem a dirigir ou a defender as piores causas antinacionais, nas organizações internacionais, maçônicas, bolchevistas e plutocráticas. [...] o judeu é por natureza cúmplice e beneficiário de toda e qualquer obra de destruição social. Tão anarquista é o judeu miserável como o judeu milionário.

Os jovens também deveriam ser doutrinados. Daí a preocupação de Teixeira em escolher assertivas que considerava como indispensáveis para caracterizar o judeu: o exemplo do judeu apátrida sempre conspirando em organizações internacionais, formando a diabólica trindade: maçonaria, comunismo, judaísmo, tendo um respaldo plutocrático. Outro modelo é que o pré-requisito para ser anarquista era ser judeu, não importando sua condição econômica.

Com o objetivo de justificar que judeu socialista ou judeu capitalista tinham o mesmo *potencial destrutivo, Fronteiras* publicou o artigo "Os Judeus no Mundo"[133], arrolando nomes já conhecidos do público leitor: Marx, Trótski, Rosa de Luxemburgo, Bela Kun, entre outros. Ao lado do caso fraudulento do Canal do Panamá, apresentava Stavisky e Léon Blum, chefe do *Front Populaire*, socialista e financista, responsáveis pela derrocada econômica da França. O artigo termina com uma sentença: "O Anti-Antissemitismo é o liberalismo dos imbecis".

A sentença define dois campos: pró e contra os judeus. Ser liberal era ser a favor dos judeus. E não era o liberalismo uma das criações judaicas? Hitler usou essa mesma expressão como golpe publicitário numa união impossível: judeu socialista e

132 Idem, p. 9-10, dez. 1939.
133 Idem, p. 13, ago. 1938.

judeu capitalista[134]. Só que Hitler a empregou no sentido do capitalismo judeu ser o financiador da política judaica. A revista, por sua vez, procurava demonstrar que, mesmo postados em campos diversos, atingem o mesmo objetivo: subverter a ordem mundial, seja no campo das ideias, seja no campo econômico.

Raul Teixeira vislumbra num ritmo dançante a degradação moral da sociedade norte-americana:

> Swing, quem não divisa por trás de tuas coreias torpes, libidinosas, *simiescas*, a mão oculta de quem dirige a Revolução Mundial? Se ao mesmo pudéssemos conjurar a tormenta?[135]

Um dos elementos para o triunfo da Revolução que dominaria o mundo – a dissolução dos costumes – estava previsto nos Protocolos. Para um antissemita *atento* até uma dança poderia ser o sinal de augúrio que a Revolução mundial estava em curso. Observe-se a inclusão da palavra *simiescas* para reforçar a imagem da animalização do ritmo e do judeu.

O LEITO DE PROCUSTO:
AS CATILINÁRIAS CONTRA GILBERTO FREYRE

Tudo que envolve Freyre, escritos, atitudes e grupos de amigos foi motivo de hostilidade em *Fronteiras*. Frases inseridas em artigos dos mais diversos teores, pequenas notas ou longas matérias, o autor de *Casa-Grande & Senzala* foi sempre notícia de 1935 a 1940. Nos quarenta e nove números publicados, Gilberto foi citado em quarenta matérias, ocorrendo que a maioria das citações localizam-se no ano de 1936[136].

---

134 H. Arendt, op. cit., p. 99.

135 *Fronteiras*, p. 6, ago. 1939. Grifo nosso.

136 As "catilinárias"contra Freyre começaram a ser publicadas nesta segunda fase da revista. Muitos dos artigos não são assinados; os que trazem iniciais de autoria não possibilitam uma clara identificação. Utilizamos quarenta matérias sobre Freyre. A revista, entretanto, oferece muito mais críticas. Selecionamos as que consideramos mais representativas da campanha movida contra o escritor. Vale ressaltar que no artigo "Portugal", publicado em junho de 1940, Gilberto foi citado sete vezes, enquanto nos demais recebeu duas menções.

A *voz reprovadora* (como denomino *Fronteiras*), além de divulgar ideias fascistas, antissemitas, racistas e conservadoras, a partir de 1935, mesmo sem enunciá-lo, demonstrou ter mais um objetivo: denegrir a figura de Gilberto Freyre e sua obra maior, tal a frequência, virulência e veemência com que desferiu seus ataques.

Nilo Pereira, um *congregado arrependido*[137], deu posteriormente um depoimento esclarecedor dessa campanha:

> Foi porém na Congregação Mariana Acadêmica [...] que *Casa-Grande & Senzala* encontrou maior reação. Uma reação fanática. Manoel Lubambo, na sua revista, desencadeou contra Gilberto Freyre uma campanha desadorada. O livro foi considerado imoral e obsceno. [...]. A Congregação levantou-se irada contra o escritor. Um famoso pintor, redator de *Fronteiras*, propôs que o livro fosse queimado em auto de fé no pátio do Colégio Nóbrega, o que não se verificou. Era o apogeu da intolerância. [...]. O motivo dessa cólera inquisitorial não era apenas a linguagem da obra já gloriosa: Gilberto Freyre estava sendo acusado de ser contra a Companhia de Jesus, julgando-a de modo injusto e apressado como elemento principal da catequese do Brasil quinhentista. [...] o que Gilberto Freyre escreve sobre ou contra os Jesuítas não autorizava a campanha de Manoel Lubambo, um dos nossos últimos polemistas[138].

A primeira matéria envolvendo Freyre foi sobre *Casa-Grande & Senzala*. Afirmou: "não passa dum repositório copioso de anedotas, muitas delas da mais repugnante e malandra pornografia". Tratava-se de uma resenha não assinada sobre a série de artigos publicados por Severino Sombra, no *Jornal do Comércio* do Rio de Janeiro, sob o título "Apontamentos para a História do Brasil". Gilberto é citado de forma indireta[139].

---

137 Nilo Pereira foi congregado mariano, um dos diretores da CMMA do Colégio Nóbrega, colaborador de *Fronteiras*, diretor do Departamento de Educação e chefe da censura na Interventoria de Agamenon Magalhães. Denominamo-lo "congregado arrependido" por ter em *Fronteiras* escrito contra Freyre e, posteriormente, feito parte do seu círculo de amizade, passando a defendê-lo.

138 N. Pereira, *Casa-Grande & Senzala e o seu Tempo*. em E. N. Fonseca (org), *Novas Perspectivas em Casa-Grande & Senzala*, p. 73 e 76.

139 *Fronteiras*, p. 5, dez. 1935.

Num tom jocoso em uma matéria não assinada, a revista anunciou, em dezembro de 1935, em seu primeiro fascículo da segunda fase, a futura publicação de *Sobrados e Mucambos*, intitulando-a: "A Luta de Classes entre as Cozinheiras e Donas de Casa, no Nordeste Brasileiro". Apontou-a como sendo orientada segundo os dogmas marxistas e tendo em vista a preocupação do "laureado sociólogo em trazer para o meio universitário brasileiro os métodos de investigação da Universidade de Stanford (onde foi professor)" e ser "um largo inquérito" que reúne "cerca de 10.000 fichas sobre dolorosas querelas domésticas pegadas em flagrante no fundo de obscuras cozinhas". Informou que Freyre contara com o auxílio de toda a equipe dos seus eminentes "colaboradores" e finalizou dizendo: "Se não for boato, deve ser coisa enciclopédica como *Casa-Grande & Senzala*"[140].

O ano de 1936 bem poderia ser considerado *o ano freyriano*, dado o espaço que a revista reservou ao escritor: em 11 fascículos foi citado 24 vezes.

Em janeiro de 1936, *Casa-Grande & Senzala* foi alcunhada de "almanaque" e seu autor chamado pela primeira vez de "o pornógrafo do Recife". A obra de Freyre era tratada como "Casa desarrumada, espécie de bazar de turco"[141], numa evidente analogia entre os bazares, que geralmente expõem uma variedade imensa de mercadorias, e *Casa-Grande & Senzala*, na qual Gilberto Freyre aborda uma gama imensa de assuntos.

Nem os críticos favoráveis a Freyre escapavam da campanha, sendo batizados de "certos janízaros" por se referirem a *Casa-Grande & Senzala* no mesmo nível de *Os Sertões*, em resenha de Mário Pessoa sobre o livro de Agripino Grieco *Gente Nova do Brasil* – a primeira crítica assinada[142].

O esforço para ridicularizar e denegrir Freyre tinha um sentido muito mais amplo: uni-lo ao ideário comunista. Em dezembro de 1935, ao anunciar a publicação de *Sobrados e Mucambos*, lhe foi imputado o uso de "dogmas marxistas", conforme já mencionamos. Em março de 1936, Tristão de Athayde, comentando a eclosão da Intentona Comunista, afirmava

---

140 Idem, p. 6, dez. 1935.
141 Idem, p. 9, jan. 1936.
142 Idem, p. 13, mar. 1936.

A TEMPESTADE DE ÉOLO

que o Congresso Afro-Brasileiro realizado em Recife, liderado pela "turma extremo-esquerdista", mostrou a "preparação
ideológica para o movimento armado prestes a explodir"[143].
Como principais membros da citada turma estavam Gilberto
Freyre, seu primo médico Ulysses Pernambucano e seus amigos Aderbal Jurema e Olívio Montenegro. Freyre havia sido
mentor do referido Congresso cujo tema era o Negro e sua
Cultura[144].

Nesse sentido, a posição de Tristão de Athayde é esclarecedora do pensamento dominante dos anos 30. Qualquer
tema vinculado ao elemento negro era tabu, em qualquer dimensão que o assunto fosse tratado, ainda mais tendo Freyre
como orientador, o autor de *Casa-Grande & Senzala*. Para a
época esta era, no mínimo, uma atitude contestatória. Ligar
Freyre a um esquerdismo latente não foi tarefa difícil, uma vez
que o maniqueísmo pontuava a sociedade brasileira de então:
direita x esquerda. A acusação de esquerdismo estigmatizou
Freyre por longo período, tendo ele sofrido perseguições poli-
ciais, além de ter sido fichado como comunista em 1935.

Em março de 1936, em outra matéria não assinada, mencionou ter Freyre aceitado crítica de Raul Borges Carneiro,
de não ter citado a obra *História Constitucional da República*,
de Felisberto Freyre. Em tom de deboche, aproveitando-se
da ocasião, acrescentou que esqueceu também de outros livros muito importantes: *D. Quixote de La Mancha*, *Tristão e
Isolda*, *A Dama das Camélias* e *As Mil e Uma Noites*[145]. Tudo
para enquadrar a obra freyriana na categoria de ficção e, consequentemente, não ser levada a sério.

De Manoel Lubambo, o crítico mais ferrenho de Freyre,
foram as expressões: "o pornógrafo do Recife"; "literatura de
water closed", empregada para *Casa-Grande & Senzala*; "*emi-
nence grise* em assuntos históricos e sociológicos", ao referir-se
à atuação de Gilberto nas comemorações nassovianas[146].

143 Idem, p. 5, mar. 1936.
144 Em 1924, Freyre organizou no Recife o 12º Congresso de Estudos Afro-Brasileiros, reunindo escritores, cientistas sociais, negras quituteiras, babalorixás,
presidentes de agremiações carnavalescas. O objetivo do Congresso era desenvolver uma maior integração dos estudos afro-brasileiros.
145 *Fronteiras*, p. 12, mar. 1936.
146 Idem, p. 10, jan. 1936.

No artigo "Uma Impressão sobre *Casa-Grande & Senzala*", Vicente do Rego Monteiro[147], ao criticar o livro, pôs em evidência seu pensamento racista e conservador. Definiu a obra como:

livro isento de qualquer vislumbre moral; despudoradamente pornográfico. [...] um ensaio dos mais perniciosos de sedução comunista no Brasil [...] pernicioso, dissolvente, antinacional, anticatólico, anárquico, comunista.

Fortalecendo suas afirmativas, Vicente Monteiro ressaltou que Lubambo caracterizou-o definitivamente, ao chamá-lo de "literatura de *water closed*". Não satisfeito em enumerar tantas *qualidades*, Monteiro sugeriu, no final do artigo, que livro e autor deveriam ser submetidos a um "purificador auto de fé nacionalista e cristão".

O que norteou a ira do renomado pintor contra *Casa-Grande & Senzala* e seu autor? Ter Freyre *maculado* a casa-grande? A ideia gilbertiana de democracia racial? As críticas de Freyre à Companhia de Jesus? Ou o antagonismo sobre a noção de propriedade entre o europeu e o índio?

Todas as afirmativas do Mestre de Apipucos sobre miscigenação, democracia racial, a ação da catequese jesuítica e a forma de produção econômica do colono e do nativo brasileiro constituíram-se no *leitmotiv* da indignação de Vicente do Rego Monteiro.

Vicente se encolerizou: "Gilberto faz da casa-grande um bordel, onde na promiscuidade das negras minas, mulatas eróticas e 'índias priápicas' se gerou a raça brasileira".

Descendente de senhor de engenho e na ocasião proprietário de um, a ideia de relações sexuais extramatrimônio na própria casa-grande lhe era inadmissível, símbolo da profanação do lar cristão.

Monteiro repudiou a ideia gilbertiana de democracia racial, como decorrência da miscigenação, ao questionar a seguinte afirmação:

A índia, a negra mina a princípio, depois a mulata tornando-se caseiras, concubinas e até esposas legítimas dos senhores

---

147 Idem, p. 3, jul. 1936.

brancos, agiram poderosamente no sentido da democratização social do Brasil.

O pintor pernambucano, ao contestar a ideia, explicita também seu racismo ao afirmar:

Donde deduzimos que a Democracia é o resultado do contato e promiscuidade das raças inferiores com as superiores. Negras gerando filhos de brancos, eis o que para o Gilberto é democracia. Para ele o brasileiro é um produto afro-índio escravizado por uma minoria de brancos.

E vai mais além em seu raciocínio, dizendo ter Freyre reduzido "a uma proporção mínima a parte da pigmentação ariana".

Como monarquista convicto, Monteiro não podia aceitar dentro de sua "visão de mundo", povoada de aristocráticos engenhos, que nem pudesse existir sequer a possibilidade de união entre "nobres e plebeus". Era sob essa ótica que a miscigenação se apresentava repugnante e tão anárquica à democracia proposta pelo "Mestre de Apipucos".

Em defesa da ação jesuítica, o pintor considerou como um progresso a segregação imposta aos índios pela Companhia de Jesus ao classificá-los entre "as raças primárias, nômades, comunistas, destrutoras e negativas". Essa segregação garantiria aos índios sua inserção entre "as raças evoluídas – particularistas, monárquicas e construtoras". Em seguida, por ser católico, Monteiro avalizou a repressão sustentada pelos jesuítas à prática da sodomia entre os indígenas referida por Freyre. Julgo que a citação gilbertiana de Carpenter[148], utilizada no artigo por Monteiro, sobre a presença da homo e bissexualidade entre homens de ciência, artes e religião primitivas lhe foi demasiadamente ofensiva por ser ele um artista plástico e cristão. Também lhe deveria ser odiosa a possibilidade de possuir, quem sabe, em sua árvore genealógica, um índio-homossexual.

Monteiro incrimina Freyre e sua principal obra de apregoar virtudes ao comunismo pelo fato de *Casa-Grande & Senzala* registrar a prática do comunismo primitivo e a inexistência da noção de propriedade privada entre os indígenas. Por essa

148 *Casa-Grande* & *Senzala*, 21. ed., p. 118.

razão, vislumbrou a possibilidade de luta de classes (decorrente da antagônica noção de propriedade entre nossos índios e os europeus) com a pregação da igualdade racial – todos os brasileiros seriam mestiços –, situação que propiciaria *a posteriori* revoluções proletárias.

Vicente do Rego Monteiro não perdoou o ensaísta pelos sacrilégios divulgados em *Casa-Grande & Senzala*. Finalizou o artigo recomendando que o "caso freyriano" fosse analisado por um psiquiatra especializado em esquizofrenia que explicaria a razão "da formação da família brasileira, em Gilberto Freyre ser o papel higiênico, o erotismo, a sodomia, o priapismo."

Enredado nos fios do seu pensamento racista, conservador e monárquico, demonstrava seu desprezo e reprovação a Gilberto e sua obra, reproduzindo, ao nível das mentalidades, como uma parcela de uma sociedade preconceituosa reagia a essa nova identidade racial oferecida por Freyre.

Em 1924, João Vasconcelos, crítico literário, elogiou, nas páginas do *Jornal do Commercio*, os escritos jornalísticos de Freyre, deplorando que seus seguidores fossem mera cópia imperfeiçoada do jovem e brilhante jornalista. Principalmente, o estilo gilbertiano despertou o entusiasmo do crítico:

Admiramos nele o fino intelectual, o esteta de relevo em nosso meio e sobretudo ático estilista que vai plasmando modelares páginas de beleza, páginas límpidas, asseadas, higiênicas, escoimadas de mau gosto e impurezas[149].

Em 1936, após o lançamento de *Casa-Grande & Senzala* e *Sobrados e Mucambos*, João Vasconcelos – agora assíduo colaborador de *Fronteiras* – apontou a metamorfose de Freyre, considerando perniciosa a sua influência sobre os jovens. Lamentou que os seguidores gilbertianos copiassem do mestre as deficiências e o amoralismo, transformando-o numa espécie de "Bento Milagroso ou Antônio Conselheiro da sociologia nacional". Responsabilizou Freyre pelas perversões de um discípulo, o escritor José Lins do Rego, e lamentou a pornografia presente em suas obras. Em outra matéria não assinada,

149 *Jornal do Commercio*, p. 5. jul. 1924.

A TEMPESTADE DE ÉOLO 203

que chamava atenção para a crítica de Vasconcelos, a literatura freyriana era "fescenina"[150].

De "ático estilo e páginas modelares", em 1924, para "literatura fescenina", em 1936, foi o preço a ser pago por Gilberto Freyre ao ter ousado escrever *Casa-Grande & Senzala*.

Em editorial de agosto de 1936, a revista comentou entrevista de José Lins do Rego ao *Diário de Pernambuco*, se regozijando por ele deixar claro que nem todos os intelectuais que viviam ou que saíram do Estado pertenciam ao grupo gilbertiano, e salientou, também, que os mencionados, salvo uma ou outra exceção desonrosa, eram "elementos declarada ou embuçadamente vermelhos". Destacou:

> Ora, numa época em que a burguesia, essa classe infame, se banqueteia com comunistas e que católicos sem vergonha não hesitam em colaborar com esse horripilante Gilberto Freyre, atrás de um êxito pessoal que é uma verdadeira prostituição da alma, não deixa de ter suas vantagens a atitude do Sr. Zé Lins.

Conclui, agradecendo ao autor de *Menino de Engenho*: "é de *fronteiras* que mais precisamos nesta hora, e útil é constatar que o referido Zé Lins acaba por prestar um excelente serviço"[151].

O lamento de Lins, discípulo dileto de Freyre, teve para Vasconcelos sentido valorativo por noticiar uma possível perda de prestígio de Gilberto. Como observamos ao vincular Freyre a católicos, revelou que nem todos aceitavam as censuras da *voz reprovadora* e que o escritor não havia sido *exorcizado* até o momento – 1936 – como era desejado. Assim, Vasconcelos foi um crítico a mais a rotular Freyre e seus seguidores de comunistas.

Guilherme Auler, ao comentar o livro *Jesuítas no Tempo de Pombal*, do Pe. Antônio Ciríaco Fernandes, aproveitou a oportunidade para criticar Freyre, tendo em vista suas ideias com relação à repressão jesuítica acionada contra a prática da sodomia entre os índios. A condenação a essas afirmações foi repetida *ad nauseum* por vários articulistas de *Fronteiras*.

A revista nas suas catilinárias não perdia oportunidade para alfinetar Gilberto Freyre. Em novembro de 1936, zombou de

---

150 *Fronteiras*, p. 3, ago. 1936.
151 Idem, p. 8, ago. 1936

sua produção intelectual anunciando a preparação de uma hipotética obra:

> Diz-se que o laureado sociólogo de *Casa-Grande & Senzala* e *Sobrados e Mucambos* recolheu-se a São José da Corôa Grande donde nos mandará em breve *Chácaras & Quintais*[152].

Os amigos de Freyre foram também motivo de chacota. *Fronteiras* anunciava que os colaboradores mais íntimos de Gilberto, num movimento de simpatia, haviam adotado em seus nomes o "Y" de Freyre[153].

O pintor e escritor Luiz Jardim, amigo de Freyre e datilógrafo de seus trabalhos especialmente de *Casa-Grande & Senzala*, transformou-se em mote dessa *campanha do ridículo* encetada contra Gilberto. Como se pode observar, não eram necessários assuntos relevantes para atingir o objetivo. Em nota não assinada, publicada em janeiro de 1936, a revista julgou espantosa a rapidez de Jardim em datilografar *Sobrados e Mucambos*, passando a "elogiá-lo" (?). Para isso, empregava um termo que, segundo ela, estava muito em uso na imprensa moscovita: "um autêntico stakhanovista". E conclui: "O Pornógrafo do Recife vai premiá-lo"[154].

No número seguinte, nos moldes de um capítulo de novela, revelou o prêmio: Jardim (que se autodenominava Lulu) foi agraciado pelo "Pornógrafo" pelo "seu incansável stakhanovismo", com o título de escritor. Acrescentou que Gilberto havia surpreendido o homem no seu fraco, pois este sempre quis ser escritor: desfrutou-o, explorou-o na cópia das 600 páginas do "almanaque"; daí o merecido prêmio ao "pintor Lulu"[155].

Comentando um trabalho de caráter sociológico a ser desenvolvido por Freyre entre alunos de uma escola agrícola, a revista *Fronteiras* apontava Gilberto como um homem absolutamente suspeito para o desempenho da função pelo fato de o escritor ter discordado da Companhia de Jesus no combate à prática "da sodomia e de outras perversões sexuais"[156].

152 Idem, p. 3, nov. 1936.
153 Idem, p. 12, dez. 1936.
154 Idem, p. 10, jan. 1936.
155 Idem, p. 14, fev. 1936.
156 Idem, p. 16, out. 1936.

A TEMPESTADE DE ÉOLO   205

As críticas do "Mestre de Apipucos" à Companhia de Jesus foram, mais uma vez, invocadas. Qualquer comentário sobre o tema "sodomia e outras perversões sexuais" voltavam-se contra Freyre, atacando sua moral.

Em 1937, abriram-se as baterias contra o professor Estêvão Pinto, por ter recomendado às suas alunas da Escola Normal a leitura de *Casa-Grande & Senzala*. Mais uma vez a obra foi qualificada como a "mais descabelada pornografia"[157].

Quando Gilberto não era acusado de pornógrafo, merecia a alcunha de comunista e agente de Moscou. Em negrito, *Fronteiras* destacou: "Aos poucos vai-se generalizando a convicção de que o Sr. Gilberto Freyre e seus comparsas não passam de agentes ora ostensivos, ora disfarçados de Moscou"[158].

Nilo Pereira apelidou a sociologia gilbertiana de "sociologismo africano"[159]. Comentou que, como professor, sempre combateu a sociologia de *Casa-Grande & Senzala*, apontando o reverso da medalha, ou seja, os resultados positivos da ação jesuíta na formação espiritual e cristã do Brasil. Ressaltou que os jesuítas "não vieram formar bachareizinhos e doutores", como afirmou Freyre.

Em outubro de 1938, Nilo Pereira, ao comentar a *História da Companhia de Jesus* de Serafim Leite, retomou as críticas a Freyre insistindo no mesmo tema: a transformação dos columins em pequenos universitários. Aqui se manifestava o pensamento de um congregado defendendo a Companhia de Jesus. Defesa esta que implicou em definir a interpretação histórica gilbertiana de "bolchevisante" e Freyre de o "Freud da sociologia indígena". Acrescentava ainda que um certo "sociologismo pornográfico procurou deturpar a beleza moral e espiritual da nossa formação"[160].

"Duas Concepções de História" é o artigo de Eduardo Collier, mais um congregado que analisa *Casa-Grande & Senzala*[161]. Destacamos a importância dessa matéria como reveladora do empenho da Congregação Mariana em defesa da ordem jesuí-

157 Idem, p. 18, abr. 1937.
158 Idem, p. 14, jul. 1937.
159 Idem, p. 5, jul. 1938.
160 Idem, p. 2, out. 1938.
161 Idem, p. 8-9, dez. 1938.

tica e, ao mesmo tempo, demonstrativa do preconceito racial do autor. Definiu sua interpretação dentro de uma perspectiva histórico-sociológica, advertindo não se ater ao estilo da obra. Todavia, não se furta em repetir o que *Fronteiras* já havia consagrado: ser *Casa-Grande & Senzala* um "almanaque pornográfico" classificado como "literatura de w.c." Nesse sentido, observou que o livro era revelador de "uma sensibilidade nitidamente perdida, dominada pela volúpia, não só do sexo como de outras realidades muito mais baixas e grosseiras". Enfatizou também a necessidade de distinguir o que se liga ao estilo "repleto de circunstâncias escabrosas e o que se refere às ideias".

Considerava Freyre exagerado ao apontar antagonismos existentes na formação da sociedade brasileira, ao ponto de eles se constituírem em um dos "nervos" da sociologia gilbertiana.

Pela ótica de Collier, o autor de *Casa-Grande & Senzala* seguiu a linha da história materialista, de um "materialismo sutil e refinado", cometendo, pelo menos, dois pecados capitais: desmoralizou a obra jesuítica e exaltou a miscigenação, alcunhada pelo crítico de "miscigenação anárquica". E é nesses dois pontos que para ele Freyre revelava uma "tremenda falta de visão histórica".

O que era então miscigenação anárquica para Collier? Era a miscigenação enaltecida por Freyre, praticada sem atentar para a hierarquização e a ordem, possibilitando um equilíbrio entre valores fundamentalmente diversos. Usando um adágio aristotélico, enfatiza o seu repúdio a essa miscigenação: "a justiça manda tratar igualmente seres iguais e desigualmente seres desiguais". A menção do adágio era, assim, esclarecedora de seu pensamento preconceituoso e conservador.

Um ponto comum une Collier a Freyre: a moral sexual dos jesuítas. Gilberto, enquanto crítico da ação dos jesuítas, considerava-os "donzelões intransigentes"[162].

O que Collier não percebia, preso que estava aos seus valores racistas e conservadores, é que Freyre – exaltando de forma quase apologética a miscigenação – procurava alicerçar o mito da democracia racial.

---

162 *Casa-Grande & Senzala*, 21. ed., p. 443.

A TEMPESTADE DE ÉOLO

A partir da epígrafe "O Hall das Celebridades", título de uma seção de *Fronteiras*, podemos perceber a ironia contida em uma outra matéria redigida por Manoel Lubambo. Esse comentava uma recente mensagem dirigida aos brasileiros pelo sr. Benjamim Cremieux, que afirmava que, a respeito do Brasil, "quase tudo resta ainda a dizer". Ironicamente Lubambo comentava:

É certamente porque não leu a enciclopédia "*Casa-Grande & Senzala*" do Sr. Gilberto Freyre. [...]. Depois dos pitus do rio Una nada mais pode ser descoberto neste país![163]

Ao noticiar a destruição de um patrimônio artístico do Estado e de uma parcela da obra do pintor Di Cavalcanti, através da matéria "Os Painéis do Auditório da Brigada Militar de Pernambuco", *Fronteiras* mais uma vez fez uma ligação entre Gilberto e o comunismo. Pressupomos que avalizou o atentado por ser o anticomunismo um dos seus ideários:

De ordem do Sr. Interventor Federal foram destruídos os painéis de propaganda comunista do auditório da Brigada Militar, obra do pintor Di Cavalcanti [...], realizada sob os auspícios e orientação do Sr. Gilberto Freyre, conhecido autor de *Casa-Grande & Senzala*[164].

É em nome do fanatismo político-religioso que se destrói uma obra de arte. Lembraríamos o pintor Lasar Segall que, por ser judeu, teve sua arte rotulada de "degenerada". Não fica sem sentido o Pe. Antônio Fernandes ter sido comparado a "uma espécie de Savanarola" por Souza Barros[165], que, além disso, afirmou ter sido o padre o inspirador de Agamenon Magalhães na destruição dos painéis pintados por um comunista. Gilberto Freyre apenas intermediou o trabalho realizado sob os auspícios do governo estadual na pessoa de Carlos de Lima Cavalcanti. Mas, como Freyre tinha que ser sempre o vilão da história, *Fronteiras* conseguiu a transferência da responsabilidade.

O *Diário de Pernambuco* publicou, em novembro de 1938, um artigo datado de Lisboa, de autoria do padre franciscano

163 *Fronteiras*, p. 9a, ago. 1937.
164 Idem, p. 4a, nov./dez. 1937.
165 *A Década de 20 em Pernambuco*, p. 303.

208 TEMPOS DE CASA-GRANDE

J. Alves Correia, intitulado "A Sub-Torrente Universal do Patriotismo". Nessa matéria, o padre defende Freyre da acusação de comunista, alardeada e trombeteada constantemente por *Fronteiras*, afirmando:

verdadeira e sinceramente é preciso muita vontade de deformação, para encontrar comunismo na *Casa-Grande & Senzala*, nos *Sobrados e Mucambos*, no *Nordeste* ou em qualquer das obras de Gilberto Freyre [...]. Chamar-lhe comunista é como chamar raivoso ao cão do vizinho que desejamos matar: é o espírito de intolerância estreita e impotente que, em vez de discutir nobremente, denuncia-lhe. E um denunciante não pode ser um patriota....

Continuando a defesa de Freyre, chamou atenção para a facilidade que se tem de atribuir aos outros "intentos secretos" e considerou essa forma de ser o "elemento mais nocivo e mais anarquizador da base intelectual e moral do convívio social". Os juízos temerários tão próximos da facilidade em caluniar são, segundo o padre, "os mais enérgicos fomentadores do denunciado e temido comunismo"[166].

Fronteiras não deixou sem resposta esse artigo que tocava em um dos seus alvos prediletos. Para enfraquecer o libelo, questionou se o padre era padre mesmo, inserindo na matéria parênteses com interrogações, além de chamá-lo de "patrocinador do marxismo de Gilberto Freyre". Ignorou todas as acusações pela forma leviana de propagar o suposto comunismo de Gilberto e finalizou com frase interrogativa: "não será mais um golpe do conhecido aventureiro Freyre?"[167]

Em um artigo sobre Jackson de Figueiredo, Lubambo inseriu crítica ao "Mestre de Apipucos":

não entrar em conluio com os "*Diários Assalariados*" é não dar quartel à pornografia de Gilberto Freyre e outros malandros, é denunciar o oprobioso jornalismo do meteco Aníbal Fernandes[168].

A referência aos *Diários Associados* como assalariados está ligada à acusação de que a cadeia possuía uma tradição judaizante.

166 *Diário de Pernambuco*, p. 4, nov. 1938.
167 *Fronteiras*, p. 14, nov. 1938.
168 Idem, p. 1, nov. 1938.

A TEMPESTADE DE ÉOLO

E qualifica Anibal Fernandes de "oprobioso" por ser jornalista do *Diário de Pernambuco* pertencente à referida cadeia. Fernandes era também rotulado por *Fronteiras* de "escritor israelita"[169]. Para a revista, "meteco" era sinônimo de judeu, diferente do sentido usado na Grécia clássica, que designava todos aqueles que não nascessem numa "polis" determinada. A matéria é, pois, extremamente reveladora de seus valores antissemíticos.

Com a epígrafe "Gilberto, o Zé-americano!", *Fronteiras* comentou, de forma desairosa, uma conferência proferida por Freyre, intitulada "José Américo, Solução Brasileira e Solução Social". No entanto, apesar do título, o intuito do artigo era bem outro: divulgar que "Gilberto desde o ano de 1935 foi preso e fichado na polícia como comunista"[170].

A Companhia de Jesus sempre encontrou em *Fronteiras* advogados em defesa de sua causa, principalmente se a "ofensa" partisse de Freyre. Em Congresso de História da América realizado em Buenos Aires em 1937, o historiador Pedro Calmon propôs a elaboração de uma História da Companhia de Jesus na América Latina, considerando condição *sine qua non* para uma História da América. Comentou o articulista que, felizmente, os nossos grandes historiadores não "rezam" pela cartilha freudiana do sr. Gilberto Freyre que "nas duas investidas contra a fé católica nega o papel representado pelos inacianos nos primórdios da nossa História"[171].

Um ano depois, em 1938, em nome da ordem, Freyre é acusado de "oportunismo", por tecer agradecimentos ao Pe. Serafim Leite, S. J., e de fazer uso da chantagem, por "aparentar" relacionamento amigável com "homens diametralmente opostos às suas sujeiras sociológicas"[172].

A propósito de comentar o livro do professor Percy Alvin Martin, *La Esclavitud y sua Abolición en el Brasil*, Públio Dias, médico e congregado, colaborador de *Fronteiras* com artigos especializados na área médica, nessa oportunidade expôs seu pensamento sobre um tema histórico. Sua visão conservadora sobre o assunto é muito semelhante à gilbertiana. Entre-

169 Idem, p. II, nov. 1938.
170 Idem, ibidem.
171 Idem, p. 1, jul. 1937.
172 Idem, p. 5, out. 1938.

tanto, Freyre e *Casa-Grande & Senzala* não são nomeados em nenhum trecho do artigo. Mas fica implícito que algumas das observações de Dias têm um endereço certo: contestar Freyre, já tatuado de comunista.

Desde 1936, a Universidade de Stanford havia sido adjetivada de "famigerada" pela passagem de Gilberto como professor. Em 1937, Dias repetiu o adjetivo, uma vez que Alvin Martin era membro da citada instituição. Ressaltamos que essa qualificação não traduzia animosidade para com o professor norte-americano.

Públio Dias preveniu a respeito do tema escolhido por Alvin Martin, considerando-o essencialmente sujeito a "derrapagens", preparando o leitor para ficar atento ao que desejava demonstrar. Em vez de se ater ao conteúdo do livro em si, começou por tecer considerações sobre o tema abolição. Segundo o comentarista, o tema voltara a ser:

explorado, quiçá abominavelmente, por um grupo mais ou menos marxista, soi-disant de sociólogos, que obedecem a inteligentes recomendações do Komitern, querem fazer no Brasil a luta de raças como preparatório estágio à "luta de classes".

Dias prossegue seus comentários com a intenção de ligar Freyre às orientações de Moscou, criticando-o com relação ao tratamento dado ao negro, valorizado em *Casa-Grande & Senzala,* como o indício de futuras sedições.

A ignomínia desta atitude tem dado frutos: congressos para lançamento de gênio ou subgênios, cuidadosamente classificados pelo babalorixá, a deturpação do sentido científico da obra de Nina Rodrigues e epígonos.

Dias revelou seu racismo ao deplorar a adulteração do pensamento de Nina Rodrigues – que Gilberto confessou não seguir – e ao referir-se ao babalorixá como "coisas de crendices de negros".

O abolicionismo que foi paixão inflamada de Joaquim Nabuco, Castro Alves, José Mariano, ter-se-ia transformado, segundo Dias, em um diabólico objetivo de mudar um vasto campo de estudos em "um taboleiro ou senha para uma luta

A TEMPESTADE DE ÉOLO

racista". Por essa razão, o olhar para o tema escravidão é unilateral, "é visão de um olho só" sobre os documentos históricos muitas vezes de "procedência duvidosa".

Louvou o *fair play* de Alvin Martin, que examinou sem intuitos mesquinhos "as fontes, os papéis, os arquivos possíveis da escravidão", reforçando sua afirmação anterior de "um olhar de um olho só", usado por estudiosos tendenciosos.

Retomou suas considerações endossando uma das teses freyrianas: que o cativeiro no Brasil foi menos desumano que nos Estados Unidos e na América Espanhola. E que a "intensa" miscigenação por parte dos lusos foi o tempero para humanizar o cativeiro, além dos "instintos bondosos dos colonizadores", inspirados no catolicismo.

Outra tese freyriana foi endossada: a do bom senhor. Segundo Dias, o professor Alvin Martin revela-nos o cuidado que havia com a saúde, alimentação e proteção judicial dos escravos. Salientou que o professor não omitiu as instituições reprováveis, como o feitor, capitães de mato, troncos e demais castigos físicos, muitas vezes mortais. Complementou Públio, apesar dos pesares, que os escravos tinham mais liberdade que muitos camponeses da Europa Central e da Rússia "antes de Stolipyne e depois do advento soviético". Ressaltou o cuidado e a argúcia usada por Alvin Martin no estudo do tráfico e da abolição. Esta, segundo Dias, teria sido um movimento ardoroso e romântico abraçado pelos proprietários de escravos que "viram com o mais iluminado dos sorrisos a Lei Áurea e a consequente falência econômica deles". Ressaltou ainda o "respeito admirado" que sentimos pela princesa Isabel, pois ela tinha consciência de que a assinatura da Lei significava a queda da monarquia. A escravidão, se foi uma nódoa, dela não ficou vestígio. "Não ficaram ódios ou ressentimentos. Como uma pedra lançada na água plácida em pouco a superfície se refez".

Sorrir da própria desgraça é um estoicismo com que Públio pretendeu dotar os proprietários de escravos para dar à abolição e à herdeira do trono um significado romântico mas irreal. Seu temor por uma luta de classes que vislumbrou através do viés gilbertiano fez com que escamoteasse as consequências do fim da escravatura – a marginalização do negro, sua metamorfose em pária numa sociedade que o renega. É como se num passe de mágica tudo pudesse ser esquecido. Para Públio Dias o importante era transmitir, ao longo de seu discurso, que, mesmo com as pregações dos sociólogos marxistas, não existia razão para temores. Tanto que terminou o seu artigo com uma citação de Percy Alvin Martin, que reforçava a sua tese:

Gracias, pues, a las circunstancias peculiares bajo las cuales se desarolló la abolición, la desaparición de esclavitud no dejó a las demás generaciones una herencia de odio eterno o problemas no resueltos[173].

Fazendo a apresentação do artigo "Ainda Casa-Grande & Senzala", do médico Fernandes Carneiro, publicado em março de 1939, Lubambo[174], o ferrenho crítico de Freyre, aproveitou para inserir catilinárias tão do seu estilo. Nessa oportunidade, afirmou que Gilberto, através de artigos de revistas e jornais, continuava fazendo sua autopropaganda, tendo por *leitmotiv* o já "triste e pornograficamente célebre *Casa-Grande & Senzala*", uma vez que as notas a seu respeito estavam escasseando. Acreditava que essa preocupação de Gilberto era compreensível, uma vez que a mentalidade brasileira começara a reagir contra:

as deturpações de nossa história, contra a "sociologia de stock", contra o "prof. de cursos elétricos", contra a ciência de almanaque, contra os canards científicos que ali nos eram impingidos como últimas novidades.

Lubambo acrescenta que Freyre proclamou-se "um grande incompreendido" e que viveu respondendo às críticas de raspão ou fugindo do assunto com grandes digressões. Apontou, como exemplo, a maneira como tentou refutar as críticas feitas pelo padre Serafim Leite em pontos que dizem respeito inclusive à sua honestidade intelectual. Referiu-se a *Ordem e Progresso* como continuação de "suas anedotas mais ou menos

173 Idem, p. 2 e 5, jul. 1937.
174 Idem, p. 5, mar. 1939.

A TEMPESTADE DE ÉOLO   213

picantes" e que o livro em questão bem que serviria como "revista de sorte de São João". E que Freyre não podia criticar a polícia pernambucana por ser elemento por si só policiável, numa clara alusão à prisão de Freyre em 1935. Confessava também que o que mais o irritava nesse "corruptor da mocidade brasileira" era a autossuficiência de Gilberto em escrever e iludir os que não estavam "familiarizados" com os segredos de sua "falsa ciência sociológica": "Tem-se a impressão de um dos sete sábios da Grécia falando a uma multidão de beócios e pobres de espírito".

Acreditava que, felizmente, pairava muita dúvida e muito ceticismo a respeito da "falsa ciência do inveterado pornógrafo", e a prova disso era o artigo de Fernando Carneiro, cuja introdução se propôs a fazer.

Como podemos observar, Lubambo era mais uma vez impiedoso. Não só *Casa-Grande & Senzala* era objeto de descrédito, mas também a figura do escritor como desonesto intelectualmente e como alvo da polícia. Quanto ao artigo em si, "Ainda Casa-Grande & Senzala", de Fernando Carneiro[175], nada mais era do que trabalho de médico apontando impropriedades de um livro de sociologia, como, por exemplo: "o caso de uma menina cujos antepassados usaram as orelhas furadas por muitas gerações e que por sua vez nasceu de orelhas já furadas".

A essa afirmação, Carneiro contrapôs um outro exemplo, lembrando que os judeus, milenarmente, cortavam os prepúcios e que os meninos continuam nascendo incircuncisos. Ressaltou também o articulista a coragem e afoiteza de Freyre em tratar dos mais variados assuntos. Considerando nocivo aos incautos seu tom afirmativo, exemplificou a confusão gilbertiana entre invertido sexual e introvertido:

Sabe-se também que em certas doenças, como a tuberculose e a prisão de ventre, o introvertido encontra prazer ou compensação. E acrescenta: Pensam cientistas modernos que certas formas de tuberculose e prisão de ventre, de tratamento psíquico são meios de compensação, no homem invertido, da impossibilidade de satisfazer-se, femininamente, nos seus desejos sexuais.

175 Idem, p. 1-6, mar. 1939.

A reação de Carneiro foi forte, expressiva de um médico tisiologista: "Não há esse negócio em tuberculose. É um disparate! Quanto à prisão de ventre, o caso era diferente". Afirmou que "um sexólogo pode ver, em certos casos, ligações entre prisão de ventre e desvios ou hábitos sexuais". O que o médico considerava como perigoso era a divulgação de tais informações, pois, para "uma inocentíssima prisão de ventre, os psico-analistas de fancaria e os médicos literatos se apressarão em diagnosticar desvios sexuais".

Desculpando-se perante os leitores pela defesa dos tuberculosos, afirmou:

> Se verdadeira a suspeita que o sr. Gilberto Freyre joga assim sobre toda uma classe, aí é que não restava a eles mesmos senão cantarem um tango argentino, como no poema de Bandeira.

Confessou que ficou desnorteado lendo o prefácio da 2ª edição de *Casa-Grande & Senzala*, no qual Gilberto se desculpa pela sua linguagem, antítese dos "pedantismos da erudição científica". Para Carneiro, Freyre fez justamente o contrário: peca pela mania da erudição, abraçando tudo quanto leu em revistas americanas, crendices populares e "mais coisas mal ouvidas". Credita o sucesso de *Casa-Grande & Senzala* aos seus inúmeros defeitos.

Quando analisamos a introdução de Lubambo ao artigo de Carneiro e o teor deste, fiquei com a impressão de que Lubambo, tendo esgotado todo o seu arsenal contra Freyre, recorreu a um especialista para que, do ponto de vista da análise de um médico, se identificassem as impropriedades científicas contidas em *Casa-Grande*. Disporia, assim, de novas munições para sua "guerra" contra Freyre.

Em fevereiro de 1936, Lubambo ridicularizou Gilberto Freyre pelo uso de determinadas fontes, invocando um artigo escrito para o *Diário de Pernambuco*, quando o sociólogo havia se posicionado a respeito do alto preço do leite em Recife, usando o testemunho da Diretora da Escola Doméstica. Para Lubambo, Gilberto cometeu uma impropriedade ao acatar essa opinião, pois não seria a diretora a fonte adequada, e sim os produtores ou revendedores. Mas tudo isso foi apenas pretexto para inserir sua crítica ao sociólogo:

A TEMPESTADE DE ÉOLO 215

Não admiram tais escrúpulos em matéria de "fontes" no lau-reado sociólogo, sabido que para falar em *Casa-Grande & Senzala*, nos "pecados que bradam aos céus", que é matéria de catecismo, ele cita a *Suma Teológica* de Sto. Tomaz[176].

O mesmo tema – mau uso das fontes – foi retomado em fevereiro de 1940 quando escreveu "Das Paixões"[177], artigo de cunho moral, no qual denunciou a corrupção social re-presentada pelas imagens das mulheres em trajes menores. Usando sua costumeira estratégia – escrever sobre um tema aleatório –, Lubambo, de repente, muda de assunto e fala so-bre Freyre, sua obsessão:

> Uma vez o Sr. Gilberto Freyre, em sua famigerada *Casa-Grande & Senzala*, para falar nos "pecados que bradam aos céus", maté-ria de catecismo como se sabe, abriu um bruto asterisco e lá em baixo, em solene nota de rodapé, fez a citação: *Suma Teológica* (sem outra indicação aliás), o que é mesmo que para falarmos em "capim gordura" citarmos com todas as letras a *Flora Brasilienses* de Martius.

Lubambo, ironicamente, complementa que a referência a Freyre, "o pornógrafo do Recife", é um simples incidente. A forma de citar Sto. Tomás "é de um pitoresco eterno" e que Gilberto entra no artigo apenas como um "*hors d'oeuvre*" para aguçar o apetite.

Lubambo, na mesma página que escreveu "Das Paixões", parabenizou, em outra matéria, os confrades de uma nova re-vista editada no Rio de Janeiro, *Nação Armada*[178], atribuindo--lhe conteúdo doutrinário semelhante a *Fronteiras*. Apontou as similitudes, afirmando: "investe contra esta onda de afro--brasileirismos, macumbas, favelismos e internacionalismos". No final do trecho em que a *Nação Armada* denunciou a "nefas-ta influência antibrasileira de um astucioso grupo de interna-cionalistas imoralistas e deformistas", Lubambo abriu parênteses e acrescentou seu comentário "(Leia-se Gilberto Freyre, José Lins do Rego, Candido Portinari, a decaída Tarsila, Ulisses Pernam-

176 Idem, p. 14, fev. 1936.
177 Idem, p. 1, fev. 1940
178 Idem, p. 1, fev. 1940.

216 TEMPOS DE CASA-GRANDE

bucano, Jorge Amado, Murilo Mendes e mais uma chusma de repórteres e satélites que não vale citar)".

Transcrevendo crítica da revista a Machado de Assis e na afirmação da confreira que após o sucesso dele "Assiste-se (...) o bando alvoroçado de jovens romancistas que têm feito da linguagem pornográfica a nota de escândalo e de sucesso de livrarias das suas obras [...]", abriu novos parênteses e inseriu o comentário "esta é particularmente com o Pornógrafo do Recife e seu aprendiz paraibano, Zélins".

Ressaltamos que essas referências a Gilberto Freyre foram impressas na mesma página do artigo "Das Paixões", numa demonstração de que o "capanga de Deus" usava a técnica da repetição com o objetivo de cristalizar suas catilinárias. E que a *Nação Armada*, no texto original reproduzido por *Fronteiras*, em nenhum momento mencionou o nome de Gilberto Freyre. As deduções foram de inteira responsabilidade de Lubambo, que, após sete anos (1933-1940) ocupando-se de Freyre, já estava na fase do *delirium gilbertius*.

Em abril de 1939, Manoel Lubambo teceu considerações em torno da obra *Nordeste*, referindo-se ao autor como o "famigerado sociólogo"[179]. Ressaltamos que esse se tornou o crítico gilbertiano mais assíduo de *Fronteiras* – pois quando não escreveu foi sempre relembrado –, estendendo sua opinião às outras obras de Freyre, publicadas nos anos 30. O crítico afirmou:

A impressão que tenho de cada livro do pornógrafo é a de livros sem assunto. Observação aparentemente absurda, porque a primeira impressão que se tem é a duma tremenda riqueza para repetir a observação que ele conseguiu arrancar do Prof. Alan J. Manchester. Mas é uma riqueza apenas dos elementos anedóticos.

Deturpava, assim, o sentido da análise de Manchester. Acrescentou em seguida: "Não digo que a sociologia do Sr. Gilberto Freyre não seja totalmente desprovida de interesse. Mas é uma sociologia de 'pitoresco, de detalhes'". Fazendo analogia com a "petite histoire", afirmou que a sociologia de Gilberto é "uma *petite sociologie* que deve ser igualmente anedótica".

179 Idem, p. 9, abr. 1939.

A TEMPESTADE DE ÉOLO   217

Gilberto Freyre referiu, em *Casa-Grande & Senzala*, ser a devoção católica dominante aquela dedicada ao Coração de Jesus. Reputou-a de "culto masoquista e sentimental". Tal afirmação, demasiadamente forte para os ouvidos dos católicos, valeu ao "Mestre de Apipucos", inicialmente, um anátema público perante grande número de fiéis durante o iii Congresso Eucarístico Nacional realizado em Recife.

Em fevereiro de 1940, Fronteiras transcreveu matéria de C. Barreto, relator do referido Congresso, originalmente publicada na revista *Tradição*, para criticar a opinião de Freyre sobre o citado culto:

> Não sei se todos vós conheceis aquele vasto arsenal de pornografia, salpicado cá e lá de blasfêmias próprias e alheias de blasfêmias religiosas e científicas que se chama *Casa-Grande & Senzala* do sociólogo bolchevista Gilberto Freyre[180].

A página do livro que contém a afirmativa é considerada infecta e o seu autor chamado de "Sociólogo de alfinin, da alfelôa e outros quitutes de açúcar".

No "canto do cisne" da revista *Fronteiras*, no número de junho de 1940, o artigo "Portugal"[181] vale como profissão de fé: antissemita, fascista, conservador, racista, integrista e anti-gilbertiano. É o resumo de uma ópera sectária encenada em cinquenta e seis fascículos. Esse artigo reveste-se de relevância peculiar, pois permite elucidar, em parte, a furiosa campanha movida contra o escritor ao longo de quase cinco anos consecutivos: 1935 a 1940.

Numa ode a Portugal, o colonizado louva o seu colonizador!

As principais afirmações contidas no artigo (anônimo) "Portugal" são analisadas a seguir. Pelo estilo, julgamos que a matéria foi escrita por Manoel Lubambo.

Salientava que o século xx colhia os resultados fatais da dissolução da cristandade com a perda da unidade espiritual, numa clara referência à Reforma Protestante. Como solução para o momento de crise – vivia-se a Segunda Guerra Mundial –, apontava "a reconstituição da latinidade hispânica em

180   Idem, p. 12, fev. 1940.
181   Idem, p. 1-4, jun. 1940.

defesa da civilização tradicional". Esse momento de reaproximação com Portugal era considerado verdadeiramente revolucionário. *Fronteiras* sempre admirou o salazarismo, assim como cultuava António Sardinha em suas páginas. Culpava o "espírito racionalista" de ter afastado as elites do estudo de nossa realidade, fato também ocorrido em Portugal, atingindo-o com um halo de derrotismo e descrédito. Sem esconder sua admiração pelo "Novo Portugal", num verdadeiro saudosismo, recupera a verdadeira imagem daquela nação apontada como precursora tanto do nacionalismo moderno como do salazarismo, ambos expressão de força:

maravilhosas instituições tradicionais, seus santos, seus apóstolos, seus contestáveis [...] a gloriosa série de seus monarcas, do Portugal precursor do nacionalismo moderno, do Portugal que introduziu na Europa *uma maneira de ser inédita e poderosa*, via-se amesquinhada, diminuída e ridicularizada.

Rememorando a campanha nassoviana, rotulada de antipatriótica, acusou àqueles que a endossaram de serem "africanistas, maçons e liberais". Como exemplo, citou o anticivismo do livro *Casa-Grande & Senzala*, que, apesar de ter obtido certa popularidade, "na opinião corrente entre os 'nossos demicultes', se acha revestida de uma aparelhagem aparentemente científica". Segundo *Fronteiras*, Freyre apresentava uma deprimente caricatura do povo português:

esta preocupação de fazer do português um povo decrépito e fátuo que desde os fins do século XVI "vive parasitariamente de um passado cujo explendor exagera" é assim um dos postulados de uma de nossas correntes de interpretação sociológica.

Reforçando a argumentação de que Freyre enfatizava uma ridícula caricatura do português, pinçou de *Casa-Grande & Senzala* expressões estereotipadas como:

"Porcalhão", "aventureiro de tendências semitas", "pessoalzinho ralo e insignificante", "plástico", "cosmopolita", "grosseiro e plebeamente erótico", "viciado no uso de palavrões obscenos" (Vide *Casa-Grande & Senzala*, passim) eis a triste, a deprimente caricatura que nos apresentam do povo heroico e nobre que nos civilizou.

A TEMPESTADE DE ÉOLO   219

Creditava, ainda, às afirmações de Freyre, um ódio de inspiração "yankee e protestante". Como é sabido, Gilberto estudou nas universidades norte-americanas Baylor e Colúmbia, sendo a primeira de confissão protestante. Conjugavam-se, assim, dois elementos considerados por *Fronteiras* extremamente nocivos: os Estados Unidos como sinônimo da democracia e liberalismo, e o protestantismo como maior opositor do catolicismo.

Reivindicava para o português uma falsa pureza racial ao afirmar que estes descendiam dos pré-célticos, possuindo "uma ancestralidade remota e única". Essa premissa de pureza racial se fazia necessária para o desmonte das argumentações freyrianas, justificando, sob este prisma, os modernos empreendimentos portugueses: as descobertas marítimas e a colonização.

Revestia o Renascimento luso de um brilho tão intenso, ao ponto de atribuir a Portugal o comando do movimento no mundo europeu. Sabemos que essa assertiva é inverossímil. António José Saraiva ' critica a forma frustrante do Renascimento português[182]. Concordamos com o historiador, visto ter sido aquele movimento modelado por dois instrumentos coercitivos: Inquisição e censura literária. A explosão cultural, iniciada no século XV, encontrou no solo luso um "cordão sanitário" promovido pelo ideário tridentino, que a transformou num "veículo de proseletismo religioso e imperial de que *Os Lusíadas* de Luís de Camões é a mais completa expressão"[183].

Assim como o Renascimento havia sido envolvido de *falsos brilhantes*, escamoteava a ciência que havia servido de base ao ciclo das navegações ao considerá-la uma "contribuição judaica". Sendo a revista antissemita, podemos até compreender essa omissão, mas, na essência, o que se pretendia era fortalecer a reconstrução da imagem do português e da cultura lusa, expurgando-lhes qualquer influência alienígena. Nessa reconstrução, chega ao exagero de afirmar que:

"O português da Renascença" enfileira-se assim ao lado do grego do tempo de Péricles, do romano da época de Augusto

---

182 *História da Cultura em Portugal*, v. 2, p. 18.
183 S. C. Silva, *Cultura Tutelada*, p. 4.

e do francês "classique" contemporâneo do "Roi-Soleil" como um dos mais prodigiosos tipos da humanidade[184].

Num verdadeiro sobreaviso contra a velha cultura portuguesa, alertava contra as ondas sucessivas de demência anticristã e antinacional que se levantavam no Brasil desde os fins do século XVIII até os idos de 1940. A seu ver, a ameaça inicial havia surgido das influências do "enciclopedismo francesista", desfigurando o objetivo de nossa independência. Atribuía-lhe um imprevisto sentido ideológico de "ruptura com a cultura tradicional". Julgava que melhor seria ser independente, sem, entretanto, deixar de ser *dependente*. E é por essa ótica que considera a Revolução de 1817 como "revolução mercenária e internacionalista"; a Confederação do Equador de 1824 como um movimento de "mesquinhez separatista"; a Praiera de 1848 como "demagogismo motineiro"; além das abriladas e setembrizadas, todas consideradas frutos do enciclopedismo que agia como força desintegradora da unidade nacional. Assinalava também que o papel salvacionista devia-se ao "gênio da raça" encarnado na índole conservadora e *cristã-velha* do país que esmagou todos estes "pruridos de destruição e de anarquia". O termo cristã-velha explica, mais uma vez, o caráter do periódico, que imputava ao dedo do judeu todos os movimentos reivindicatórios.

Considerava que outra ameaça a ser observada no passado era o germanismo da "Escola do Recife" que havia produzido sucessivas gerações de juristas que desprezavam "as gloriosas tradições coimbrãs". E que o mal ainda perdurava, impedindo o avanço das "modernas doutrinas nacionalistas sequiosas de realidade e de história".

Assegurava que a velha cultura lusitana era perene motivo de inquietação para a cultura judaica: "Mal esmaecem os efeitos de má investida e já fluxos renovados se elevam contra a solidez indestrutível da velha molhe de Sagres".

Deduzimos que a "velha molhe de Sagres" referia-se à metáfora da política imigratória brasileira, acusada de permanecer por longo tempo alheia àquela "evidência dolorosa", desprezando

---

184 *Fronteira*, p. 3, jun. 1940.

A TEMPESTADE DE ÉOLO   221

um tema tão presente e permanente do nacionalismo brasileiro. Marcada pelo sentimento de xenofobia, a revista, sob a forma de denúncia, pregava: "são modernamente certas infiltrações alienígenas (nipônicas, tedescas e até polacas) que se enxertam, como parasitas, no corpo enfraquecido da nação".

Dos grupos citados, fazia ressalva aos poloneses por serem católicos, sem que isso significasse seu passaporte para o Brasil. O que lhe interessava, no momento, era ressaltar a "obra de desinfecção" iniciada pelos nazistas na Polônia ocupada em 1940:

a obra de desinfecção que o povo alemão realiza neste momento, com energia, expulsando do espaço europeu o maçonismo jacobino e o judaísmo talmúdico, estas *sífilis* da nação[185].

Fronteiras nunca escondeu seu antissemitismo, conforme observamos desde seu primeiro editorial em 1932. Desta vez ela enaltece a *praxis*: os campos do extermínio. Para os antissemitas, maçonaria e judaísmo andavam juntos, como irmãos siameses, verdadeiros micróbios e, como tais, deveriam ser destruídos.

Outros perigos pairam no ar contra a cultura portuguesa e a estabilidade nacional. Atribuindo à Moscou bolchevista e ao judaísmo as qualidades de um "tóxico maligno", comentava:

tóxico, malignamente antinacional que sob aparências humanitárias e científicas se escondem sob a capa do afro-brasileirismo de inspiração *moscovita e judaica*, e o recentíssimo nassovismo[186].

O tóxico é Freyre, ligado aos estudos afros e implicado ao nassovismo. Pela ótica do nacionalismo à *outrance* (desmedida) da *voz reprovadora*, duas vertentes conspiravam contra o Estado: o possível despertar da consciência negra pelas suas contribuições à cultura brasileira e o culto a um "pirata" estrangeiro e herege no lugar de um herói português.

Somente o declarado racismo de *Fronteiras* conseguia justificar a tortuosa ligação de Freyre com o "inimigo objetivo" ao ponto de receber sua influência. Logo Gilberto que, no meu

185 *Fronteira*, p. 4, jun. 1940.
186 Idem, ibidem.

entendimento, foi um *antissemita mascarado*. Apesar de que o antissemitismo freyriano não assumiu a forma como o apresentado pela revista. Por outro lado, entre os antissemitas, comunismo e judaísmo eram movimentos concordes, haja visto que Freyre, há muito, andava transvestido de comunista, recebendo, portanto, influências judaicas.

Há outra hipótese que não deve ser descartada: se o negro consciente do seu alijamento na sociedade brasileira resolvesse lutar pelo seu espaço, demandaria, quem sabe, em questionamentos revolucionários. E quem ensejava todas as revoluções desde a Francesa? Para os antissemitas, conforme rezava os *Protocolos dos Sábios de Sião*, ninguém mais do que os judeus.

Reafirmando que o "nassovismo" e o afro-brasileirismo eram manifestações perigosas, a revista explicitava sua posição em favor do lusitanismo:

A falsidade destas duas posições contraditórias se trai no fato paradoxal de estarem à sua frente os mesmos personagens louches, os quais funcionam ora como corifeus da etnia e da cultura saxônica, ora como defensores dos congos, cambindas, benguelas e minas desde que estas posições sirvam ao interesse antiportuguês[187].

O símbolo dos "personagens louches" era Gilberto Freyre, que tinha como agravante sua formação universitária norte-americana, sendo, por isso, um elemento cujo grau de suspeição deveria ser ultravalorizado. Ora, apesar do tom plural que *Fronteiras* empregava, o que se desejava mesmo era criticar o autor de *Casa-Grande & Senzala* pelo seu antilusitanismo, a partir de uma ótica racista. Considerava-o como "líder da corrente afro-brasileira onde, por definição, o elemento português estava excluído"[188].

Negava-se aos estudos afros desenvolvidos por Freyre qualquer tributo científico e cultural. Assim fazendo, estabeleciam-se dúvidas quanto à honestidade da argumentação, facilitando que ela estabelecesse *a sua verdade* em defesa do seu ponto de vista, a defesa do colonizador português e branco. Neste sentido enfatizava que:

187 Idem, ibidem.
188 Idem, ibidem.

A TEMPESTADE DE ÉOLO

se observarmos esta atitude afro-brasileirista desde o seu livro básico *Casa-Grande & Senzala* até os seus últimos trabalhos, vemos que através dos seus característicos "faux – fuyants", de suas condicionais, de suas hipóteses, de suas reticências há nela implicitamente um julgamento de valor o que visa sobrepor às formas clássicas da lusitanidade o primitivismo pitoresco, mas evidentemente grosseiro, dos povos africanos[189].

Aspectos pitorescos de um povo são passíveis de serem aceitos, enquanto motivo de curiosidade e manifestações folclóricas. *Fronteiras*, em sua "visão de mundo" racista e conservadora, recusava-se a aceitar a tese freyriana de que o negro havia sido no Brasil elemento civilizador relevante. Para o periódico era inaceitável um julgamento de valor entre duas culturas: uma considerada superior – a branca – e outra inferior – a negra.

Com esta indagação, "Que faz o sr. Gilberto Freyre?", *Fronteiras* retomou o assunto:

quando não declara explicitamente essa superioridade, deprime de tal maneira o valor da cultura portuguesa posta em relação com a africana – focalizando aspectos pejorativos, mas acidentais desta, ao mesmo tempo que só aponta o que o negro tem de aproveitável – que o leitor incauto só pode tirar uma conclusão: a da superioridade da cultura negra sobre a branca[190].

Para o articulista, Freyre invertia os valores das culturas em análise, num evidente desrespeito à cultura branca. Certo seria, sob visão racista do periódico, deplorar na branca, se possível escamotear seus ínfimos aspectos pejorativos e, na negra, ressaltar apenas o pouco que se pode aproveitar.

Afirmava que Gilberto Freyre, com toda sua "solércia", possuía uma consumada habilidade em "camuflar" suas convicções, deixando, em dados momentos, cair a máscara. Citava como exemplo um trecho de *Casa-Grande & Senzala* no qual o escritor enfatizava o papel civilizador dos negros, ressaltando que estes haviam sido "a mão direita da formação brasileira; os portugueses e os índios, a mão esquerda". Acrescentava o

189 Idem, ibidem.
190 Idem, ibidem.

autor que observações como estas "pululam em quase todos os ramalhudos capítulos de *Senzala*".

Omitindo do nome da obra a palavra *Casa-Grande, Fronteiras* explicitava o verdadeiro teor de suas críticas: "Freyre pouco se ocupou da Casa-Grande ou quando o fez a degradou". Segundo a revista, o "chefe da corrente africanista" não apenas achincalhou o elemento português como estabeleceu um confronto desonroso para a cultura lusa, furtando a incomparável preeminência que ela desfrutava no contexto europeu, pretendendo provar que a cultura lusa era inferior às "próprias formas de vida e de inteligência oriundas do continente negro".

Com todas estas afirmações, só nos resta parafrasear Karl Marx conclamando os racistas brasileiros: "uni-vos para fazer frente às pregações de Freyre!"

Esta não era, no entanto, a solução apontada pela revista, que considerava existir apenas um remédio para deter os perigos: "o retorno à gloriosa tradição da velha pátria católica e missioneira de que descendemos, o retorno à Mãe Pátria, a volta a Portugal!"

Coincidentemente no mesmo ano e mês – junho de 1940 – em que a revista circulou com o artigo ora analisado, Freyre proferia no Gabinete Português de Leitura uma conferência sobre o tema "Uma Cultura Ameaçada: A Luso-Brasileira". Um verdadeiro paradoxo se considerarmos que Freyre estava sendo atacado sistematicamente por *Fronteiras*, sendo considerado perigoso por suas influências alienígenas. E agora se apresentava como porta-voz do cônsul de Portugal e da colônia lusa em Pernambuco.

Freyre reafirmava os postulados contidos em *Casa-Grande & Senzala* sobre o colonizador e a cultura mestiça. Despindo seu discurso de qualquer conotação racista, apontava para o verdadeiro perigo que ameaçava a cultura brasileira: "agentes culturais de imperialismos etnocêntricos" que agem, principalmente na região Sul do país. Agentes estes "interessados em nos desprestigiar como raça e como cultura que desdenham como rasteiramente inferior à sua"[191].

---

191 *Uma Cultura Ameaçada: A Luso-Brasileira.*

Os Fios de Ariadne

Tempos de Casa-Grande: época balizada por ideologias díspares, complexas, emaranhadas, que nem Tirésias poderia adivinhar quanto ao início ou fim, ou quando – apelando para as ambiguidades – se metamorfoseia em esfinge.

Os *tempos de Casa-Grande* remete-nos à Caixa de Pandora. Ao abri-la, sempre encontramos surpresas: foi dela que saiu o Prometeu aristocrático que, apesar de considerar-se despido de quaisquer traços racistas, não escapou dos preconceitos característicos dos anos 30 e 40. Talvez, por essa razão e por tantas outras já apontadas pelos nossos ensaístas literários, é que *Casa-Grande & Senzala* tenha-se constituído em um marco da historiografia e da cultura brasileira.

Enquanto obra-monumento, *Casa-Grande* realmente rompeu com algumas amarras do passado. Ofereceu uma nova identidade racial ao brasileiro ao valorizar o negro em detrimento do índio e do judeu. A preocupação do "Mestre de Apipucos" estava em fazer a classe dominante acreditar que a miscigenação não era tão dolorosa do ponto de vista estético: o negro escravo de maior contato com o senhor da casa grande atendia a padrões eugênicos eurocêntricos idealizados pelo homem branco colonizador. Daí *Casa-Grande & Senzala* ter o seu conteúdo alicerçado numa proposta promissora: garantia, pelas artimanhas do autor, de que a sociedade brasileira atingiria, *a posteriori,* a morenidade eugênica.

Com base nesses princípios, ampliou-se a edificação do *mito da democracia racial,* de bases messiânicas – dentro da perspectiva soreliana –, projetando para o futuro o sucesso da "causa"; razão esta que ainda sustenta o mito na atualidade.

Se por um lado Freyre defendeu o processo de miscigenação, por outro se revelou um antissemita. Suas ideias preconceituosas, antijudaicas, manifestaram-se em seus escritos desde 1921, persistindo até meados de 1936. Modismo? Acredito que não. No entanto, não posso igualar o antissemitismo gilbertiano ao discurso panfletário de um Gustavo Barroso que, como hábil teórico dos anos 30, primou pela destilação de sua aversão ao judeu-símbolo do mito do complô secreto mundial. Cabe lembrar que Barroso, arauto oficial do antissemitismo brasileiro, frequentava outro espaço social que lhe garantia uma maior difusão do seu pensamento. Se Barroso escreveu de forma direta contra os judeus, Freyre o fez com sutileza, nas linhas e entrelinhas.

Mas, nesses *tempos de Casa-Grande,* Freyre não estava sozinho. Muitos intelectuais compartilharam desse sentimento antissemita traduzido, por cada um, "à moda brasileira": Afonso Arinos de Mello Franco que o diga. No caso específico de Freyre, o "Prometeu aristocrático", o que chamou a atenção foi a persistência do seu pensamento. Durante sua trajetória de vida, enquanto escritor e após tantos "prefácios" reescritos para *Casa-Grande & Senzala,* jamais registrou – nem em uma nota sequer – mudança de opinião sobre os judeus. Ao contrário, inseriu estereótipos no contexto de vários de seus outros textos, inclusive em *Sobrados e Mucambos.*

De forma nem sempre muito hábil, Freyre respaldou-se em autores antissemitas: quando não era o arauto, era autor. Portanto, na construção de sua argumentação, existem "judeus" e judeus. Artimanha própria do seu "pensar" aristocrático. Estabeleceu diferença entre o judeu assimilado – como Disraelli, por exemplo – e o judeu que preserva sua identidade cultural, então por ele repudiado. Apesar de apresentar o português miscigenado na Península Ibérica com o elemento judaico, insistiu em excluí-lo de seu projeto de formação do brasileiro. A seu ver, aqueles que aportavam no Brasil – salvo o interregno holandês – eram todos portadores de "qualidades" tatuadoras impregnadas do estigma do outro indesejável. Enquanto Narciso, confirmou as minhas suspeitas. Aliás, até compreendo: com o sucesso obtido com *Casa-Grande & Senzala* lhe seria difícil resistir ver-se no espelho, e tampouco recusar a utilidade do "coro". Coro que até hoje continua afinadíssimo entoando solenes cantochões. Muda o corifeu, mas o coro permanece inalterado.

Portador de ferida narcísica, aquela que nunca sara, transformou-se ao longo de sua vida em factótum de si mesmo.

Assim como A Caixa de Pandora é mágica, povoada de surpresas fantásticas, os *tempos de Casa-Grande* são sombrios. Dali ressurgem outros tantos mitos, outras tantas máscaras e bandeiras que, delineadas por cores fortes e perfis dúbios, configuram ao conteúdo uma essência duvidosa impregnada de malignidade.

Desse clima emerge a Interventoria Agamenon Magalhães, que, em Pernambuco, primou por recrutar seus intelectuais orgânicos no seio de uma *produtora de salazares*: a Congregação Mariana da Mocidade Acadêmica do Colégio Nóbrega, que empunhou uma emblemática bandeira delineada por uma inegável estética fascista em que o integralismo e salazarismo se mesclam em fraternal abraço. Sua biblioteca lapidou muitas mentes, oferecendo obras extremamente úteis para a formação do ideário do congregado, que primava por ser católico ortodoxo e antissemita. A opção estava em saber escolher entre o salazarismo, o franquismo e o integralismo.

Posso afirmar que a Interventoria de Agamenon Magalhães tornou-se "sócia" da Igreja Católica ao mesclar o discurso oficial com a "retórica catequética". A união dos discursos serviu para plasmar em Pernambuco tudo aquilo que pudesse ser útil à legitimação do ideário estadonovista. Cristalizou-se, sob esses artifícios, um clima de suspeição, um ar irrespirável, característico de tempos sombrios, poluído por ideias autoritárias, excludentes. No nível imaginário, remete, novamente, àquela aura nebulosa, mas brilhante, que saiu da Caixa de Pandora levemente entreaberta.

Fronteiras é um dos focos de luz, complemento indispensável na representação dos anos 30. Um verdadeiro dicionário sectário cujos verbetes, sem obedecer à ordem alfabética, oferecem as inspirações para a demarcação ideológica dos *tempos de Casa-Grande*: integralismo, fascismo, antissemitismo, lusitanismo, racismo, jesuitismo. Afirmo: *uma revista exemplar...* Particularmente antimaçônica, anticomunista e antigilbertiana. Quanto à campanha antigilbertiana, denegrindo o escritor até em termos de caráter, considero injusta e sectária. No entanto, o discurso sustentado por *Fronteiras*, enquanto veículo modelador de mentalidade, é um dos exemplos mais pertinentes do racismo, do conservadorismo e dos valores morais que moldaram os tempos sombrios de *Casa-Grande*.

Bibliografia

A ORDEM. Rio de Janeiro, 1930-1940 (Biblioteca da Arquidiocese de Olinda e Recife).

A PROVÍNCIA. Recife, 1928-1933 (Arquivo Público Estadual).

A TRIBUNA. Recife, 1934 (Biblioteca da Arquidiocese de Olinda e Recife).

AÇÃO PERNAMBUCANA. Recife, 1934 (Arquivo Público Estadual).

ALBUQUERQUE JUNIOR, Durval Muniz de. *A Invenção do Nordeste: e Outras Artes*. Recife/São Paulo: Massangana/ Cortez, 1999.

ALBUQUERQUE, Roberto Cavalcanti de. *Gilberto Freyre e a Invenção do Brasil*. Rio de Janeiro: José Olympio, 2000.

ALENCASTRO, Luiz Felipe. Desagravo de Pernambuco e Glória do Brasil: a Obra de Evaldo Cabral de Mello. *Novos Estudos*, São Paulo, n. 26, mar. 1990.

ANAIS do Seminário de Tropicologia: Gilberto Freyre, Antecipador, Antropólogo, Escritor, Literário, Historiador Social, Pensador, Político, Tropicólogo. Recife: Massangana, 1983.

ANAIS do Seminário Internacional Novo Mundo nos Trópicos. Recife: Fundação Gilberto Freyre, 2001.

ANDRADE, Carlo Drummond de. *Corpo: Novos Poemas*. 10. ed. Rio de Janeiro: Record, 1987.

ANDRADE, Gilberto Osório de. Nassau, Quarenta Anos Depois. *Ciência & Trópico*, Recife, v. 8, n. 2, jul./dez. 1980.

ANDRADE, Manuel Correia de Oliveira. Gilberto Freyre e a Geração de 45. *Ciência & Trópico*, Recife, v. 15, n. 2, jul./dez. 1987. Número especial: Giberto Freyre.

_____. *Gilberto Freyre e os Grandes Desafios do Século XX* . Petrópolis: Vozes, 2002.

ANNAIS DO III *Congresso Eucharístico Nacional*, Recife: Jornal do Commércio, 1940.

230   TEMPOS DE CASA-GRANDE

ARAÚJO, Ricardo Benzaquem de. *Guerra e Paz: Casa-Grande & Senzala e a Obra de Gilberto Freyre nos anos 30*. Rio de Janeiro: Editora 34, 1994.

ARENDT, Hannah. *A Condição Humana*. 4. ed. Rio de Janeiro: Forense Universitária, 1989.

_____. *Origens do Totalitarismo: Anti-semitismo, Imperialismo, Totalitarismo*. São Paulo: Companhia das Letras, 1989.

ARIÈS, Philippe. *O Tempo da História*. Rio de Janeiro: Francisco Alves, 1989.

ARQUIVO da Congregação Mariana da Mocidade Acadêmica. Recife: [s. n.], 1938-1939. 3 v.

ARRECIFES - *Revista de Cultura*. Recife, mar./jun. 2000. Número especial. Edição comemorativa: Centenário de Gilberto Freyre.

AZEVEDO, Célia Maria Marinho de. *Onda Negra, Medo Branco: O Negro no Imaginário das Elites – Século XIX*. Rio de Janeiro: Paz e Terra, 1987.

AZEVEDO, João Lúcio D'. *Épocas de Portugal Econômico: Esboços de História*. 3. ed. Lisboa: Clássica, 1973.

_____. *História dos Christãos-Novos Portugueses*. Lisboa: Liv. Clássica, 1922.

AZEVEDO, Soares D'. *Espanha em Sangue: O que Vi e Sofri*. 2. ed. Rio de Janeiro: Cruzada da Boa Imprensa, 1937.

BARRETO, Túlio Velho. Uma Questão de Ordem. *Folha de S. Paulo*, 28 de março de 2004, Caderno Mais!.

BARROSO, Gustavo. *Nos Bastidores da História do Brasil*. São Paulo: Melhoramentos, 1942.

_____. *O Espírito do Século XX*. 2. ed. Rio de Janeiro: Civilização Brasileira, 1937.

_____. *O Integralismo em Marcha*. 2. ed. Rio de Janeiro: Civilização Brasileira, 1936.

BASTOS, Elide Rugai. *Gilberto Freyre e a Formação da Sociedade Brasileira*. Tese de Doutorado em Sociologia. Programa de Estudos Pós-Graduações em Ciências Sociais, Pontifícia Universidade Católica de São Paulo, 1986.

BENJAMIN, Walter. *Obras Escolhidas III: Charles Baudelaire – Um Lírico no Auge do Capitalismo*. São Paulo: Brasiliense, 1989.

_____. *Documentos de Cultura, Documentos de Barbárie: Escritos Escolhidos*. São Paulo: Cultrix: Edusp, 1986.

_____. Sobre o Conceito da História. In: *Obras Escolhidas I: Magia e Técnica, Arte e Política*. 4. ed. São Paulo: Brasiliense, 1985.

_____. *Obras Escolhidas II: Rua de Mão Única*. 2. ed. São Paulo: Brasiliense, 1987.

BENTO, Maria Aparecida Silva. Branqueamento e Branquitude no Brasil. In CARONE, Iray; BENTO, Maria Aparecida Silva (orgs.). *Psicologia Social do Racismo: Estudos sobre Branquitude e Branqueamento no Brasil*. 2. ed. Petrópolis: Vozes, 2003.

BEOZZO, José Oscar. A Igreja-Instituição. In: HAUCK, João Fagundes et al. *História da Igreja no Brasil: Ensaio de Interpretação a Partir do Povo, Segundo a Época – A Igreja no Brasil no século XIX*. 3. ed. [s. l.]: Paulinas; Petrópolis: Vozes, 1992.

BLOCH, Arnaldo. Gilberto Freyre, o Judeu de Apipucos. *O Globo*, Domingo, 18 de janeiro, 2002, Primeiro Caderno, Opinião.

BOSI, Alfredo (org.). *Cultura Brasileira: Temas e Situações*. São Paulo: Ática, 1987.

_____. *Dialética da Colonização*. São Paulo: Companhia das Letras, 1993.

BOXER, Charles Ralph. *O Império Colonial Português*. Lisboa: Edições 70, 1969.

BRANDÃO, Junito. *Mitologia Grega*. Petrópolis: Vozes. 1987, 3 v.

BIBLIOGRAFIA 231

BURKE, Peter. *A Revolução Francesa da Historiografia: A Escola dos Annales (1929-1989)*. São Paulo: Editora da Unesp, 1991.

_____. Uma História da Intimidade. *Folha de S. Paulo*. São Paulo, 11 set. 1994. Caderno Mais!

CADERNO Cultural. Brasília, ano 2, n. 9, dez. 1988. (Fundação Joaquim Nabuco).

CANDIDO, Antonio. Aquele Gilberto. *Recortes*. São Paulo: Companhia das Letras, 1993.

CANETTI, Elias. *Massa e Poder*. São Paulo: Companhia das Letras, 1995.

CARDOSO, Fernando Henrique. Livros que Inventaram o Brasil. *Novos Estudos*, n. 37, nov. 1993.

CARNEIRO, J. Fernando. *Catolicismo, Revolução e Reação*. Rio de Janeiro: Agir, 1947.

CARNEIRO, Maria Luiza Tucci. *O Anti-semitismo na Era Vargas: Fantasmas de uma Geração (1930-1945)*. 2. ed. São Paulo: Perspectiva, 2001.

_____. *Preconceito Racial em Portugal e Brasil-Colônia*. 3. ed. São Paulo: Perspectiva, 2005.

CARONE, Iray. Breve Histórico de uma Pesquisa Social sobre a Questão Racial Brasileira. In: CARONE, Iray; BENTO, Maria Aparecida Silva (orgs.). *Psicologia Social do Racismo: Estudos sobre Branquitude e Branqueamento no Brasil*. 2 ed. Petrópolis: Vozes, 2003.

CARVALHO, José Murilo de. *Os Bestializados: o Rio de Janeiro e a República que não Foi*. São Paulo: Companhia das Letras, 1987.

CASSIRER, Ernest. *O Mito do Estado*. Lisboa: Publicações Europa-América,1961.

CASTELO, Cláudia. *O Modo Português de Estar no Mundo: O Luso-tropicalismo e a Ideologia Colonial Portuguesa (1933-1961)*. Porto: Afrontamento, 1999.

CAVALCANTI, Paulo. *O Caso Eu Conto como o Caso foi: Da Coluna Prestes à Queda de Arraes*. São Paulo: Alfa-Omega, 1978.

_____. *Nos Tempos de Prestes: O Caso Eu Conto como o Caso Foi*. Recife: Guararapes, 1982.

_____. *A Luta Clandestina: O Caso Eu Conto como o Caso Foi*. Recife: Guararapes, 1985.

CHACON, Vamireh. *A Construção da Brasilidade: Gilberto Freyre e sua Geração*. Brasília/ São Paulo: Paralelo 15/ Marco Zero, 2001.

_____. *A Luz do Norte: O Nordeste na História das Idéias do Brasil*. Recife: Fundação Joaquim Nabuco: Massangana, 1989.

_____. *Abreu e Lima: General de Bolívar*. 2 ed. aumentada. Rio de Janeiro: Paz e Terra, 1983.

_____. *Gilberto Freyre: Uma Biografia Intelectual*. Recife/ São Paulo: Fundaj; Massangana/ Nacional, 1993.

CHIAVENATO, Júlio José. *o Inimigo Eleito: Os Judeus, o Poder e o Anti-Semitismo*. Porto Alegre: Mercado Aberto, 1985.

CIÊNCIA & TRÓPICO. Recife, v. 8, n. 2; jul./dez. 1980; v. 2. n. 2, jul./dez. 1983; v. 15, n. 1, jan./jun. 1987; v. 15, n. 2, jul./dez. 1987; v. 16, n. 1, jan./jun. 1988. (Fundação Joaquim Nabuco)

CLAUDINO, Assis. *O Monstro Sagrado e o Amarelinho Comunista: Gilberto Freyre, Dom Helder e a Revolução de 64*. Recife: Opção, 1985.

COSTA, Cruz. *Contribuição à História das Idéias no Brasil*. 2. ed. Rio de Janeiro: Civilização Brasileira, 1967.

COSTA LIMA, Luiz. Versão Solar do Patriarcalismo: *Casa-Grande & Senzala*. In: *A Aguarrás do Tempo: Estudos sobre a Narrativa*. Rio de Janeiro: Rocco, 1989.

232 TEMPOS DE CASA-GRANDE

COUTINHO, Odilon Ribeiro. *Gilberto Freyre ou o Ideário Brasileiro*. Rio de Janeiro/ Recife: Topbooks/Fundação Gilberto, 2005.

_____. A Época em que Apareceu *Casa-Grande & Senzala*. In: FONSECA, Edson Ney da (org.). *Novas Perspectivas em* Casa-Grande & Senzala.

_____. Prefácio da 2. Edição. In: MENESES, Diogo de Mello. *Gilberto Freyre: Notas Biográficas com Ilustração Inclusive Desenhos e Caricaturas*.

CRIPPA, Adolpho. *Mito e Cultura*. São Paulo: Convívio, 1975.

CURY, Carlos R. Jamil. *Ideologia e Educação Brasileira: Católicos e Liberais*. 3. ed. São Paulo: Cortez, 1986.

D'ANDREA, Moema Selma. *A Tradição Re(des)coberta: Gilberto Freyre e a Literatura Regionalista*. Campinas: Editora da Unicamp, 1992.

DARNTON, Robert. História da Leitura. In: BURKE, Peter (org.). *A Escrita da História: Novas Perspectivas*. São Paulo: Editora da Unesp, 1992.

DELGADO, Luiz. *Gestos e Vozes de Pernambuco*. Recife: Editora da Universidade Federal de Pernambuco, 1963.

DIÁRIO de Pernambuco. Recife, 1920-1940. (Fundação Joaquim Nabuco)

DIAS, Romualdo. *Imagens da Ordem: A Doutrina Católica sobre Autoridade no Brasil (1922-1933)*. São Paulo: Editora da Unesp, 1966.

DIMAS, Antonio; LEENHARDT, Jacques; PESAVENTO, Sandra Jatahy (orgs.). *Reinventar o Brasil: Gilberto Freyre entre História e Ficção*. Porto Alegre/ São Paulo: FAURGS/Edusp, 2006.

ECO, Umberto. *O Nome da Rosa*. Rio de Janeiro: Nova Fonteira, 1983.

EISENBERG, Peter L. *Homens Esquecidos: Escravos e Trabalhadores Livres no Brasil, séc. XVIII e XIX*. Campinas: Editora da Unicamp, 1989.

EKSTEINS, Modris. *A Sagração da Primavera: A Grande Guerra e o Nascimento da Era Moderna*. Rio de Janeiro: Rocco, 1991.

ELIADE, Mircea. *Aspectos do Mito*. Lisboa: Edições 70, 1963.

_____. *O Mito do Eterno Retorno*. Lisboa: Edições 70, 1968.

_____. *Mito e Realidade*. 3. ed. São Paulo: Perspectiva, 1991.

ÉTIEMBLE, René. *Le Mythe de Rimbaud: structure du mythe*. Paris: Gallimard, 1961.

FALCÃO, Joaquim; ARAÚJO, Rosa Maria Barbosa de (org.). *O Imperador das Idéias: Gilberto Freyre em Questão*. Rio de Janeiro: Topbooks, 2001.

FAORO, Raymundo. *Os Donos do Poder: Formação do Patronato Brasileiro*. 3. ed. Porto Alegre: Globo, 1976, 2v.

FERNANDES, DAMIÃO. M. S. F. S. *Pe. Antônio C. Fernandes, SJ: um Apóstolo Indiano no Brasil*. Traduzido do inglês pelo Pe. A. M. de S., S. J. [Recife, 19-] 247f. Manuscrito.

FERRO, Marc. *A História Vigiada*. São Paulo: Martins Fontes, 1989.

FONSECA, Edson Nery da (org.). *Casa-Grande & Senzala e a Crítica Brasileira de 1933 a 1944*. Recife: Companhia Editora de Pernambuco, 1985.

_____. Cronologia da Vida e da Obra com Índice Anomático, Temático e Biblionímico. *Ciência & Trópico*, Recife, v. 15, n. 2, jul./dez. 1987.

_____. *Gilberto Freyre de A a Z: Referências Essenciais à sua Vida e Obra*. Rio de Janeiro: Zé Mário, 2002.

_____ (org.). *Novas Perspectivas em* Casa-Grande & Senzala. Recife: Massangana; Fundação Joaquim Nabuco, 1985.

FONTETTE, François. *O Racismo*. Lisboa: Bertrand, 1976.

FORD, Henry. *O Judeu Internacional*. Porto Alegre: Globo, 1938.

BIBLIOGRAFIA

FOUCAULT, Michel. *A Arqueologia do Saber*. 3. ed. Rio de Janeiro: Forense-Universitária, 1987.

_____. *Vigiar e Punir: O Nascimento da Prisão*. Petrópolis: Vozes, 1987.

FRESTON, Paul. *A Carreira de Gilberto Freyre*. São Paulo: Idesp, 1987.

FREYRE, Gilberto. *Alhos e Bugalhos*. Rio de Janeiro: Nova Fronteira, 1978.

_____. *Apipucos: Que Há num Nome?* Recife: Massangana, 1983.

_____. *Cartas do Próprio Punho sobre Pessoas e Coisas do Brasil e do Estrangeiro*. Brasília: MEC – Conselho Federal de Cultura, 1978.

_____. *Casa-Grande & Senzala: Formação da Família Brasileira sob o Regime da Economia Patriarcal*. 21. ed. Rio de Janeiro: José Olympio, 1981.

_____. *Casa-Grande & Senzala: Formação da Família Brasileira sob o Regime da Economia Patriarcal*. Rio de Janeiro: Maia & Schmidt, 1933.

_____. *Casa-Grande & Senzala: Formação da Família Brasileira sob o Regime da Economia Patriarcal*. 3. ed. Rio de Janeiro: Schmidt, 1938.

_____. *Casa-Grande & Senzala: Formação da Família Brasileira sob o Regime da Economia Patriarcal*. 6. ed. Rio de Janeiro: José Olympio, 1950, 2 v.

_____. *Guia Prático Histórico e Sentimental da Cidade do Recife*, 4. ed. Versão atualizada e aumentada. Rio de Janeiro: José Olympio, 1968.

_____ (org.). *Livro do Nordeste: Comemorativo do 1º Centenário do* Diário de Pernambuco. 2. ed. Recife: Arquivo Público Estadual, 1979. Edição fac-similada da 1ª edição, 1925.

_____. *Manifesto Regionalista*. 4. ed. Recife: Instituto Joaquim Nabuco de Pesquisas Sociais, 1967.

_____. *Nordeste: Aspectos da Influência da Cana sobre a Vida e a Paisagem do Nordeste do Brasil*. 3. ed. Rio de Janeiro: José Olympio, 1961.

_____. *O Escravo nos Anúncios de Jornais Brasileiros do Século XIX*. 2. ed. São Paulo/ Recife: Nacional/ Instituto Joaquim Nabuco de Pesquisas Sociais, 1979.

_____. *Ordem e Progresso: Introdução à História da Sociedade Patriarcal no Brasil – 3*. 3. ed. Rio de Janeiro: José Olympio, 1974, 2 v.

_____. *Perfil de Euclides e outros Perfis*. 2 ed. Aumentada. Rio de Janeiro: Record, 1987.

_____. *Pessoas, Coisas & Animais*. Natal: MPM Propaganda, 1979.

_____. *Prefácios Desgarrados: 50 Anos de Prefácios: 1927-1977*. Rio de Janeiro/ Brasília: Cátedra/ INL, 1978. 2 v.

_____. *Região e Tradição*. Rio de Janeiro: José Olympio, 1941.

_____. *Retalhos de Jornais Velhos*. 2. ed. Rio de Janeiro: José Olympio, 1964.

_____. *Sobrados e Mucambos: Decadência do Patriarcado Rural e Desenvolvimento do Urbano*. 6. ed. Rio de Janeiro: José Olympio, 1981, 2 v.

_____. *Tempo de Aprendiz: Artigos Publicados em Jornais na Adolescência e na Primeira Mocidade do Autor: 1918 – 1926*. São Paulo/ Brasília: Ibrasa/ INL, 1979. v. 1.

_____. *Tempo Morto e Outros Tempos: Trechos de um Diário de Adolescência e Primeira Mocidade: 1915-1930*. Rio de Janeiro: José Olympio, 1975.

_____. *Uma Cultura Ameaçada: A Luso-Brasileira*. Recife: Diário da Manhã, 1940.

_____. *Vida Social no Brasil nos Meados do Século XIX*. 3. ed. Recife: Fundação Joaquim Nabuco; Massangana, 1985.

_____, Vida Social no Nordeste: Aspectos de um Século de Transição. In: _____. (org.). *Livro do Nordeste: Comemorativo do 1º Centenário do* Diário de

234 TEMPOS DE CASA-GRANDE

Pernambuco. 2. ed. Recife: Arquivo Público Estadual, 1979, Edição fac-similada da 1ª edição, 1925.

FRONTEIRAS. Recife, 1932-1940. (Biblioteca da Arquidiocese de Olinda e Recife)

FRY, Peter. *A Persistência da Raça: Ensaios Antropológicos sobre o Brasil e a África Austral*. Rio de Janeiro: Civilização Brasileira, 2005.

GENTILE, Emílio; FELICE, Renzo. *A Itália de Mussolini e a Origem do Fascismo*. São Paulo: Ícone, 1988.

GINZBURG, Carlo. *Mitos, Emblemas, Sinais: Morfologia e História*. São Paulo: Companhia das Letras, 1989.

_____. *O Queijo e os Vermes: O Cotidiano e as Idéias de um Moleiro Perseguido pela Inquisição*. São Paulo: Companhia das Letras, 1987.

GIRARDET, Raoul. *Mitos e Mitologias Políticas*. São Paulo: Companhia das Letras, 1987.

GOFFMAN, Erving. *Estigma: Notas sobre Manipulação da Identidade Deteriorada*. 4. ed. Rio de Janeiro: Zahar, 1982.

GOMES, Ângela de Castro (org.). *Em Família: A Correspondência de Oliveira Lima e Gilberto Freyre*. Campinas: Mercado de Letras, 2005.

GRAMSCI, Antonio. *Os Intelectuais e a Organização da Cultura*. 7. ed. Rio de Janeiro: Civilização Brasileira, 1989.

HALLEWELL, Laurence. *O Livro no Brasil: Sua História*. São Paulo: T. A. Queiroz, 1985.

HOBSBAWM, Eric; RANGER, Terence (orgs.). *A Invenção das Tradições*. Rio de Janeiro: Paz e Terra, 1984.

HOLANDA, Sérgio Buarque de. *Visão do Paraíso: Os Motivos Edênicos no Descobrimento e Colonização do Brasil*. 3. ed. São Paulo: Nacional, 1977.

IANNI, Octavio. *Escravidão e Racismo*. 2 ed. Versão aumentada. São Paulo: Hucitec, 1988.

IGLÉSIAS, Francisco. *História e Ideologia*. São Paulo: Perspectiva, 1981.

INOJOSA, Joaquim. *Carro Alegórico*. Rio de Janeiro: Ed. do Autor, 1973.

_____. *Pá de Cal*. Rio de Janeiro: Meio-Dia, 1978.

JARDINE, Lisa. *Erasmus, Man of Letters: The Construction of Charisma in Print*. Princeton, New Jersey: Princeton University Press, 1993.

JORNAL da Manhã. Recife, 1932-1933. (Arquivo Público Estadual).

JORNAL do Commércio. Recife, 1919-1940. (Arquivo Público Estadual).

KUPERMAN, Diane. *Anti-semitismo: Novas Facetas de uma Velha Questão*. Rio de Janeiro: Pontal, 1992.

LARA, Tiago Adão. *Tradicionalismo Católico em Pernambuco*. Recife: Massangana, 1988.

LE GOFF, Jacques. *A História Nova*. São Paulo: Martins Fontes, 1990.

LEITE, Dante Moreira. *O Caráter Nacional Brasileiro: História de uma Ideologia*. 4. ed. São Paulo: Pioneira, 1983.

LENHARO, Alcir. *Sacralização da Política*. Campinas: Papirus, 1986.

LESSER, Jeffrey. *O Brasil e a Questão Judaica: Imigração, Diplomacia e Preconceito*. Rio de Janeiro: Imago, 1995.

LÉVI-STRAUSS, Claude. *Antropologia Estrutural*. 4. edição, Rio de Janeiro: Tempo Brasileiro, 1993.

LEVINE, Robert M. *A Velha Usina: Pernambuco na Federação Brasileira, 1889-1937*. Rio de Janeiro: Paz e Terra, 1980.

BIBLIOGRAFIA   235

_____. *O Regime Vargas: Os Anos Críticos: 1934-1938*. Rio de Janeiro: Nova Fronteira, 1980.

LIMA, Fernando da Mota. Sobre *Gilberto Freyre de A a Z*. *Continente*, Recife, jun. 2003.

LIMA, Mario Hélio Gomes de. *Gilberto Historiador*. Dissertação de Mestrado em História – Universidade Federal de Pernambuco, 1993.

LIPINER, Elias. *Santa Inquisição: Terror e Linguagem*. Rio de Janeiro: Documentário, 1977.

LOBATO, Monteiro. Prefácio da 1. Edição. In: MENESES, Diogo de Mello. *Gilberto Freyre: Notas Biográficas com Ilustrações Inclusive Desenhos e Caricaturas*.

LOWEN, Alexander. *Narcisismo: Negação do Verdadeiro Self*. São Paulo: Cultrix, 1983.

MACEDO, Joaquim Manuel de. *As Vítimas-Algozes: Quadros da Escravidão: Romances*. 3. ed. São Paulo: Scipione, 1991.

MACHADO NETO, A. L. *Estrutura Social da República das Letras*. São Paulo: Edusp; Grijalbo, 1973.

MAIA, Pedro Américo S. J. *História das Congregações Marianas no Brasil*. São Paulo: Edições Loyola, 1992.

MANNHEIM, Karl. *Ideologia e Utopia*. 4. ed. Rio de Janeiro: Guanabara, 1986.

MARITAIN, Jacques. *Humanismo Integral: Uma Visão da Nova Ordem Cristã*. 4. ed. São Paulo: Dominus, 1962.

MARTINS, Wilson. *História da Inteligência Brasileira*. São Paulo: Cultrix; Edusp, 1979. v. 7: 1930-1960.

MATTEWS, Hebert L. *Metade da Espanha Morreu*. Rio de Janeiro: Civilização Brasileira, 1975.

MEDEIROS, Jarbas. *Ideologia Autoritária no Brasil: 1930-1945*. Rio de Janeiro: Fundação Getúlio Vargas, 1978.

MEDEIROS, Maria Alice de Aguiar. *O Elogio da Dominação: Relendo Casa-Grande & Senzala*. Rio de Janeiro: Achiamé, 1984.

MELLO, Evaldo Cabral de. *A Ferida de Narciso: Ensaio de História Regional*. São Paulo: Senac, 2001.

MENCKEN, H. L. *O Livro dos Insultos de H. L. Mencken*. São Paulo: Companhia das Letras, 1993.

MENESES, Diogo de Mello. *Gilberto Freyre: Notas Biográficas com Ilustrações Inclusive Desenhos e Caricaturas*. 2. ed. Recife: Fundação Joaquim Nabuco; Massangana, 1991.

MERCADANTE, Paulo. *A Consciência Conservadora no Brasil*. 2. ed. Rio de Janeiro: Civilização Brasileira, 1972.

MICELI, Sérgio. *História das Ciências Sociais no Brasil*. São Paulo: Vertice Editora Revista dos Tribunais; Idesp, 1989. v. 1

_____. *Intelectuais e Classe Dirigente no Brasil: 1920-1945*. São Paulo: Difel, 1979.

_____. *Poder, Sexo e Letras na República Velha*. São Paulo: Perspectiva, 1977.

MIRANDA, Carlos Alberto Cunha. *Igreja Católica do Brasil: Uma Trajetória Reformista: 1872-1945*. Dissertação de Mestrado em História. Centro de Filosofia e Ciências Humanas da Universidade Federal de Pernambuco, 1988.

MORAES, Evaristo de. *Os Judeus: Artigos e Conferências*. São Paulo: Civilização Brasileira, 1940.

236 TEMPOS DE CASA-GRANDE

MORAES, Jomar. *Gonçalves Dias: Vida e Obra*. São Luís: Alumar, 1998.

MORAIS, Régis de (org.). *As Razões do Mito*. Campinas: Papirus, 1988.

MOTA, Carlos Guilherme. Cultura Brasileira ou Cultura Republicana? *Estudos Avançados*, São Paulo, v. 4, n. 8, jan./abr. 1990.

_____. *Ideologia da Cultura Brasileira: Pontos de Partida para uma Revisão Histórica*. 2. ed. São Paulo: Ática, 1977.

MOURA, Clóvis. *As Injustiças de Clio: o Negro na Historiografia Brasileira*. Belo Horizonte: Oficina de Livros, 1990.

MUNANGA, Kabengele. Preconceito de Cor: Diversas Formas, um Mesmo Objetivo. *Revista de Antropologia*, São Paulo, v. 21, 2 pt., 1978.

NOGUEIRA, Oracy. *Tanto Preto quanto Branco: Estudos de Relações Sociais*. São Paulo: T. A. Queiroz, 1985.

NOVAIS, Fernando A. *Portugal e Brasil na Crise do Antigo Sistema Colonial (1777-1808)*. São Paulo: Hucitec, 1983.

NOVINSKY, Anita Waingort. *A Inquisição: Prisioneiros do Brasil*. 2. ed. rev. São Paulo: Perspectiva, 2009.

OLIVEIRA, Lúcia Lippi (org.). *Elite Intelectual e Debate Político nos Anos 30: Uma Bibliografia Comentada da Revolução de 1930*. Rio de Janeiro/ Brasília: Fundação Getúlio Vargas/ INL, 1980.

_____. Introdução. In: OLIVEIRA, Lúcia Lippi; VELLOSO, Mônica Pimenta; GOMES, Ângela Maria Castro. *Estado Novo: Ideologia e Poder*. Rio de Janeiro: Zahar, 1982.

ORTIZ, Renato. *Cultura Brasileira e Identidade Nacional*. 3. ed. São Paulo: Brasiliense, 1985.

OS PROTOCOLOS dos Sábios de Sião. Texto completo e apostilado por Gustavo Barroso. 2. ed. São Paulo: Minerva, 1936.

PAIVA, Vanilda. Oliveira Vianna: Nacionalismo ou Racismo? *Encontros com a Civilização Brasileira*, Rio de Janeiro, 1978.

PALLARES-BURKE, Maria Lúcia Garcia. *As Muitas Faces da História: Nove Entrevistas*. São Paulo: Editora da Unesp, 2000.

_____. *Gilberto Freyre: Um Vitoriano dos Trópicos*. São Paulo: Editora da Unesp, 2005.

PANDOLFI, Dulce Chaves. *Pernambuco de Agamenon Magalhães: Consolidação e Crise de uma Elite Política*. Recife: Fundaj; Massangana, 1984.

PATAI, Raphael. *O Mito e o Homem Moderno*. São Paulo: Cultrix, 1974.

PÉCAUT, Daniel. *Os Intelectuais e a Política no Brasil: Entre o Povo e a Nação*. São Paulo: Ática, 1990.

PEDRIALI, José Antônio. *Guerreiros da Virgem: A Vida Secreta na TFP*. São Paulo: EMW, 1985.

PEDROZA, Alfredo Xavier. *Letras Católicas em Pernambuco*. Rio de Janeiro: Cruzada da Boa Imprensa, 1939.

PESSOA, Dirceu. O Legado de Gilberto Freyre e o Desafio da Democracia. *Ciência & Trópico*, Recife, v. 15, n. 2, jul./dez. 1987.

POLIAKOV, Léon. *De Maomé aos Marranos: História do Anti-semitismo*. 2. ed. São Paulo: Perspectiva, 1984.

_____. *O Mito Ariano: Ensaio sobre as Fontes do Racismo e dos Nacionalismos*. São Paulo: Perspectiva, 1984.

PRADO, Mario Pacheco. *Narcisismo e Estados de Entranhamento*. Rio de Janeiro: Imago, 1988.

BIBLIOGRAFIA 237

QUINTAS, Amaro. A Agitação Republicana no Nordeste. In: BARRETO, Célia de Barros et al. *O Brasil Monárquico: O Processo de Emancipação*. 3. ed. São Paulo: Difel, 1970, v. 1, t. 2, p. 207.

RABASSA, Gregory. *O Negro na Ficção Brasileira: Meio Século de História Literária*. Rio de Janeiro: Tempo Brasileiro, 1965.

REVISTA *de Ciência Política*. Rio de Janeiro, v. 21, n. 3, jul./set. 1978 (Biblioteca da Faculdade de Direito do Recife).

RIBEIRO, Darcy. *Ensaios Insólitos*. Porto Alegre: L&PM 1979.

_____. *Aos Trancos e Barrancos: Como o Brasil Deu no que Deu*. 2. ed. Rio de Janeiro: Guanabara Dois, 1986.

RODRIGUES, Francisco. *Os Jesuítas e a Monita Secreta*. Roma: Tipographia Pontifícia do Instituto Pio IX, 1912.

RODRIGUES, José Honório. *Conciliação e Reforma no Brasil: Um Desafio Histórico Cultural*. 2. ed. Rio de Janeiro: Nova Fronteira, 1982.

RODRIGUES, Nelson. *O Óbvio Ululante: Primeiras Confissões, Crônicas*. São Paulo: Companhia das Letras, 2003.

ROMANO, Roberto. *Brasil: Igreja contra Estado*. São Paulo: Kairós, 1979.

_____. *Conservadorismo Romântico: Origem do Totalitarismo*. 2 ed. São Paulo: Editora da Unesp, 1997.

_____. *Corpo e Cristal: Marx Romântico*. Rio de Janeiro: Guanabara Dois, 1985.

_____. *Fascismo e Pecado Sexuais. O Desafio do Islã e Outros Desafios*. São Paulo: Perspectiva, 2004.

_____. *Moral e Ciência: A Monstruosidade no Século XVIII*. São Paulo: Senac, 2002.

_____. *O Caldeirão de Medéia*. São Paulo: Perspectiva, 2001.

ROSENFELD, Anotol. *Mistificações Literárias: Os Protocolos dos Sábios de Sião*. São Paulo: Perspectiva, 1976.

ROUANET, Sérgio Paulo. *As Razões do Iluminismo*. São Paulo: Companhia das Letras, 1989.

SANTOS, Luiz Antonio de. E Pernambuco Falou para o Mundo: O Impacto de Gilberto Freyre na Historiografia Norte-americana. 1946-1971. *Novos Estudos Cebrap*, n. 18, set. 1987.

_____. O Espírito da Aldeia: Orgulho Ferido e Vaidade na Trajetória Intelectual de Gilberto Freyre. *Novos Estudos Cebrap*, n. 27, jul. 1990.

SARAIVA, Antonio José. *História da Cultura em Portugal*. Lisboa: Jornal do Fôro, 1955. v. 2.

_____. *Inquisição e Cristãos-Novos*. 3. ed. Porto: Inova, 1969.

SARTRE, Jean-Paul. *Reflexões sobre o Racismo*. São Paulo: Difel, 1968.

SCHWARCZ, Lilia Moritz. *O Espetáculo das Raças: Cientistas, Instituições e Questão Racial no Brasil: 1870-1930*. São Paulo: Companhia das Letras, 1993.

_____. *Racismo no Brasil*. São Paulo: Publifolha, 2001.

_____. *Retrato em Branco e Negro: Jornais, Escravos e Cidadãos em São Paulo no Final do Século XIX*. São Paulo: Companhia das Letras, 1987.

SCHWARTZMAN, Simon; BOMENY, Helena Maria Bousquet; COSTA, Vanda Maria Ribeiro. *Tempos de Capanema*. Rio de Janeiro/São Paulo: Paz e Terra/ Edusp, 1984.

SÉRGIO, Antonio. *Ensaios*. Lisboa: Sá da Costa, 1972, t. 2.

SEVCENKO, Nicolau. *Literatura como Missão: Tensões Sociais e Criação Cultural na Primeira República*. 2. ed. São Paulo: Brasiliense, 1985.

238   TEMPOS DE CASA-GRANDE

SILVA, Nelson do Valle; HASENBALG, Carlos A. *Relações Raciais no Brasil Contemporâneo*. Rio de Janeiro: Rio Fundo; Iuperg, 1992.

SILVA, Silvia Cortez. *Cultura Tutelada: Uma Visão Patrimonialista da Cultura Luso-brasileira*. Dissertação de Mestrado em História. Centro de Filosofia e Ciências Humanas, Universidade Federal de Pernambuco, 1987.

SKIDMORE, Thomas E. *Preto no Branco: Raça e Nacionalidade no Pensamento Brasileiro*. Rio de Janeiro: Paz e Terra, 1976.

SOUZA BARROS. *A Década de 20 em Pernambuco: Uma Interpretação*. Rio de Janeiro: Paralelo, 1972.

SOUZA, Laura de Mello e. *O Diabo e a Terra de Santa Cruz*. São Paulo: Companhia das Letras, 1987.

TAGUIEFF, Pierre-André. *Les Protocoles des Sages de Sion: introduction à letude des Protocoles un faux et ses usages dans le siècle*. Paris: Berg International, 1992.

TELLES, Edward. *Racismo à Brasileira: Uma Nova Perspectiva Sociológica*. Rio de Janeiro: Relume Dumará, 2003.

THOMAS, Hugh. *La Guerra Civil Española*. Madrid: Mondadori, 2001, 2 v. Trad. Brasileira, *A Guerra Civil Espanhola*. Rio de Janeiro: Civilização Brasileira, 1964. 2 v.

THOMAS, Gordon; MORGAN-WITTS, Max. *Guernica: A Morte Inútil de uma Cidade*. São Paulo: Summus, 1977.

TODOROV, Tzvetan. *As Estruturas Narrativas*. São Paulo: Perspectiva, 1979.

TORRES, João Camilo de Oliveira. *Interpretação da Realidade Brasileira*. 2. ed. Rio de Janeiro/ Brasília: José Olympio/ INL, 1973.

TRACHTENBERG, J. *El Diablo y los Judios: La Concepción Medieval del Judio y su Relación con el Anti-semitismo Moderno*. Buenos Aires: Paidós, 1975.

TRINDADE, Hélgio. *Integralismo: O Facismo Brasileiro na Década de 30*. São Paulo/ Porto Alegre: Difel/Universidade Federal do Rio Grande do Sul, 1974.

UNESCO. *Vida e Valores do Povo Judeu*. São Paulo: Perspectiva, 1969.

VAREJÃO, Paulo Roberto Azevedo. *Rituais de Poder na Obra de Gilberto Freyre*. São Paulo, 1992. Dissertação de Mestrado em História. Pontifícia Universidade Católica de São Paulo, 1992.

VELLOSO, Mônica Pimenta. A Ordem: Uma Revista de Doutrina, Política e Cultura Católica. *Ciência Política*, Rio de Janeiro, v. 21, n. 3, p. 161-180, jul./set. 1978.

VENTURA, Roberto. A Saga da Cana-de-açúcar. *Folha de S. Paulo*. São Paulo, 12 mar. 2000. Caderno Mais!

_____. *Estilo Tropical: História Cultural e Polêmicas Literárias no Brasil: 1870-1914*. São Paulo: Companhia das Letras, 1991.

VERNANT, Jean-Pierre. *Mito e Pensamento entre os Gregos: Estudos de Psicologia Histórica*. São Paulo: Difel; Edusp, 1973.

VIANNA, Oliveira. *Ensaios Inéditos*. Campinas: Editora da Unicamp, 1991.

_____. *Evolução do Povo Brasileiro*. 4. ed. Rio de Janeiro: José Olympio, 1956.

VIDAL-NAQUET, Pierre. *Os Assassinos da Memória: "Um Eichmann de Papel" e Outros Ensaios sobre o Revisionismo*. Campinas: Papirus, 1988.

VIEIRA, Epitácio Fragoso. *O Senso Antropológico em Gilberto Freyre*. Recife: Comunigraf, 2002.

VIEIRA, Nelson H. (org.) *Construindo a Imagem do Judeu: Algumas Abordagens Teóricas*. Rio de Janeiro: Imago, 1994.

BIBLIOGRAFIA

VOVELLE, Michel. *Ideologias e Mentalidades*. São Paulo: Brasiliense, 1987.
WEBER, Max. *Ensaios de Sociologia*. Rio de Janeiro: Zahar, 1963.
_____. *Estructuras del Poder*. Buenos Aires: La Pleyade, 1977.
_____. *História Geral da Economia*. São Paulo: Mestre Jou, 1968.

HISTÓRIA NA PERSPECTIVA

Nova História e Novo Mundo
Frédéric Mauro (D013)

História e Ideologia
Francisco Iglésias (D028)

A Religião e o Surgimento do Capitalismo
R. H. Tawney (D038)

1822: Dimensões
Carlos Guilherme Mota (D067)

Economia Colonial
J. R. Amaral Lapa (D080)

Do Brasil à América
Frédéric Mauro (D108)

História, Corpo do Tempo
José Honório Rodrigues (D121)

Magistrados e Feiticeiros na França do Século XVII
Robert Mandrou (D126)

Escritos sobre a História
Fernand Braudel (D131)

Escravidão, Reforma e Imperialismo
Richard Graham (D146)

Testando o Leviathan
Antonia Fernanda Pacca de Almeida Wright (D157)

Nzinga
Roy Glasgow (D178)

A Industrialização do Algodão em São Paulo
Maria Regina C. Mello (D180)

Hierarquia e Riqueza na Sociedade Burguesa
Adeline Daumard (D182)

O Socialismo Religioso dos Essênios
W. J. Tyloch (D194)

Vida e História
José Honório Rodrigues (D197)

Walter Benjamin: A História de uma Amizade
Gershom Scholem (D220)

De Berlim a Jerusalém
Gershom Scholem (D242)

O Estado Persa
David Asheri (D304)

Falando de Idade Média
Paul Zumthor (D317)

Nordeste 1817
Carlos Guilherme Mota (E008)

Cristãos Novos na Bahia
Anita Novinsky (E009)

Vida e Valores do Povo Judeu
Unesco (E013)

História e Historiografia do Povo Judeu
Salo W. Baron (E023)

O Mito Ariano
Léon Poliakov (E034)

O Regionalismo Gaúcho
Joseph L. Love (E037)

Burocracia e Sociedade no Brasil Colonial
Stuart B. Schwartz (E050)

De Cristo aos Judeus da Corte
Léon Poliakov (E063)

De Maomé aos Marranos
Léon Poliakov (E064)

De Voltaire a Wagner
Léon Poliakov (E065)

A Europa Suicida
Léon Poliakov (E066)

Jesus e Israel
Jules Isaac (E087)

A Causalidade Diabólica I
Léon Poliakov (E124)

A Causalidade Diabólica II
Léon Poliakov (E125)

A República de Hemingway
Giselle Beiguelman (E137)

Sabatai Tzvi: O Messias Místico I, II, III
Gershom Scholem (E141)

Os Espirituais Franciscanos
Nachman Falbel (E146)

Mito e Tragédia na Grécia Antiga
Jean-Pierre Vernant e Pierre
Vidal-Naquet (E163)

*A Cultura Grega e a Origem do
Pensamento Europeu*
Bruno Snell (E168)

O Anti-Semitismo na Era Vargas
Maria Luiza Tucci Carneiro (E171)

Jesus
David Flussser (E176)

Em Guarda Contra o "Perigo Vermelho"
Rodrigo Sá Motta (E180)

*O Preconceito Racial em Portugal e Brasil
Colônia*
Maria Luiza Tucci Carneiro (E197)

A Síntese Histórica e a Escola dos Anais
Aaron Guriêvitch (E201)

*Nazi-tatuagens: Inscrições ou Injúrias no
Corpo Humano?*
Célia Maria Antonacci Ramos (E221)

1789-1799: A Revolução Francesa
Carlos Guilherme Mota (E244)

História e Literatura
Francisco Iglésias (E269)

Tempos de Casa-Grande (1930-1940)
Silvia Cortez Silva (E276)

*Mistificações Literárias: "Os Protocolos dos
Sábios de Sião"*
Anatol Rosenfeld (EL003)

O Pequeno Exército Paulista
Dalmo de Abreu Dallari (EL011)

Galut
Itzhack Baer (EL015)

Diário do Gueto
Janusz Korczak (EL044)

Xadrez na Idade Média
Luiz Jean Lauand (EL047)

O Mercantilismo
Pierre Deyon (K001)

Florença na Época dos Médici
Alberto Tenenti (K002)

O Anti-Semitismo Alemão
Pierre Sorlin (K003)

Os Mecanismos da Conquista Colonial
Ruggiero Romano (K004)

A Revolução Russa de 1917
Marc Ferro (K005)

A Partilha da África Negra
Henri Brunschwig (K006)

As Origens do Fascismo
Robert Paris (K007)

A Revolução Francesa
Alice Gérard (K008)

Heresias Medievais
Nachman Falbel (K009)

Armamentos Nucleares e Guerra Fria
Claude Delmas (K010)

A Descoberta da América
Marianne Mahn-Lot (K011)

As Revoluções do México
Américo Nunes (K012)

*O Comércio Ultramarino Espanhol no
Prata*
Emanuel Soares da Veiga Garcia (K013)

*Rosa Luxemburgo e a Espontaneidade
Revolucionária*
Daniel Guérin (K014)

Teatro e Sociedade: Shakespeare
Guy Boquet (K015)

O Trotskismo
Jean-Jacques Marie (K016)

A Revolução Espanhola 1931-1939
Pierre Broué (K017)

Weimar
Claude Klein (K018)

O Pingo de Azeite: A Instauração da Ditadura
Paula Beiguelman (K019)

As Invasões Normandas: Uma Catástrofe?
Albert D'Haenens (K020)

O Veneno da Serpente
Maria Luiza Tucci Carneiro (K021)

O Brasil Filosófico
Ricardo Timm de Souza (K022)

Schoá: Sepultos nas Nuvens
Gérard Rabinovitch (K023)

Dom Sebastião no Brasil
Marcio Honorio de Godoy (K025)

Espaço (Meta)Vernacular na Cidade Contemporânea
Marisa Barda (K026)

História dos Judeus em Portugal
Meyer Kayserling (Pers)

Manasche: Sua Vida e Seu Tempo
Nachman Falbel (LSC)

Em Nome da Fé: Estudos In Memoriam de Elias Lipiner
Nachman Falbel, Avraham Milgram e Alberto Dines (orgs.) (LSC)

Inquisição: Prisioneiros do Brasil
Anita Waingort Novinsky (LSC)

Este livro foi impresso na cidade de Guarulhos,
em março de 2010, nas oficinas da Cherma Indústria da Arte Gráfica Ltda.,
para a Editora Perspectiva S.A.